I0074441

Oldenbourg

Medien-Datenbank- und Medien-Logistik-Systeme

Anforderungen und praktischer Einsatz

Von
Oliver Kretzschmar,
Roland Dreyer

Oldenbourg Verlag München Wien

Bibliografische Information Der Deutschen Bibliothek

Die Deutsche Bibliothek verzeichnet diese Publikation in der Deutschen
Nationalbibliografie; detaillierte bibliografische Daten sind im Internet
über <http://dnb.ddb.de> abrufbar.

© 2004 Oldenbourg Wissenschaftsverlag GmbH
Rosenheimer Straße 145, D-81671 München
Telefon: (089) 45051-0
www.oldenbourg-verlag.de

Das Werk einschließlich aller Abbildungen ist urheberrechtlich geschützt. Jede Verwertung
außerhalb der Grenzen des Urheberrechtsgesetzes ist ohne Zustimmung des Verlages unzu-
lässig und strafbar. Das gilt insbesondere für Vervielfältigungen, Übersetzungen, Mikrover-
filmungen und die Einspeicherung und Bearbeitung in elektronischen Systemen.

Lektorat: Christian Kornherr
Herstellung: Rainer Hartl
Umschlagkonzeption: Kraxenberger Kommunikationshaus, München
Gedruckt auf säure- und chlorfreiem Papier
Druck: R. Oldenbourg Graphische Betriebe Druckerei GmbH

ISBN 3-486-27494-5

Inhalt

1 Vorwort

Der Kommunikationswettbewerb spielt im Informationszeitalter längst eine größere Rolle als der Produktwettbewerb. Globale Märkte und international kooperierende Unternehmen, das Internet und unternehmensweite Intranets brauchen eine schnelle und effiziente Kommunikation. Die Media Assets sind die Moleküle dieser Kommunikationswelt. In der Vielfalt ihrer Erscheinungsform stehen sie den chemischen Molekülen nicht nach. Dokumente, stehende oder bewegte Bilder und Audiosequenzen werden tagtäglich von Unternehmen und Organisationen zusammengefügt, um eine Botschaft zu transportieren.

Allerdings haben die Werkzeuge, die für diese Synthese zur Verfügung stehen, große Mühe, mit der raschen Entwicklung der Medienvielfalt nachzuziehen. Während die digitale Textverarbeitung heute kaum noch Wünsche offen lässt, mutet der Umgang mit Media Assets in vielen Fällen noch vorsintflutlich an: Digitale Medien sind chaotisch auf Festplatten abgelegt, Bilder liegen in Kartons und Schubladen, Videos sind analoge Unikate auf Magnetband, über deren Langzeithaltbarkeit man sich zurecht zunehmend Sorgen macht.

Nicht Schlampigkeit ist der Grund für diese Rückständigkeit, sondern Unwissen und Hilflosigkeit: es ist ohne die richtigen Werkzeuge und ein gutes Stück Kompetenz nicht so einfach, Media Assets in digitalen Systemen zu organisieren. Ein Media-Asset-Management-System übernimmt diese Aufgaben und verwaltet die Media Assets. Der Begriff *Verwaltung* schließt neben den üblichen administrativen Funktionen vor allem die Hilfsmittel ein, die eine hohe Bearbeitungsgeschwindigkeit und eine optimale Wiederverwertung der Assets ermöglichen.

Durch Hinzufügen von beschreibenden Metadaten, also „Daten über Daten", stellt man sicher, das ein Asset jederzeit wiedergefunden werden kann. Man muss sich so weder den Dateinamen noch den Speicherort merken, um ein Asset zu finden und wiederverwenden zu können. Bezeichnungen, Schlüsselwörter, Kategorien oder andere identifizierende Informationen genügen zum Auffinden. Und man erkennt anhand der Metadaten gegebenenfalls auch, wo und wann ein Asset bereits eingesetzt wurde.

Dieses Buch versucht, einen systematischen Überblick in das überaus vielschichtige Thema Media-Asset-Management und das Thema Medien-/Content-Logistik zu geben. Weiterhin wird der praktische Einsatz dieser Systeme in Cross-Media-Publishing-, Database-Publishing-, Advertising- und Enterprise-Content-Management-Systemen diskutiert.

Die beiden Autoren, der eine Softwarespezialist, Vorstands-Vorsitzender und Dozent, der andere Medienfachjournalist und Imaging-Experte, haben ihre umfangreichen fachlichen Ressourcen ebenso eingebracht wie ihre unterschiedlichen Kommunikationsstile. Der Leser möge beurteilen, ob diese Mixtur gelungen ist.

2 Einführung: Wer braucht Media-Asset-Management?

Die verzweifelte Suche nach dem passenden Bild, einem Text, einer Grafik, einem Logo oder einem Videoclip gehört heute ebenso zum Alltag eines Schreibtischarbeiters, wie der Fluch über den Tacker, dem die Klammern immer im ungünstigsten Moment ausgehen.

Nun gibt es Heftklammern im Standardformat in jedem Schreibtisch. Das richtige Bild zu finden, scheitert oft schon daran, dass man gar nicht weiß, in wessen Schreibtisch, auf wessen Rechner man überhaupt suchen kann. Vielleicht liegt es ja irgendwo außerhalb, z.B. in der Werbeagentur?

„Media-Asset-Management" (MAM), *„Digital Asset Management"* (DAM), *„Media-Warehouse-Systeme"*, *„Digital Media Management"* (DMM) sind in der Regel synonyme Bezeichnungen für den Ausweg aus diesem Dilemma. Wir einigen uns hier auf die Bezeichnung *Media-Asset-Management* oder kurz MAM.

Die meisten Dokumente sind unstrukturiert

Experten schätzen, dass ca. 85 % aller verwalteten Informationen in Unternehmen und Organisationen als unstrukturierte Inhalte, also als Bilder, Dokumente, Videos, Faxe, E-Mails etc., vorliegen. Das Content Volumen wächst jährlich um 200 % (Fulcrum Research 2002). Dokumente, Web-Content und Rich Media repräsentieren den Löwenanteil an unstrukturiertem Content in Unternehmen (Gartner Group 2002). Der weltweite MAM-Markt hat in 2002 ein Volumen von ca. 157 Millionen Dollar; für 2007 erwartet man ein Volumen von ca. 2,6 Milliarden Dollar (Frost & Sullivan 2002).

Die Bandbreite der Anwender und ihrer völlig unterschiedlichen Anforderungen machen präzise Marktabschätzungen sehr schwer. Man muss sich nur einmal vergegenwärtigen, wer heute Medien in großen Mengen verwalten muss:

- Rundfunk- und Fernsehsender
- Medienproduzenten
- Internetportale
- Fotografen und Designer
- Fotofachlabore
- Image Services
- Bildagenturen
- Druck- und Reprobetriebe

- Industrieunternehmen
- PR- und Werbeagenturen
- Buch- und Zeitungsverlage
- Museen und Archive
- Forschungseinrichtungen
- Polizei und Behörden
- Katasterämter und Energieversorger
- Kliniken
- Ärzte und andere Freiberufler
- Schulen und Universitäten

Die Mengengerüste und die Verwendungsziele sowie die finanziellen und personellen Möglichkeiten dieser Anwender decken in ihrer Unterschiedlichkeit mehrere Größenordnungen ab. Entsprechend groß ist die Vielfalt der heute angebotenen Softwarelösungen für das Medienmanagement.

2.1   Begriffsdefinitionen

Was versteht man unter *Medien* ? Was versteht man unter *Content* ? Was versteht man unter *Asset* ? Diese Begriffe werden unterschiedlich interpretiert und erfordern unsere Definition.

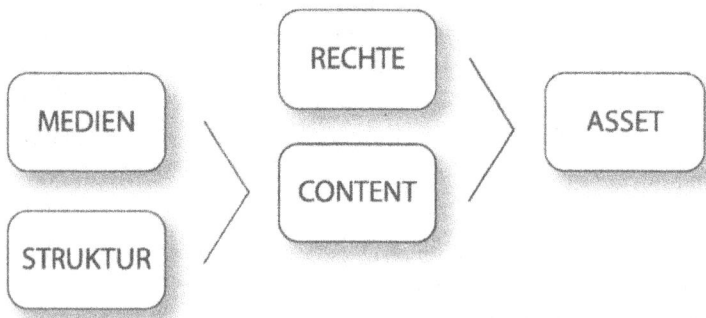

Abb. 2.1   *Medien, Content und Asset*

Medien
Medien sind unstrukturierter Content. Sie dienen der Kommunikation und fungieren als Darstellungsform von Informationen.

Grundlegende Medientypen:

- Text, Dokument, z.B. ASCII, XML, PDF, WinWord
- Bild, z.B. EPS, TIF, JPEG, GIF, PSD
- Video, z.B. MPEG, QuickTime, avi, real media
- Audio, z.B. mp3, wav, real media
- Farbprofile, z.B. ICC-Profile
- Schriftfonts, z.B. Helvetica, Times Roman
- Zeichnungen/Grafiken, z.B. Adobe Illustrator
- Internet-Objekte, z.B. HTML, Flash

(Siehe dazu das Kapitel über Datenformate)

Medien-Kategorien
Medien-Kategorien sind zum Beispiel Internet, Zeitung, Hörfunk und Fernsehen. Die eindeutige Trennung wird zunehmend unschärfer, da heute z.B. Zeitungsverlage auch Informationen über das Internet publizieren.

Rich Media
Als *Rich Media* bezeichnet man zeitkorrelierten Content: Video, Audio, Film, Animation. Für das MAM stellt sich bei Rich Media die Frage der Repräsentation: ein Standbild lässt sich auch als Thumbnail noch auf einen Blick erkennen. Aber wie verdichtet man eine Oper?

Konvergenz der Medien
Wenn wir von der *Konvergenz der Medien* sprechen, meinen wir das Zusammenfließen von Medien. Typisches Beispiel sind das Zusammenwachsen von TV-Gerät, Internet und Telefon, sowie das Zusammenwachsen von Mobiltelefon, Walkman, Kamera und PDA.

Konvergenz der Medien-Industrie
Mit der *Konvergenz der Medien-Industrie* meinen wir das Zusammenwachsen der unterschiedlichen Industrie-Bereiche: Druckerei, Verlage, Rundfunk- und Fernsehanstalten, Repro- und Satz-Betriebe, Foto-Labore etc.

Daraus ergeben sich neue Anforderungen für die Medien-Industrie:

- unter dem Formaspekt:
  Qualifizierter Umgang mit den Darstellungsformen von Medien; insbesondere hinsichtlich Gestaltung und Bearbeitung
- unter dem Inhaltsaspekt:
  Qualifizierter Umgang mit dem Content; dazu zählt die Gestaltung der Inhalte je nach Verwendung und Medien-Kategorie.

Struktur
Als *Struktur* bezeichnet man den gegliederten Aufbau oder die Anordnung von Teilen eines Ganzen zueinander.

Content

Content (engl. Inhalt) bezeichnet Informationen in strukturierter, schwach strukturierter (semi-stukturierter) und unstrukturierter Form, die in elektronischen Systemen zur Nutzung bereitgestellt werden. Die Informationsobjekte selbst umfassen Inhalt, Struktur und Metadaten.

Strukturierungsgrad von Content

Voll strukturierter Content sind Daten, die in einer standardisierten Struktur aus datenbankgestützten Systemen bereitgestellt werden, z.B. formatierte Datensätze oder Tabellen.

Schwach strukturierter Content umfasst Informationen und Dokumente, die nur zum Teil Struktur und Metadaten mit sich tragen, jedoch nicht standardisiert sind. Das gilt beispielsweise für Textverarbeitungsdateien.

Unstrukturierter Content sind beliebige Informationsobjekte, deren Inhalt nicht automatisiert erschlossen werden kann, die keine Trennung von Inhalt, Struktur und Metadaten aufweisen oder ohne Struktur und Metadaten vorliegen (z.B. Bilder, Video, Sprache, Fax)

2.2   Was ist ein Media Asset?

Mit dem Begriff *Asset* bezeichnen wir *verwertbaren* Content unter Berücksichtung der existierenden Rechtsverhältnisse. Ein Asset ist eigentlich ein Organisationsprinzip. Es besteht aus dem eigentlichen Inhalt, den Metadaten, die diesen Inhalt beschreiben, Kategorien und Klassifizierungen, die seinen Platz in der Welt bestimmen und Verknüpfungen, die seine Beziehungen zur Welt darstellen.

Media Assets sind alle Formen visueller Information, angefangen von der handgeschriebenen Urkunde mit kaiserlichem Siegel aus dem 12. Jahrhundert über die Rede des Friedenspreisträgers Bloch von 1967 bis zum TV-Werbespot von Coca-Cola. Die digitale Form kann also keineswegs vorausgesetzt werden, ist aber für die Integration in ein MAM-System in der Regel sinnvoll, wenn nicht gar notwendig. Die Integration analoger Medienformate, wie z.B. magnetische Audio- und Videoaufzeichnungen, Filme, Dias, Bücher und andere Papierdokumente, gehört zu den technologisch anspruchsvollsten und wegen der Vergänglichkeit dieser Medien, auch zu den drängendsten Aufgaben des Media-Asset-Managements!

„Asset Management" steht in der Finanzwelt für die Verwaltung von Vermögenswerten. Auch Media Assets sind Vermögenswerte: sie besitzen sogar so etwas wie Liquidität: je liquider sie sind, desto leichter und schneller können sie den Besitzer wechseln.

Die Media Assets in einem Unternehmen sind es durchaus wert, bilanziert zu werden: ihr Wert kann in die Millionen gehen. Das Media-Asset-Management sorgt dafür, dass dieser Wert nicht nur erhalten bleibt, sondern auch angemessen Zinsen abwirft. Der Zeitaufwand für die Erstellung von Präsentationen, Fotos, Grafiken oder Videos stellt ja nur den Einstandspreis dar. Denn auch der Kurswert von Media Assets steigt mit jeder Wiederverwendung oder einer zusätzlichen Verwertung.

Noch viel höher als die unerkannten Kosten fällt der entgangene Gewinn aus, den ein Unternehmen bei optimaler Nutzung seiner Media Assets in der Marktkommunikation erzielen könnte. Wenn etwa ein Unternehmen wie Daimler-Chrysler auf einer internationalen Pressekonferenz auf einmal ein fünffaches an (digitalen) Bildern auf CD-R an die Journalisten zu einem Bruchteil (20 %) der Kosten verteilen kann, die früher die Papierabzüge und Diaduplikate einiger weniger Bilder gekostet haben, dann ist der Einspareffekt Nebensache.

2.3   Historie und Varianten von Medien-Datenbanken

Im Umfeld heutiger MAM-Lösungen treten folgende Begriffe häufig auf:

2.3.1   Bild-Datenbank, Image-Management-System (IMS)

Die *Bilddatenbank* stellt die einfachste Ausprägung einer Medien-Datenbank dar und dient der Verwaltung von Bildern, Fotos, Grafiken etc.

2.3.2   Dokumenten-Management-System

Dokumenten-Management-Systeme (DMS) stellen ebenfalls eine der frühesten Ausprägungen einer Medien-Datenbank dar und dienen der Verwaltung von Dokumenten. Dabei wird auch der Bereich des Scannens und der Übernahme der gescannten Dokumente in lesbare Informationen zum DM-System hinzugezählt. Für ein DMS ist deshalb die Filterung typisch, die bei der digitalen Erfassung stattfindet: visuelle Ausprägungen wie Farbe, Detail- und Papierstruktur gelten weitgehend als irrelevant und werden nicht erfasst. Sie würden den Erfassungsprozess und den Workflow nur unnötig belasten. Entscheidend ist bei DMS nur die Lesbarkeit der Information.

2.3.3   Produktions-Datenbank

Produktions-Datenbanken dienen der Verwaltung von digitalen Produktionsaufträgen und den ihnen zugrunde liegenden Medien. Wenn das Produkt selbst ein visuelles Medium ist (z.B. eine Zeitschrift, eine Anzeige), sind PMS auch MAM-Systeme.

2.3.4   Web-Content-Management-System

Ein *Web-Content-Management-System* (WCMS) ist ein Management-System zur Administration von größeren Web-Sites. Hier stehen insbesondere die komfortable redaktionelle Bearbeitung von Web-Inhalten und die Verwaltung der Internet-spezifisch aufbereiteten Medien im Vordergrund. Weitere Eigenschaften und Anforderungen werden in der späteren Betrachtung aufgeführt.

2.3.5 Content-Management-System

Ursprünglich gleichgesetzt mit WCMS, dient ein *Content-Management-System* (CMS) heute zur Verwaltung aller Medien/Content und versucht alle Ausgabekanäle abzudecken. Häufig integriert ein CMS ergänzende DMS-Funktionalitäten und setzt direkt auf ein MAM-System auf. Zusätzlich bietet ein CMS auch Funktionen zur Erstellung von Inhalten und zur automatisierten Präsentation und Distribution von Inhalten. Mehr dazu später.

2.3.6 Redaktionssystem

Redaktionssysteme sind Workflow-orientierte CMS, die an die spezifischen Anforderungen der Zeitungsproduktion angepasst sind. Da Verlage zunehmend crossmedial produzieren, nähern sich Redaktions- und CM-Systeme immer weiter an.

2.3.7 Enterprise-Content-Management-System

Enterprise-Content-Management-Systeme (ECMS) repräsentieren eine jüngere Strömung, die alle bestehenden Systeme integrieren will. Hierzu werden Funktionen aus der traditionellen Archivwelt, dem Dokumenten- und dem Workflow-Management an die Anforderungen eines Content Management-Systems angepasst. Damit wird die Möglichkeit geschaffen, Web-basierte Komponenten mit herkömmlichen Produkten zu verbinden. Mehr dazu später.

2.3.8 Knowledge-Management-System

Knowledge-Management-Systeme (KMS) dienen zur intelligenten Verknüpfung von Informationen mit vorhandenen Erfahrungen und Kenntnissen und somit der Verwaltung von Wissensinhalten. Das Wissensmanagement gilt heute als wichtigste Schlüsseltechnologie des Informationszeitalters: Die Zukunftsfähigkeit von Organisationen jeder Art und Größenordnung hängt davon ab, wie gut sie ihre vorhandenen Wissensressourcen nutzen können.

Die Abgrenzung zwischen Wissens-, Content- und Medien-Management-Systemen ist schwierig, wenn die Wissensinhalte multimedial repräsentiert sind.

2.3.9 Fazit

Grundlage all dieser Systeme ist die Verwaltung von Medien und Content. Sie bedingen in der Regel den Einsatz eines MAM-Systems.

Eine klare Abgrenzung dieser Systeme untereinander wird durch übergreifende Funktionalitäten zunehmend schwieriger. So werden in Zukunft obige Begriffe, zumindest in Ihren funktionellen Ausprägungen zusammenwachsen. Da der Workflow-Aspekt in allen Bereichen immer wichtiger wird, könnte man zusammenfassend auch von *Medien- und Content-Logistik-Systemen* sprechen.

3 Der Lebenszyklus von Medien

Auch Medien haben einen Lebenszyklus. Der zeitliche Verlauf der Zugriffsfrequenz kann beispielsweise darüber entscheiden, welches Speichermedium (online, nearline oder offline) sinnvoll ist.

Ein weiterer Aspekt des medialen Life Cycle Managements (*Medien-Life-Cycle*) ist die Versionsverwaltung eines Assets: wie lange müssen ältere Versionen weiter im Zugriff gehalten werden, wenn sie durch neuere ersetzt werden?

Schließlich ist auch die Frage der Entsorgung zu klären: wann kann ein Asset definitiv gelöscht werden? Wird diese Frage nicht geklärt, entstehen unvermeidbar digitale Müllhalden, in denen die brauchbaren Assets untergehen.

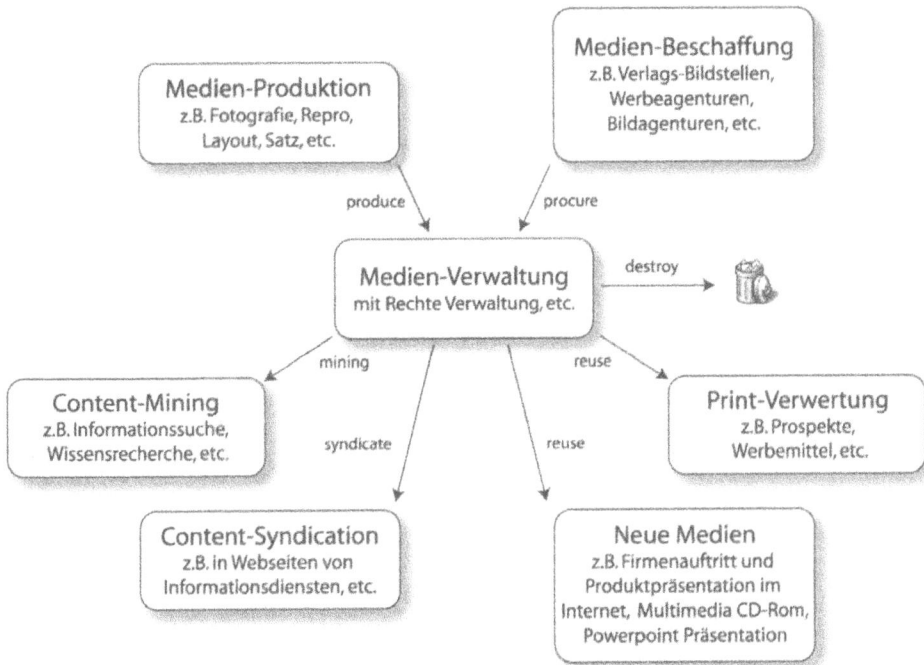

Abb. 3.1 *Medien-Life-Cycle*

4 Der qualitative Nutzen von Medien-Datenbanken

Media-Asset-Management ist eine Branchen-übergreifende Aufgabe und keineswegs nur auf die Medien-Industrie beschränkt. Die Argumente für den Einsatz von MAM-Systemen können zwei sich überlappenden Kategorien zugeordnet werden: den einigermaßen gut kalkulierbaren *Hard Benefits* und den eher qualitativen *Soft Benefits*. Einfacher gesagt:

* Ein MAM-System spart Kosten
* Ein MAM-System erschließt neue Ertragsquellen.

4.1 Primäre Vorteile

Die primären Vorteile eines MAM-Einsatzes sind:

Mehrfachverwertung:
Jedes Medium besitzt einen Wert (Asset). Mehrfache Nutzung ein und desselben Media Assets für unterschiedliche Verwendungen erlaubt die profitable Nutzung der Media Assets und/oder Einsparungen im Workflow.

CrossMedia-Bedarf:
Medien müssen heute für unterschiedliche Medien-Kategorien (Print, Web, CD etc.) nutzbar sein. Das strukturierte Verwalten aller Medien vermeidet die Redundanz (Mehrfachhaltung) von Medien.

Funktionalitätsgewinn:
MAM-Systeme verwalten Medien und ergänzen diese durch Strukturierung und Anreichern mit beschreibenden Informationen (Metadaten). Erst dadurch wird aus Medien bei konsequentem Einsatz und Ausnutzung der MAM-Funktionalitäten (kürzere Suchzeiten) verwertbarer Content (Assets).

Effizienzsteigerung:
Der MAM-Einsatz führt zu einer schnelleren und einheitlichen Unternehmenskommunikation, bietet eine Plattform zur Vermarktung der Medien und zur Generierung neuer Dienstleistungen und ist damit eine Wettbewerbs-entscheidende Notwendigkeit.

Alle weiteren betriebswirtschaftlichen, nutzungs- und bereichsbezogenen Vorteile und Einsparungen lassen sich direkt auf diese primären Vorteile zurückführen. Wir stellen im Folgenden diese drei Sichtweisen nebeneinander; die redundante Nennung von Nutzenaspekten ist dabei naturgemäß unvermeidbar.

4.2   Logistische Vorteile

Betrachtet man die Vorteile eines MAM-Systems aus betriebswirtschaftlich-logistischer Sicht, sieht die Vorteilsargumentation so aus:

Content- und Medien-Beschaffung
Optimierung der Contentanfrage, -bestellung, -ablage und Auftragsabwicklung sowie der Pflege von Verwendungsnachweisen. Eingespart werden:

- Arbeitszeit für Contentanfrage
- Arbeitszeit für Contentbestellung
- Arbeitszeit für Contentablage
- Arbeitszeit für Pflege des Verwendungsnachweises
- Arbeitszeit für Medienstelle
- Materialaufwand (z.B. Formulare, Porto, Verpackungsmaterial etc.)

Content- und Medien-Produktion
Optimierung Produktionsablaufplanung und -steuerung, automatisierte Betriebsdatenerfassung und -auswertung, automatisiertes Benachrichtigungssystem, Minimierung von Suchzeiten nach Produktionsdaten und Strukturierung von Produktionsdaten

Content- und Medien-Management (einschließlich Archivierung)
Minimierung von Suchzeiten, Minimierung von Redundanzen sowie Verfall und Schwund, Optimierung der Aktualisierung, Verschlagwortung, Ablage und Archivierung von Content.

Content- und Medien-Automatisierung
Rationalisierung von Arbeitsprozessen, Optimierung von Medienformat-Transformationen beim CrossMedia-Publishing.

Content- und Medien-Lieferung
Minimierung von Material- und Versandkosten, Geringere Bestellabwicklungskosten.

Cross Media Publishing
(Content- und Medien-Publikation)
Minimierung der Herstellungs- und Transaktionskosten durch Mehrfachverwertung von Medien, Optimierung der Zusammenstellung von Inhalten zu neuen Medienobjekten.

Content- und Medien-Integration
Optimierung von Datenaustausch, -abgleich und -replikation mit Drittsytemen, Minimierung von Systemintegrationskosten.

Optimierung des Knowledge-Managements
Durch die höhere Verfügbarkeit, Auffindbarkeit und Zugriffsmöglichkeit auf Informationen wird das Wissensmanagement optimiert.

Minimierung von Entscheidungsfehlern und Entscheidungsfindungskosten
Durch eine effiziente Nutzung vorhandener Informationen (z.B. automatisches Benachrichtigungssystem bei Erreichen kritischer Zustände) können Fehlentscheidungen minimiert werden. Die Beschaffungskosten von entscheidungsrelevanten Informationen sinken durch dezentrale Zugriffsmöglichkeiten auf zentral verwaltete Daten.

Kosten-Controlling bei der Content- und Medien-Produktion
Mit der automatisierten Betriebsdatenerfassung und -auswertung können jederzeit die Selbstkosten ermittelt werden. Durch die Automatisierung des Produktionsablaufs kann verhindert werden, dass Budgets oder Deadlines überschritten werden.

Kundenbindung und Neukundengewinnung durch das Angebot vernetzter
Dienstleistungen
Oftmals verlangen Kunden nach einer Online-Bereitstellung von Daten und die Einbindung in digitale Workflowprozesse. Durch das Angebot vernetzter Dienstleistungen können einerseits Neukunden gewonnen werden, andererseits wird eine stärkere Kundenbindung erreicht.

Wettbewerbsvorteile durch bessere Kostenstrukturen
Bessere Kostenstrukturen entstehen vor allem aufgrund der Beschleunigung fast aller Arbeitsprozesse, der Vermeidung von Fehlern und Redundanzen und der Mehrfachverwertung einmal erstellter Medienobjekte.

4.3   Nutzungsbezogene Vorteile

Den meisten Besitzern von Media Assets sind die direkten und indirekten Kosten ihrer bisherigen Medienorganisation gar nicht gegenwärtig. Oft wird die horrende Höhe der zahllosen direkten und indirekten Kosten eines händischen Asset-Handlings erst offenkundig, wenn ein MAM bereits eingeführt wurde.

Nehmen wir als Beispiel ein Industrieunternehmen, das mehrere tausend Produkte im Programm hat und regelmäßig Printkataloge erstellt.

Kürzere Suchzeiten:
Welche Abteilung hat denn gerade das Original? Das „Gewusst wo" ist nicht mehr an individuelle Mitarbeiterköpfe gebunden. Jedes Media Asset im Unternehmen kann mit einem MAM sofort gefunden und genutzt werden.

Mühsame Versionsverfolgung:
Bei Produktänderungen müssen die Änderungen an den Media Assets manuell an vielen Stellen in der Medienproduktion vorgenommen werden, bei einer zentralen Verwaltung im MAM dagegen nur einmal.

Unverlierbare Beschreibungen:
Assets und ihre Metadaten sind fest verknüpft und liegen unverlierbar zentral in einem Repository.

Aufwändige Prüfung der Metadatenzuordnung:
Passt die Beschreibung zum Bild? Wenn Metadaten und Bild aus dem MAM kommen, erspart man sich diese aufwändige Kontrolle bei jeder Katalogproduktion.

Wildwuchs bei Änderungen:
Unkontrollierte Textänderungen durch Mitarbeiter sind nicht mehr möglich, weil nur noch freigegebene Texte aus dem MAM verwendet werden dürfen.

Kein Einsatz veralteter Assets:
Es können und dürfen nur noch geprüfte und freigegebene Assets und Metadaten eingesetzt werden. Veraltete Assets werden vom MAM ausgepflegt und aktualisiert.

Mehr Flexibilität bei Multi-Sprachversionen:
Es ist einfacher, Spezialangebote für bestimmte Kunden oder Länder zu erstellen (Mehrsprachigkeit der Metadaten).

Automatisiertes Web-Update:
Die regelmäßige Aktualisierung der Website kann nur mit einem MAM/CM-System automatisiert erfolgen. Andernfalls ist das schon bei 400 Produkten ein Vollzeitjob.

Layouts nur einmal erstellen:
Die direkte Integration von Layoutprogrammen wie FrameMaker, QuarkXPress, Adobe Indesign etc. mit dem MAM erspart es, bei Produktänderungen immer ein neues Layout zu erstellen. Auch die fertigen Layouts können vom MAM verwaltet werden.

Geringere Kosten für Produktion und Versand:
Online- und CD-Versionen sind aktueller, schneller und kostengünstiger zu produzieren als Printkataloge.

Einfache Archivierung:
Frühere Versionen der Kataloge sowie die Assets aufgelisteter Produkte sind einfach zu archivieren.

4.4   Bereichsbezogene Vorteile

Ein MAM-System tangiert nahezu alle Lebensnerven und Kernkompetenzen einer Organisation:

- Multi-Channel Marketing
- Rich Media Produktion und Distribution
- Weltweiter Zugriff auf Brand Assets
- Digital Asset Warehouse
- Digital Rights Management
- Mitarbeiter-Qualifikation
- Whole Product Management
- Brand Consistency

Das Multi-Channel Marketing erfordert den Zugriff verschiedener Abteilungen auf die gleichen Assets: wenn E-Commerce und traditioneller Verkauf schon nicht aus einer Hand kommen, sollten sie wenigstens ein gemeinsames Repository nutzen können.

Gerade bei international aktiven Unternehmen erfordert der globale Zugriff auf das unternehmensweite MAM nicht nur eine stringente Versions- und Rechtekontrolle, sondern auch eine technische Qualität des MAM, die etwa die farblich absolut identische Verwendung von Logos und Produktbildern in allen Kanälen und allen Ländern sicherstellt.

Eine Studie des Consultants Michael Moon von Gistics (www.gistics.com) bewies, dass eine funktionierende Media-Asset-Management-Lösung allein schon durch die damit einhergehenden Zeiteinsparungen bereits nach drei Jahren das 8- bis 14-fache ihrer Investitionskosten einsparen kann.

Mit einer bereichsbezogenen Betrachtung lässt sich der Nutzen des MAM oftmals deutlicher darstellen. Folgende Auflistung betrachtet den Gewinn einzelner Benutzerbereiche unter dem Abteilungsaspekt:

Vertriebs-Abteilung:
Steigerung der Effizienz durch den ständigen Zugriff auf aktuellste katalogisierte Produktinformationen.

Produkt-Management:
Produkt Manager können Produktentwicklungen und Marketingentscheidungen besser und schneller durch integrierte Workflow-Technologien umsetzen.

Werbe-Abteilung:
Kreative können sich auf die eigentliche kreative Umsetzung von Konzepten konzentrieren ohne kostbare Zeit für das Auffinden und Verwalten digitaler Dateien zu verschwenden.

Internet/Extranet:
Web-Entwickler können effizient digitalen Content und deren Beziehungen untereinander in der Medien-Datenbank verwalten.

Kunden-Service:
Im After-Sales-Bereich können technische Produktinformationen, Promotions, Medien-Service und sonstige Materialien in Echtzeit anbieten.

Ausbildung und Schulung:
Trainer können Online-Trainingsmaterial über große Entfernungen anbieten, wie z.B. Montage-Anleitungen, Schulungsvideos etc.

Forschung und Entwicklung:
Im F+E-Bereich lassen sich zentralisiert Ingenieurs-Unterlagen, Testergebnisse, Bilder und Videos verwalten.

Rechtsabteilung:
Lizenzrechte digitaler Inhalte können kontrolliert und z.B. Kauf-Verträge verwaltet werden.

Digitale Produktions-Abteilungen:
Strukturierungsfunktionen und Workflow-Technologien können die digitale Produktion rationalisieren, qualitativ beurteilten (freigegebenen) Content in eigene Produktionen integrieren und anderen Abteilungen zur Verfügung stellen.

Geschäftsleitung:
Das Management kann auf zugangsreglementierte Berichte und Dokumentationen zugreifen und sich aktuell über den Stand der Geschäftsprozesse und deren Statistiken informieren.

Personalwesen:
Personalleiter können effizienter und schneller auf zentralisierte Informationen und Bilder von Mitarbeitern zugreifen.

4.5 Kosten des herkömmlichen Umgangs mit Media Assets

Anwender in der Industrie, aber auch Organisationen wie Museen, Archive, Behörden und Kliniken entdecken immer mehr den Wert Ihrer Bilder. Doch analoge Bildarchive mit Fotos, Dias, Glasplatten, Zeichnungen, Grafiken etc. sind nicht nur vom Verfall bedroht, sie sind auch mit wachsendem Umfang nicht mehr oder nur mit enormen Kosten handhabbar. Professionelle Anwender wehren sich zurecht, die Kosten für analoge Diaduplikate oder einen neuen Drehtag zu bezahlen. Die Wiederverwendbarkeit der Media Assets ist ein schlichtes Gebot der Wirtschaftlichkeit.

Der Aufwand für das Suchen, Duplizieren und physikalische Verteilen analoger Medien schlägt in vielen Unternehmen mit Millionenbeträgen zu Buche. Häufig werden diese Kosten aber nicht zentral erfasst und somit weit unterschätzt. Marketing, Entwicklung und Pressestelle betrachten die Ausgaben dafür als unvermeidbar. Sie wissen oft nicht einmal, dass man mit Media Assets auch anders und viel billiger umgehen könnte.

4.5.1 Nachteile herkömmlicher Medienverwaltung

In der Regel reagieren Unternehmen am schnellsten, wenn sie Kosteneinsparungen wittern. Eine Analyse der Kosten, die die bisherige Art und Weise des Umgangs mit Media Assets verursacht, wirkt oft Wunder.

Das sind die wichtigsten Negativpositionen:

- Arbeitskosten für das zeitraubende Auffinden des richtigen Media Assets
- Kosten durch Nichtauffinden des Originals
- Reprokosten für auftragsbezogene Mehrfach-Scans der Originale
- Laborkosten für die fotografische Vervielfältigung von Bildern (Duplikate)
- Kosten für die materielle Verteilung der Media Assets durch Kuriere
- Kosten durch die Mehrfachhaltung von Medienbeständen bei den Niederlassungen
- Kosten durch Verfall und Schwund analoger Bild- und Medienbestände.

Allein die Ersatzbeschaffung eines einzelnen Bildes etwa bei einer Bildagentur kann sehr teuer werden: vom Suchen bis zum Versand sind da schnell 200 bis 300 Euro fällig. Erst durch diese schlichte Rechnung wird manchem Manager oft erst klar, welches aberwitzige Kapital etwa in einem Firmenarchiv mit 50.000 Bildern gebunden ist.

4.5.2   Riesiges Einsparpotenzial

Es gibt belegbare und sehr eindrucksvolle Beispiele für das enorme Kostensenkungspotential durch eine MAM-Lösung. Einsparungen in zweistelliger Millionenhöhe, die große Unternehmen etwa in der Automobilindustrie durch die digitale Verteilung von Pressebildern allein bei Kurierkosten und weltweiten Fotografenhonoraren vorweisen können, sind nicht die Ausnahme, sondern die Regel.

Ein schönes Beispiel für die Tiefe des Kostengrabs namens „physisches Bildhandling" bilden die Kurierkosten. Thomas Kehler von der Düsseldorfer Werbeagentur dikom GmbH berichtet im Januar 2000, was in seinem Unternehmen allein für den Transport von Bildmedien ausgegeben werde:

„Ich habe mir mal die Mühe gemacht, unsere Kurierkosten für Dezember 1999 etwas genauer unter die Lupe zu nehmen. Dabei ergab sich folgendes Bild:"

Im Dezember 1999 lagen unsere Nettokosten für insgesamt 48 Kurierfahrten bei ca. 4.500,- DM. Der Dezember ist eher ein „normaler" Monat, da wir nicht mit Spitzenauftragsvolumina wie z.B. vor der CeBIT zu kämpfen haben. Die Gesamtkosten in Höhe von 4.500,- DM lassen sich wie folgt aufsplitten:

Anzahl der Fahrten	Preiskategorie
24	bis 15 EUR
6	bis 25 EUR
9	bis 50 EUR
3	bis 125 EUR
2	bis 250 EUR
3	bis 500 EUR

Tab. 4.1 *Kosten für Kurierfahrten*

Bewertete man den Verlust an Arbeitszeit, Produktivität und kommunikativer Effizienz durch nicht verfügbare oder nicht auffindbare Media Assets und deren Neubeschaffung, hätte man ganz sicher einen atemberaubend hohen Negativposten in der Wirtschaftlichkeitsrechnung.

Das amerikanische Beratungsunternehmen Gistics hat sich vor einigen Jahren die Mühe gemacht, das Benutzerverhalten bezüglich media Assets genauer unter die Lupe zu nehmen. Und kam dabei zu folgenden Ergebnissen:

Bei händischer Medienverwaltung sucht ein Mitarbeiter im Schnitt 2,9 Minuten nach einer einzelnen Datei. In 39 % aller Fälle findet er sie nicht.

Ein MAM spart 36 % der Zeit, die bisher für den Transport von Assets erforderlich war, 28 % der Zeit für die Organisation der Assets, 14 % der Suchzeit und 13 % der Zeit für die Suche nach der richtigen Version eines Assets.

Der Gewinn durch die bessere Marktkommunikation liegt aber in der Praxis oft um Größenordnungen höher, als die Einsparungen gegenüber konventioneller Medienverwaltung.

4.6   Return of Investment (ROI) eines MAM in der Praxis

Die Dauer der *ROI*-Phase, also der Zeit, in der sich eine Investition amortisiert hat, ist auch bei MAM-Lösungen ein wesentlicher Parameter bei der Systemauswahl.

Zwei ROI-Beispiele aus der Praxis

Ein studentisches Team der European School of Business, Reutlingen, befragte 2002 verschiedene MAM-Nutzer nach Erfahrungen mit der Nutzung eines MAM-Systems.

Durch den Einsatz des MAM-System spart dieser Anwender pro Arbeitstag 105,- EUR an Arbeits- bzw. Personalkosten und zusätzlich 5,- EUR Materialkosten ein. Auf das Jahr hochgerechnet ergibt das bei 260 Arbeitstagen ein Kosteinsparpotenzial von 28.340,- EUR. Die Anschaffungskosten für die MAM-Lösung (nur Software-Lizenzen, ohne Installation, Schulung und Hardware) beliefen sich bei diesem Kunden (10-Mann-Betrieb, typischer Mediendienstleister) auf knapp 30.000,- EUR, eine Amortisation der Software-Lizenzkosten erfolgt also nach einem Jahr. Berücksichtigt man die Kosten für Schulung und Installation (ca. 5-8 Tsd. EUR) sowie Hardware (hängt von vorhandener IT-Infrastruktur ab) und laufende Kosten (Servicevertrag, ca. 3 Tsd. EUR p.a.), beträgt die Amortisationsdauer theoretisch max. 2 Jahre, vorausgesetzt, das Personal wird tatsächlich eingespart oder mit neuen gewinnbringenden Aufgaben betraut.

Ein anderes Beispiel stammt aus einer amerikanischen ROI-Analyse.

Ein marktführender Industrieausrüster mit Umsätzen von 100 Mio. US-Dollar brachte seine Produkte mit einem MAM-System ins Internet. Der Umsatz über die Website stieg dadurch so stark, dass allein durch den dabei erzielten Gewinn die MAM-Investition in 18 Monaten refinanziert war. Durch Kostensenkungen bei der Erstellung von Printkatalogen und eine höhere Flexibilität im Marketing ergibt sich eine Payback-Period von nur 14 Monaten. In den kommenden fünf Jahren erwartet das Unternehmen eine jährliche Rendite von 105 % bezogen auf die Investitionskosten.

Zusammengefasst ergaben sich folgende Pluspunkte:

- Gesteigertes Umsatzpotential der Website
- Höhere Speed to Market, weil die Katalog-Druckzeiten entfielen.
- Höhere Prozess-Effizienz bei der Gestaltung von Werbemitteln. Jährliche Produktionskosten von 150.000 Dollar, weil alle Bestandteile eines Layouts sofort verfügbar sind und bei Produktänderungen nur noch der zentrale Datenbestand aktualisiert werden muss. Der Zeitaufwand für das Webdesign verkürzte sich um 50 %. Bei der Katalogerstellung spart der Zugriff auf die freigegebenen Beschreibungstexte im MAM 400 Stunden pro Jahr.
- Geringere Druck- und Versandkosten, weil dank des neuen Webauftritts pro Jahr ein Prozent weniger Kataloge gedruckt werden müssen.

Fasst man diese Faktoren zusammen, ergibt sich eine über die Jahre überproportional wachsende Gewinnsteigerung durch MAM.

4.7   Fazit

Media Assets sind ein Kapital, das nur selten bilanziert wird. Der „Rohstoff Bild und Video", geschürft von Fotografen, Grafikern und Kameramännern, ist der Stoff, aus dem moderne Kommunikation gemacht wird. Und trotzdem liegen diese oft mit viel Aufwand veredelten Media Assets vielerorts noch in einer Schublade oder vergammeln in Archiven, anstatt Zinsen und Erträge zu erwirtschaften. Die ergänzenden Möglichkeiten für Dokumente und Texte vervollständigen die Kette zur profitablen Verwertung von Inhalten. Erst ein MAM macht dieses Medien-Kapital liquide, mobil und profitabel.

4.8   Vier zentrale MAM-Eigenschaften

Aus strategischer Sicht muss ein MAM vier Qualitäten der Assets sichern:

4.8.1   Accessibility:

Die Assets sind schnell, einfach und effizient wiederzufinden.

4.8.2   Liquidity:

Wie Finanzmittel müssen auch Media Assets jederzeit verkauft, umgewandelt oder investiert werden können. Assets, die an ein Format oder eine bestimmte Anwendung gebunden sind, sind nicht liquide!

4.8.3   Re-usability:

Diese Assets müssen so kosteneffizient wie möglich mehrfach verwertet werden können.

4.8.4   Scalability:

Bei wachsender Anzahl der Assets oder neu hinzugekommenen Formaten muss das MAM einsatz- und leistungsfähig bleiben.

„Digitale Media Assets verhalten sich zu digitalem Content wie Papiergeld zu Papier. Zerreißt man einen Zwanzig-Euro-Schein in vier Teile, hat man nicht vier Fünf-Euro-Scheine, sondern nur wertloses Papier."

5 Strategische Aspekte einer MAM-Einführung

MAM-Interessenten sind erst nach der ersten Durchsicht von Anbieterprospekten erst mal völlig erschlagen von den Wahlmöglichkeiten, den Features und den Optionen, die eine komplexe MAM-Lösung bietet.

Leider führt kein Königsweg zur digitalen Medien-Datenbank. Vielen Anwender erwarten zu Beginn einen Spaziergang und sind fassungslos, wenn Sie auf einmal vor der Eiger-Nordwand zu stehen scheinen. Denn zum einen ist der Umgang mit digitalen Bildern schwierig: große Datenvolumina, zahllose Datenformate und das komplizierte Thema Farbe stellen hohe Anforderungen an die Anwender, die eine Lösung für das MAM planen müssen.

Zum anderen ist der Markt der MAM-Software auch für Experten kaum noch zu überschauen: das Preisspektrum reicht von 100 Euro für den Einzelplatz bis zu mehreren 100 Tsd. Euro für Enterprise-Lösungen.

Eine Voraussetzung dafür, dass am Ende die Investitionsrechnung aufgeht, ist eine sorgfältige Planung und Bedarfsanalyse. Fehler, die im Vorfeld begangen werden, potenzieren sich zum Ende hin.

Oft fehlt im Unternehmen ein Verantwortlicher für Media Asset

Media Assets werden in vielen Abteilungen eines Unternehmens eingesetzt, aber man findet kaum jemand, der den Überblick über, geschweige denn die Verantwortung für sie hat. Welche Abteilung soll dann die Motivation aufbringen, am Status quo etwas zu ändern?

Das MAM ist eine strategische Aufgabe des Topmanagements: dort und nirgendwo sonst muss die Projektverantwortung angesiedelt werden.

5.1.1 Richtwerte für den praktischen Einsatz

Der wichtigste Punkt in der Beschaffungfsplanung ist die exakte Kenntnis des gegenwärtigen und des zukünftigen Bedarfs. Ein preisgünstige „Out-of-the-Box"-Lösung kann schnell zur teuren Fehlinvestition werden, wenn künftige Migrationspfade an einem Steilhang enden.

Anwender sind gut beraten, zunächst einen Wrtschaftlichkeitsrechnung aufzustellen, und die zu erwartenden Vorteile im Detail den Implementierungskosten gegenüberzustellen.

5.1.2   Planungsphasen vor der MAM-Einführung

Erfahrungsgemäß tendieren potentielle MAM-Anwender dazu, den zehnten Schritt vor dem ersten zu tun. Dieser zehnte Schritt besteht meist darin, MAM-Anbieter um ein Angebot zu bitten. Viele von denen gehen inzwischen soweit, solche unqualifizierten Anfragen gar nicht mehr zu beantworten. Sie wissen, dass solche Blindangebote nicht mal die Portokosten wert sind.

Es ist sicherlich eine Überlegung wert, die nachfolgend beschriebenen Planungsphasen gemeinsam mit einem MAM-erfahrenen externen Berater durchzuführen.

1. Schritt: Bestandsaufnahme

In den ersten beiden Planungsphasen betrachten Sie Ihre Organisation gewissermaßen von oben, zu einem bestimmten Zeitpunkt.

Machen Sie zunächst eine Liste, auf der Sie all Ihre Media Assets, ob digital oder noch analog, exakt nach Art, *physikalischem* Standort und Stückzahl erfassen. So unglaublich es klingt, aber die Frage: „Wieviel Bilder (Videos etc.) haben Sie eigentlich?" können viele MAM-Interessenten nur mit einem Achselzucken beantworten. Das liegt nicht zuletzt an der Begriffsvielfalt, mit der die einzelnen Assets bezeichnet werden. Es ist of notwendig, mit einem Zentimetermaß von Abteilung zu Abteilung zu gehen, um vor allem alle analogen Assets zu erfassen. Notieren Sie unbedingt auch, die Häufigkeit, mit der bisher auf diese Assets zugegriffen wurde. Ebenso die Urheberrechtslage oder eine Markenschutzbindung.

In vielen Fällen müssen Sie auch externe Partner in diese Analyse einbeziehen, bei denen ihre Assets liegen: Werbeagentur, Druckerei, Grafiker etc.

2. Schritt: Workflow-Analyse

Ordnen Sie dann die Assets den einzelnen Abteilungen (dem *logischen* oder *funktionalen* Standort) zu, ähnlich wie in einem Kostenstellenplan Kennzeichen Sie dann ihren Status im Workflow: wo werden die Assets erzeugt, wo bearbeitet und geprüft und wo werden Sie eingesetzt. So bekommen Sie ein mehrdimensionales Bild von Ihrem Medienworkflow:

- Wer arbeitet wann wie oft mit welchen Assets?
- Welche Suchkriterien werden abgefragt? Inhalt? Entstehungszeitpunkt? Verwendungszeitpunkt? Kunde? Anlass?
- Erfassen sie diese Details so umfassend und genau wie nur möglich! Sie werden möglicherweise nie wieder die Chance dazu haben.

Denken Sie auch hier an Ihre externen Partner! Erst wenn Sie die qualitative und quantitative Komplexität des Medienflusses innerhalb und außerhalb Ihrer Organisation genau kennen, können Sie Ihr Media Ware House vernünftig planen.

3. Schritt: Lifecycle-Analyse

Nun wechseln Sie die Perspektive: analysieren Sie den zeitlichen Werdegang der Assets. Wann und wo werden Sie angefordert, wann und wo erzeugt, eingesetzt, wieder verwendet? Und wann ist ihr Lebenszyklus beendet? Müssen sie noch „für alle Fälle" archiviert werden oder kann man sie gefahrlos vernichten?

4. Schritt: Benutzeranalyse

Jetzt haben Sie die Informationsbasis für den nächsten, sehr wichtigen Schritt: die Benutzer von Assets in Ihrer Organisation gemäß Ihrer „Asset Affinität" zu ordnen. Ganz oben auf dieser Liste, steht dann z. B. die Abteilung, die immer händeringend bestimmte Fotos oder Logos sucht und die höchsten Ausgaben für Kuriere von und zu Werbeagenturen ausweist.

Sie werden dabei vermutlich drei Benutzerkategorien herausfinden:

Gruppe A hätte einen dramatischen Kosten- und Produktivitätsvorteil von einem MAM und würde geradezu aufatmen, wenn es verfügbar wäre.

Gruppe B würde reibungsloser, schneller und einfacher arbeiten können („soft benefits"), wenn es ein MAM gäbe, hat sich aber mit dem Status quo schon so abgefunden, dass sie die üblichen Pannen (falsches Logo, alter Preis in der Anzeige) als unvermeidbar ansieht.

Gruppe C würde ganz neue strategische Aktivitäten entfalten, an die ohne ein MAM gar nicht zu denken wäre. Bisher hat Sie aber dafür weder die Zeit noch die technischen Voraussetzungen.

Die Benutzeranalyse benötigen Sie später auch für die Schulungs- und Einarbeitungsplanung.

5. Schritt: Erfolgsanalyse

Nun geht es ans Rechnen: versuchen Sie so genau wie möglich, den wirtschaftlichen Mehrertrag dieser drei Gruppen zu erfassen.

Bei Gruppe A ist das sicherlich am einfachsten. Wenn 20 Mitarbeiter pro Tag für das Suchen von jeweils zehn Assets je 5 Minuten brauchen, in einem Drittel der Fälle nicht das gewünschte Asset finden und deswegen eine Neuproduktion oder die externe Beschaffung beauftragen müssen, dann kostet das ganz einfach Geld.

Bei Gruppe B werden Sie möglicherweise sogar auf Widerstand stoßen: Ihre Webdesigner-Truppe wird sich vermutlich nicht über die Aussicht freuen, nach der MAM-Einführung nur noch halb so groß zu sein. Zumal die schrille und disfunktionale Java-Programmierung der bisherigen Firmensite dann ohnehin für die Katz ist, den das MAM speist die aktuellen Assets möglicherweise automatisch in dafür vorbereitete Website ein.

Gruppe B liefert daher auch eine gute Motivation dafür, die Analyse mit Hilfe eines externen Beraters durchzuführen, der nicht in der Betriebskantine isst.

Bei Gruppe C ist die Renditeanalyse am schwersten, weil es hier oft um nicht quantifizierbare Erträge gibt:

- Was bringt es Ihrem Unternehmen, wenn Sie endlich ein konsistentes Erscheinungsbild bei Ihren Werbeaktivitäten durchsetzen?
- Wieviel Umsatzplus werden Sie generieren, wenn Sie in Ihrem Webauftrit alle Produkte bebildern können?
- Wie wirkt sich die höhere Zufriedenheit Ihrer Kunden aus, deren Pre- und After-Sales-Anfragen dank MAM schneller und ausführlicher beantwortet werden können?

Mittelfristig leistet erfahrungsgemäß Gruppe C mit ihren zuvor entgangenen Gewinnchancen und den nun vermiedenen Pannen den größten Beitrag zum Return of Investment nach MAM-Einführung.

6. Schritt: Ergebnisanalyse

Nach diesen fünf Schritten haben Sie zwei zentrale Entscheidungsgrundlagen:

A: Sie kennen Ihr Mengengerüst und zumindest einen Teil der funktionalen Anforderungen, die Sie an ihr MAM stellen müssen.

B: Sie wissen, ob sich eine Investition überhaupt rechnet.

C: Sie wissen, in welcher Abteilung Sie die größte Motivation für die Implementierung eines MAM vorfinden.

6 Die Datenbank als Grundbaustein

Allen Medien-Datenbank-Systemen liegt ein Datenbanksystem zugrunde. Als Datenbank bezeichnet man eine Ansammlung strukturierter digitaler Informationen, die gemäß einem abstrakten Modell organisiert sind. Terminologisch ist der Begriff „Datenbank" mehrdeutig: er meint sowohl eine Ansammlung von Daten als auch das Werkzeug (das DataBase-Management-System DBMS, die „Engine") zu deren Organisation.

Für den Anwender das DBMS hinter seinem MAM-System etwa so wichtig, wie für den Autofahrer der Motor seines Autos. Detailwissen über die „Engine" ist nicht zwingend notwendig: Hauptsache, der Wagen fährt gut. Die Frage der Datenbank hinter einem MAM-System kann im Unternehmensbereich angesichts bereits vorhandener Lizenzen oder wegen der unternehmensweit gewählten Betriebssystembasis wichtig werden. Im Idealfall ist die für den Anwender wesentliche Applikationsschicht eines MAM-Systems in der Lage, auf unterschiedlichen Datenbanken aufsetzen.

6.1 Typen von Datenbanken und ihre Datenmodelle

Datenmodelle haben die Aufgabe, als eigene „Sprache" die formale Beschreibung aller in der Datenbank enthaltenen Daten sowie deren Beziehungen untereinander zu ermöglichen.

6.1.1 Flaches Datenmodell

Ein flaches Datenmodell eignet sich nur für kleine Anwendungen mit gering komplexen Suchanfragen und Anforderungen (Produktbeispiel: ACCESS). Bezeichnung „flach" kennzeichnet hier eher die Architektur, z.B. kein Client-Server-Konzept.

6.1.2 Hierarchisches Datenmodell

Hierarchische Datenbanken legen Ihre Daten in hierarchischen Strukturen ab, die eine realistischere Abbildung ermöglichen. Dabei wird ein größerer Aufwand beim Einfügen und Löschen von Daten in Kauf genommen (Produktbeispiel: IMS von IBM).

6.1.3   Relationales Datenmodell

Relationale Datenstrukturen kommen mit wenig Speicherplatz aus, weil Sie die Duplizität von Daten vermeiden. *Relationale Datenbanken* bilden den heutigen Industrie-Standard.

Die Abbildung erfolgt durch Verknüpfungen (Relationen) von Datentabellen. Dies führt zu Nachteilen bei der Abbildung von hierarchischen Strukturen, die in der realen Welt oft vorkommen. Produktbeispiel: DB2, ORACLE, SYBASE, SQL-Server.

6.1.4   Objektorientiertes Datenmodell

Mit *objektorientierten Datenbanken* lassen sich reale Abbildungen am besten darstellen. Fehlende Standards stehen Effizienz und Flexibilität gegenüber.

Mehr und mehr werden derzeit relationale Datenbanken um objektorientierte Ansätze erweitert (Stichwort: Evolutionäre und Revolutionäre Erweiterungen).

In vielen Fällen sind hybride Lösungen sinnvoll: Stammdaten werden relational verwaltet, während Volltext-Beschreibungen als XML-BLOBs (Binary Large Objects) in die Tabellenstruktur integriert werden.

6.1.5   XML-Datenmodell

Konventionelle DBMS wurden für stark strukturierte Daten, etwa Tabellendaten (Relationen), entworfen und optimiert. XML gilt als die perfekte Datenbeschreibungssprache. XML-Management-Systeme (XMLMS) stehen erst am Anfang Ihrer Entwicklung. Ein wichtiges Kriterium ist ihre Granularität: Zugriff auf Dokumente, Dokumentteile, Einzeldaten. (Produktbeispiel: *TAMINO*).

Mehr und mehr werden ebenfalls relationale Datenbanken um XML-orientierte Ansätze erweitert (Beispiel: ORACLE 9i).

Zur Datenbeschreibungssprache XML mehr in einem späteren Kapitel.

6.2   Zentrale Anforderungen an relationale Datenbanken für das Media-Asset-Management

Die generelle Entscheidung für eine relationale Datenbank erfolgt zumeist aus folgenden Gründen, die in der Regel nicht technischer Natur sind:

* Standardisierte Abfragesprache SQL *(Structured Query Language)*
* Große Herstellervielfalt
* Skalierbarkeit auf unterschiedlichen Plattformen

- Sichere Investition
- Qualitätsmerkmal für die Industrie
- Kopplungen von Datenbank-Systemen untereinander sind leichter realisierbar, z.B. Anbindungen an Produktion- und Marketing-Datenbanken

6.2.1 Abbildung der Datenbankstruktur

Mit Hilfe des *Entity-Relationship-Diagramm* (ER-Diagramm) lassen sich die Datenmodelle grafisch darstellen und somit komplexe Beziehungen der Variablen veranschaulichen. Die Entities abstrahieren hierbei Objekte der realen Welt mit Beschreibung durch Attribute. Das Entity-Relationship-Diagramm ist auch für Laien relativ leicht zu verstehen und stellt somit ein Kommunikationsmittel zwischen Anwender und DV-Experten dar.

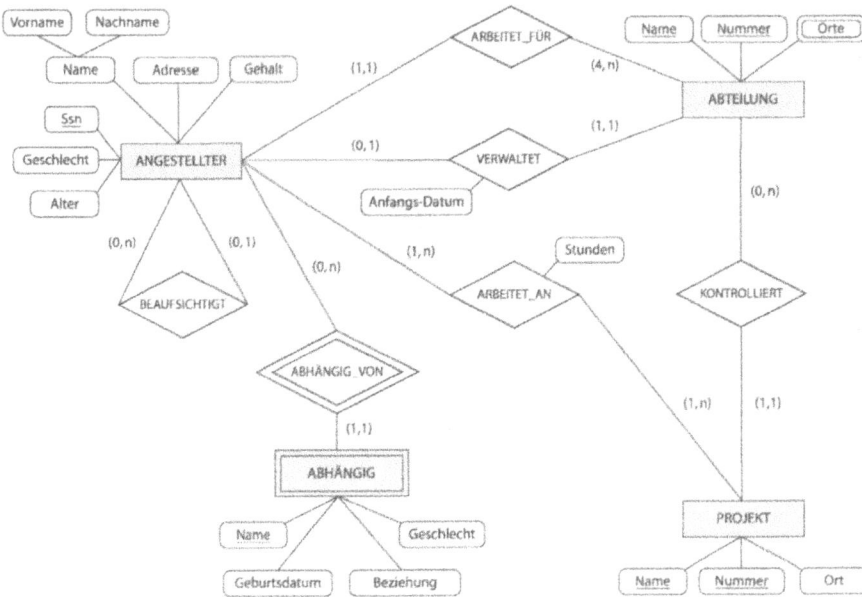

Abb. 6.1 *Beispiel ER-Diagramm*

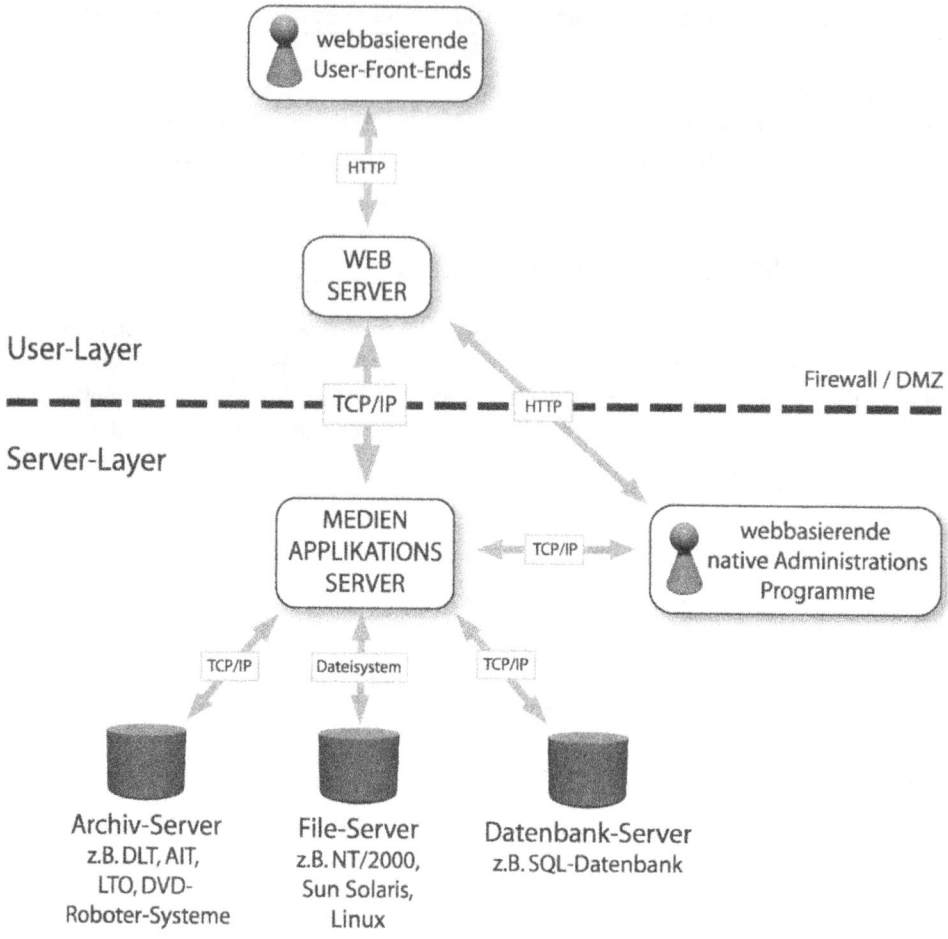

webbasierende
User-Front-Ends

HTTP

WEB
SERVER

User-Layer

Firewall / DMZ

TCP/IP — HTTP

Server-Layer

MEDIEN
APPLIKATIONS
SERVER

TCP/IP

webbasierende
native Administrations
Programme

TCP/IP   Dateisystem   TCP/IP

Archiv-Server
z.B. DLT, AIT,
LTO, DVD-
Roboter-Systeme

File-Server
z.B. NT/2000,
Sun Solaris,
Linux

Datenbank-Server
z.B. SQL-Datenbank

Consistency (Konsistenz):
Die Konsistenz einer Datenbank meint die Widerspruchsfreiheit von Datensätzen. Die Datenbank muss sowohl vor als auch nach jeder Transaktion einer festgelegten Richtigkeit entsprechen. Während dem eigentlichen Ablauf einer Transaktion können möglicherweise inkonsistente Zwischenzustände durchlaufen werden.

Isolation:
Eine Transaktion läuft so ab, als wäre sie die einzige im System. Zwei Transaktionen, die dieselben Daten betreffen, müssen auch dann hintereinander und somit konfliktfrei ausgeführt werden, wenn sie gleichzeitig angefordert wurden.

Durability (Dauerhaftigkeit):
Die Datenbank ist stets wiederherstellbar. Änderungen, die von einer erfolgreichen Transaktion durchgeführt wurden, müssen nachfolgende Fehlerfälle überdauern. Selbst ein Absturz der Festplatte darf diese Wiederherstellbarkeit nicht gefährden.

Darüber hinaus erwartet man für Datenbanken im Einsatz als Basis von Medien-Datenbanken:

* Stabilität
* Konsistente Verwaltung von großen Datenmengen
* Daten-Mehrfachnutzung
* Komplexe Such-Funktionen
* Zentrale Datenbasis für alle Anwender
* Ständige Verfügbarkeit und unternehmensübergreifender Zugriff
* Skalierbarkeit

6.4   Schematischer Aufbau von Medien-Datenbanken

Folgendes Schaubild zeigen den schematischen Aufbau eines MAM-Systems. Wichtige Systemkomponenten, wie Backup, USV, Netzwerk-Komponenten, Hochverfügbarkeitskomponenten (File-Server- bzw. Datenbank-Spiegelung) sind hier allerdings nicht berücksichtigt.

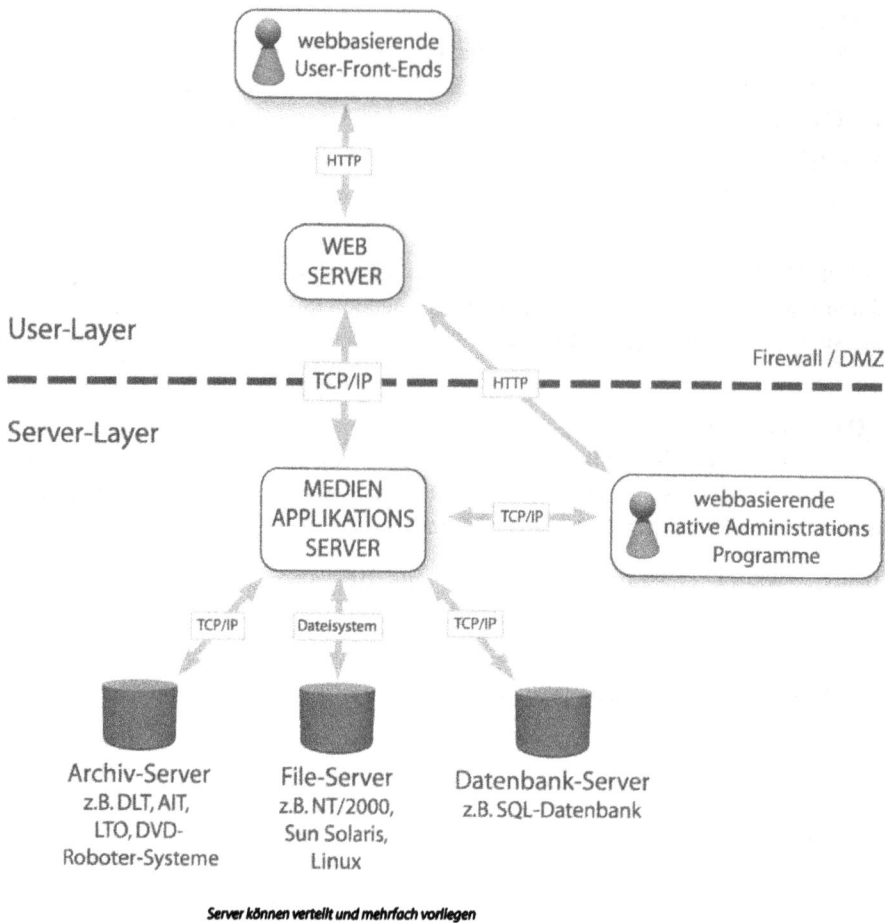

webbasierende
User-Front-Ends

HTTP

WEB
SERVER

User-Layer

Firewall / DMZ

TCP/IP ▬▬ ▬▬ ▬▬ HTTP ▬▬ ▬▬ ▬▬ ▬▬ ▬▬ ▬▬ ▬▬

Server-Layer

MEDIEN
APPLIKATIONS
SERVER

TCP/IP

webbasierende
native Administrations
Programme

TCP/IP   Dateisystem   TCP/IP

Archiv-Server   File-Server   Datenbank-Server
z.B. DLT, AIT,   z.B. NT/2000,   z.B. SQL-Datenbank
LTO, DVD-   Sun Solaris,
Roboter-Systeme   Linux

Server können verteilt und mehrfach vorliegen

Abb. 6.3   *Beispielhafter Aufbau von Medien-Datenbanken*

6.5   Die Komponenten eines MAM-Systems

6.5.1   Datenbank-Server

Der *Datenbank-Server* koordiniert die SQL-Anfragen vom Medien-Applikations-Server und
verwaltet die strukturierten Daten in der Datenbank. Beim Einsatz der Datenbank-Server
können unterschiedliche Strategien eingesetzt werden, wie Verteilte Datenbank-Server, Rep-
lizierte Datenbank-Server etc.

6.5.2   File-Server

Der *File-Server* verwaltet die hochaufgelösten Medien-Dateien, die nicht direkt in der Datenbank als eigenständige Datenobjekte (z.B. als BLOB (Binary Large Object)) gespeichert werden (Siehe hierzu Kapitel „Duale Verwaltung"). Es können mehrere örtlich verteilte File-Server eingesetzt werden, welche über Speicher-Agenten, die Verwaltung und Zuführung zur zentralen Datenbank übernehmen.

6.5.3   Archiv-Server

Der *Archiv-Server* regelt über spezielle Parameter die Auslagerung von hochaufgelösten Medien-Dateien des File-Servers auf externe Medien, wie z.B. DLT-, AIT-, LTO-, DVD-Jukebox- bzw. Robotersysteme, ohne dass die Suche- und Preview-Möglichkeit im Medien-Datenbank-System verloren gehen.

6.5.4   Medien-Applikations-Server

Der *Medien-Applikations-Server* stellt den Dreh- und Angelpunkt des Medien-Datenbank-Systems dar. Er trennt die Business- und die Darstellungs-Logik und bietet die Plattform für die funktionalen Komponenten eines Medien-Datenbank-Systems.

6.5.5   Web-Server

Der *Web-Server* regelt die Zugriffe der Web-basierten Frontends der Anwender. Er steht aus Sicherheitsgründen in der DMZ (Demilitarisierte Zone), welche über Firewall-Technologie abgesichert wird.

6.5.6   Administratoren-Programme (Web-basiert bzw. Native)

Zur Administration des Systems dienen in der Regel native Programme bzw. Web-basierte Frontend-Applikationen über Web-Browser.

6.5.7   Anwender-Programme (Web-basiert)

Der Anwender selbst arbeitet in der Regel mit Web-basierten Frontend-Applikationen über Web-Browser.

7 Beispiele gebräuchlicher Medienkategorien

Die Vielfalt der Medienwelt spiegelt sich auch in der Zahl der Dateiformate wieder: mit allen Varianten landet man problemlos im dreistelligen Bereich. Sie zu kennen ist keineswegs nur für einen MAM-Programmierer von Bedeutung: der muss sich überlegen, wie er eine Datei am Bildschirm visualisiert, welche Elemente er indiziert und suchbar macht (z.B. Texte in einer Multimedia-Präsentation), wie er sie möglichst verlustfrei in ein anderes Format konvertiert und vieles mehr.

Auch der Anwender muss sich entscheiden, in welchem Format er seine Media Assets speichert und verteilt. Bei dieser strategischen Entscheidung muss er viele Faktoren gegeneinander abwägen, etwa Kompressionsgrad, Speicherbedarf, Ladezeit und Verarbeitungsgeschwindigkeit. Fehlentscheidungen können hier schwerwiegende Folgen nach sich ziehen.

Eine technische Kategorisierung von Medienformaten ist nach ganz unterschiedlichen Kriterien möglich. Beispielhaft für Bilder sind Unterscheidungen nach diesen Kategorien:

Medienart
- Rasterbild Monolayer:
  das „normale" Bild mit nur einer Bildebene
- Rasterbild Multilayer:
  Arbeitsversionen von EBV-Programmen
- Vektorgraphik:
  CAD-Zeichnungen und Schriftfonts
- Komplexe Dokumente:
  Kombinierte Raster- und Vektorinformationen
- Large Format (zoomfähig)
  Spezialformate für extrem große Bilddateien
- Rich Media:
  Audio+Video
- Multimedia-Kombination:
  Präsentationen mit Format-Mix aus Vektorgrafik, Foto, Video und Audio.

Kompressionsart
- Verlustfrei
- „visually lossles"
- verlustbehaftet

Metadaten
- Beschreibungsdaten
- Farbprofile
- Digital Rights Management

Farbebenen
- monochrom
- zweifarbig (Duplex)
- dreifarbig
- vierfarbig
- multispektral

Farbtiefe (bit pro Farbebene):
- 2 (bitonal)
- 8 (Standard für Graustufe und Farbe)
- 12 und mehr
  Warum 24 bit pro Pixel manchmal nicht genug sind, wird später dargestellt.

Standardisierungsgrad:
- international genormt (ISO/ITU etc.)
- Industriestandard, Quasistandard
- proprietär

Eine Systematisierung der Bildformate lässt sich damit aber nicht bewerkstelligen, weil sich Definitions- und Funktionsumfang verschiedener Formate zu sehr unterscheiden.

Bilder repräsentieren aber nur *eine* Gattung der Medienwelt! Für andere Medien wie Technische Zeichnungen, Layouts, Audio, Video etc. können ganz andere Unterscheidungen greifen.

8 Grundlagen: Digitale Bilder und Farbe

Farbige Halbtonbilder machen in vielen Fällen immer noch den Löwenanteil der Media Assets aus. Deshalb ist die Kenntnis ihrer Gesetzmäßigkeiten eine gute Grundlage für das technische Verständnis fast aller anderen Medienformen. Zudem gehört das Thema *Farbmanagement* noch immer zu den Mysterien des Media-Asset-Management.

8.1 Elementare Begriffe

bit:
Das *bit* ist die kleinste Codierungseinheit in digitalen Systemen. Die Anzahl n verfügbarer bits definiert die Zahl m codierbarer Möglichkeiten gemäß der Potenzbeziehung $m = 2^n$. Acht bit bilden ein Byte und stellen $2^8 = 256$ Werteklassen dar; mit 16 bit lassen sich $2^{16} = 256$ x 256 Werte codieren.

Pixel:
Das *Pixel (Picture Element)* ist die kleinste logische Informationseinheit eines Bildes. Es wird durch einen ein-, drei- oder mehrdimensionalen Farbvektor beschrieben. Bei einem üblichen 24 bit RGB-Farbbild ist ein Pixel somit über drei Zahlenwerte definiert, die die Rot-, Grün- und Blau-Komponenten als Dezimalzahl zwischen 0 und 255 (Hexadezimal: 00....FF) darstellen.

Begriffliche Probleme entstehen dadurch, dass der gleiche Ausdruck *Pixel* mit verschiedenen, kontextspezifischen Bedeutungen belegt wird. Wenn man am Monitor bei starker Bildvergrößerung „die Pixel sieht", meint man z.B. nicht die Monitor-Pixel.

ppi:
Die Angabe *ppi (pixel per inch)* gibt die längenbezogene Auflösung (Informationsdichte) an. 1 Inch = 2,54 cm. Bei Scannern definiert man damit die Auflösung (z.B. 600 dpi).

Dot:

Ein *Dot* ist das kleinste physikalische Bildelement (Bildpunkt), das ein Ausgabemedium erzeugt. Je nach Darstellungsverfahren variiert die Anzahl der Dots, die zur Darstellung eines Pixels benötigt werden. Nur im Halbtonbild (engl. *continous tone*) sind *Dot* und *Pixel* identisch! Am Monitor sind drei, im Rasterdruck einige hundert Dots erforderlich, um ein Pixel abzubilden.

dpi:

Die Angabe *dpi (dots per Inch)* beschreibt die längenbezogene Punktdichte eines Ausgabemediums und wird in der Praxis häufig fälschlich an Stelle von *ppi* verwendet. Bei der üblichen Beschreibung der Monitorauflösung mit z.B. „72 dpi" sind definitiv 72 ppi gemeint.

Bildgröße:

Digitale Bilder sind zunächst virtuell, daher wird die *effektive Bildgröße* nicht in Zentimetern, sondern in Pixel angegeben, weil nur diese Angabe sinnvoll den Informationsgehalt beschreibt. Erst das Ausgabemedium (Monitor, Druck) gibt dem Bild eine real messbare Fläche.

Effektiv meint hier die optisch gewonnenen Pixel. Im Gegensatz dazu steht die „interpolierte", also hochgerechnete Bildgröße. Man kann ein Bild stets auf beliebig große Pixeldimensionen hochrechnen: diese Interpolation ist im Regelfall ein völlig sinnloser Vorgang, der nur die Datenmenge aufbläst und eine Qualität vorspiegelt, die nicht existiert. Eine sinnvolle Ausnahme ist die weichzeichnende Interpolation, die bei extremen Zoomeinstellungen die sonst sichtbaren Pixelblöcke vermeidet.

Auflösung und Quantisierung

Jedes Medium stellt spezifische Anforderungen an den Informationsgehalt von Bildern: das Maß dafür ist die geforderte Mindestauflösung in ppi. Für Bildschirme und damit für das Internet gelten 72 ppi als Richtwert: de facto hängt die *Auflösung* natürlich von der Monitorgröße und der von der Grafikkarte gelieferten Pixelzahl ab. Für den qualitativ hochwertigen Druck (Zeitschriften) werden 300 ppi gefordert: immer bezogen auf das Ausgabe- oder Druckformat. Üblicherweise wird auch hier die Angabe *ppi* (fälschlicherweise) mit *dpi* gleichgesetzt.

Diese 300 ppi entsprechen 120 Pixel/cm bzw. 14.400 Pixel pro Quadratzentimeter des späteren Druckformats. Wenn man die Ausgabegröße „*a* x *b* cm" kennt, muss man also *a* x *b* x 14.400 rechnen, um die mindestens benötigte Pixelzahl zu erhalten. Für ein Foto, das eine A4-Seite (21 x 30 cm) füllen soll, sind also idealerweise 21 x 120 mal 30 x 120, also 9 Mio. Pixel erforderlich. Bei einem gut gescannten Dia kann man auch noch mit 2048 x 3072 Pixel bei A4-Ausgabeformat vernünftig arbeiten.

Im Tageszeitungsbereich sind die Anforderungen wegen des gröberen Bildrasters zwar geringer. Da aber hier häufiger mit Bildausschnitten gearbeitet wird, sollte die 300 ppi auch hier als Richtwert stehen bleiben.

Raster und Vektor

Raster- oder Bitmap-Formate, wie sie für Fotos verwendet werden, bauen ein Bild aus einzelnen Punkten (Pixel) auf, können also nicht beliebig skaliert (vergrößert) werden, ohne dass diese Struktur sichtbar wird.

Vektordaten beschreiben dagegen Ortskurven durch Gleichungen oder eben Vektoren. Sie sind maßstabsunabhängig, also frei skalierbar, und werden für Line Art, CAD oder Schriftfonts eingesetzt.

In Seitenbeschreibungssprachen *(Page Description Languages PDL)* wie PostScript oder PCL werden beide Datenformen kombiniert. In Objektdatenformaten wie der *VRML (Virtual Reality Modelling Language)* wird neben den Bilddaten auch noch der Code zu deren Bearbeitung gespeichert.

8.2 Die Farbtiefe digitaler Bilder

Bei einem digitalen Bild wird nicht nur die Flächeninformation, sondern auch die Farbinformation quantisiert, also in Klassen oder Stufen eingeteilt. Wie im Glossar beschrieben, wird in den Standardbildformaten jeder der drei RGB-Farbwerte üblicherweise mit 8 bit, also je 256 verschiedenen Werten quantisiert. Daraus ergeben sich 24 bit oder 256 x 256 x 256 = 16,7 Millionen unterschiedliche Farbwertcodierungen. Dies scheint auf den ersten Blick mehr als ausreichend zu sein, kann doch das menschliche Auge - so einige Experten - deutlich weniger - maximal 128 - Helligkeitswerte und etwa 10 Millionen Farbtöne im direkten Vergleich unterscheiden. Bei der Wahrnehmung von nur zwei unterschiedlichen Helligkeitswerten bei guter Ausleuchtung ergeben sich allerdings sehr viel feinere Stufungen.

Nichtlineare Abbildungsprozesse führen zu Quantisierungsfehlern

Durch die *Digitalisierung* entstehen Probleme, die unmittelbar mit der Feinheit (Auflösung) sowohl in der Raum- bzw. Zeitachse als auch bei der Intensität (Helligkeit, Farbe, Lautstärke) zusammenhängen. Denn bei der Verarbeitung digitalsierter Signale kommt es immer wieder zu sogenannten nichtlinearen Prozessen, die allein auf Grund der Quantisierung zu Rauschstörungen führen, also zu Ungenauigkeiten und Rundungsfehlern, die die nutzbare Auflösung dramatisch reduzieren können. Diese Rundungsfehler erfordern es, dass vor einer Signalverarbeitungsstufe zunächst viel feiner (also mit mehr bit) quantisiert werden muss, als man am Ende benötigt oder nutzen kann.

Elementare Bildbearbeitungsschritte wie

- Belichtungskorrektur
- Farbraumtransformation
- Farbkorrektur

erfordern es, dass Farbwerte mit Hilfe nicht-linearer Prozesse verrechnet werden: dabei wird eine Skala über eine nicht-lineare (also gekrümmte) Funktionskurve auf eine andere Skala abgebildet.

Hat die Ausgangsskala ebenso viele Stufen wie die Zielskala, kommt es je nach Kurvenkrümmung zu einer fatalen Situation: als ob man an einer Stelle neun Eier gleichmäßig auf sieben Körbe, an einer anderen Stelle aber ein Ei auf drei Körbe verteilen müsste.

Das acht-bit-Korsett lässt die meisten Versuche von Farbmanagement in der digitalen Bilderwelt scheitern. Man kann sich noch so viele Farbraumvarianten ausdenken: so lange man nur 3 x 8 bit *für die Bearbeitung* von RGB-Bildern zur Verfügung hat, ist eine Beschädigung des Bildes unvermeidbar.

8.3   Acht bit pro Farbe sind ein historischer Kompromiss

Die Beschränkung auf acht bit hat ihre historischen Wurzeln in der PC-Welt: früher konnten die Personal Computer größere Datenwörter nur mit erheblicher Mühe verarbeiten und speichern. Bei Unix-Workstation ist es dagegen ganz selbstverständlich, Bilder sogar mit 96 bit pro Pixel als Fließkommawert zu codieren.

Heute gibt es auch im PC-Bereich keinen Grund mehr, Bilder auf 3 x 8 = 24 bit zu stutzen, wenn Sie noch in irgendeiner Weise nichtlinear prozessiert werden müssen. Und das müssen sie praktisch immer. Nur dann, wenn man den medienspezifischen Ausgabeprozess bereits genau kennt, kann man mit einem optimierten Farbkörper, also mit maßgeschneidert aufbereiteten 8 bit eine einwandfreie Bilddarstellung erzielen. Wirklich nur dann.

Berücksichtigt man, dass in der Praxis jeder der zig Millionen Monitore auf der Welt seine eigene „Sichtweise" hat, die nicht nur von seinen Einstellungen, sondern auch von Umgebungsbeleuchtung (damit von der Tageszeit), der Kondition des Betrachters und - bei TFT-Displays - auch seinem Blickwinkel abhängt, ahnt man, wie vielfältig die Probleme des Farbmanagements sind.

8.4   Farbmanagement braucht 12...14 bit pro Farbe

Die historisch begründete Codierung digitaler Bilder mit maximal acht bit pro Farbe wird bis heute als Selbstverständlichkeit hingenommen und selten hinterfragt. Die mathematische Komplexität des Themas erlaubt es uns nur, hier facettenartig mit drei Aspekten für eine feinere Quantisierung zu argumentieren.

Aspekt 1: Lichter- und Tiefenzeichnung

Die visuelle Wahrnehmungsfähigkeit des Menschen erstreckt sich über einen extrem großen Dynamikbereich von 10^{10} (1 : 10.000.000.000): wir können im hellen Sonnenlicht fast genauso gut Kontraste erkennen, wie bei Mondlicht, wenn nur unser Auge hinreichend Zeit zur Anpassung bekommt. Auch bei starken Gegenlichtsituationen sehen wir noch Details im dunklen Vordergrund, die auf einer Fotografie bereits „absaufen" würden. Unser Gehirn berücksichtigt auch den relativen Umfeldkontrast: das kann eine Kamera nicht.

Dabei hat der analoge Film immer noch einen recht hohen Dynamikumfang von grob 1: 10.000, der durch den Zehnerlogarithmus dieses Verhältnisses (hier 4.0 D) beschrieben wird und den hochwertige Digitalscanner mit 3.5 D zu einem guten Teil erfassen können. Dazu quantisieren sie Helligkeitsinformationen mit einer Auflösung, die sich rechnerisch aus dem Dichteumfang direkt ableiten lässt, wenn man den dekadischen in einen dualen Logarithmus umrechnet: der dekadische Dichteumfang 3.5 muss dazu nur durch 0.3010 (den Logarithmus von 2) dividiert werden, um die benötigte Bitanzahl von 12 zu erhalten.

Digitale Bilder haben nur dann einen dem analogen Film entsprechenden Informationsumfang, wenn jedes Pixel linear mindestens mit 3 x 12 = 36 bit quantisiert wird. Da die EDV mit ganzen Datenworten zu 8 bit arbeitet, spricht man in diesem Kontext auch von 16 bzw. 48 bit Formaten (anstelle von 8 bzw. 24 bit). Dabei ist aber klar, dass von diesen 48 nominalen bit nur 36 bit, in Ausnahmefällen (gekühlter Sensor) auch 42 bit effektiv nutzbar sind.

Aus diesen 36 Nutzbits können dann über eine entsprechende nichtlineare Skalierung bequem 24 bit für die benötigte Darstellungsart ausgewählt werden. Eine derartige Skalierung findet z.B. bei der elektronischen Belichtungskorrektur statt: eine völlig fehlbelichtete und scheinbar unbrauchbare digitale Aufnahme kann elektronisch problemlos um bis zu zwei Blendenstufen korrigiert werden, wenn die Rohdaten in 36 bit vorliegen.

Aspekt 2: Unterschiedliche Ausgabefarbräume

Medien für die Bildpräsentation besitzen unterschiedlich große und verschiedenförmige Farbkörper (Gamut). Diese Farbkörper, die zudem auch noch in einer unterschiedlichen Metrik (Farbraum) dargestellt werden, lassen sich leider nur sehr abstrakt und in einer von Laien nur ansatzweise beurteilbaren, weil nicht der subjektiven Wahrnehmung entsprechenden Form demonstrieren. Etwa so, als ob man die Geographie der Erde auf einer Pyramide statt auf einem Globus betrachten müsste. Erst dreidimensionale Visualisierungen machen die Unterschiede deutlicher.

Die Transformation einer Bildinformation aus dem sehr großen Farbkörper des Films (RGB-Farbraum) in den sehr kleinen Farbkörper des Zeitungsdrucks (CMYK-Farbraum) entspricht einer mehrdimensionalen Belichtungskorrektur oder drastischer: der Aufgabe den Erdball mit möglichst wenigen Fehlern auf einen kleinen Würfel aufzumalen. Erfolgt diese Transformation auf der Basis eines 36 bit Bestandes, ist sie zwar immer noch schwierig, aber die Aufgabe ist lösbar. Wenn dagegen nur 24 bit zu Verfügung stehen, sind Bilddefekte unvermeidbar.

Aspekt 3: Fehler bei der Farberfassung

Wie erwähnt, wird die Farbe eines Pixel in der Regel als dreidimensionaler Vektor beschrieben, also als Raumpunkt, der durch die drei Koordinaten R, G und B definiert ist. Dieses Vektormodell der Farbpräsentation erleichtert es ungemein, die Fehler bei der Erfassung von Farbe zu systematisieren. Es gibt hauptsächlich drei Fehlermechanismen, die sich im Regelfall überlagern:

Clipping

Farbvektoren werden ab einer bestimmten Länge einfach beschnitten, weil der Farbkörper des Wiedergabemediums kleiner ist als der des Originals. Dadurch kommt es zu irreversiblem Informationsverlust, weil aus einer zuvor unterscheidbaren Menge unterschiedlich langer Vektoren eine ununterscheidbare Menge gleicher Farbvektoren wird. In der Praxis zeigt sich das als Sättigungsverlust.

Beispiel: einem weiß-blauen Himmel fehlen in der Reproduktion die tiefblauen Töne oder die ganze Wolkenzeichnung

Verschiebung des Farborts

Farbvektoren erfahren eine Verschiebung, ändern also ihre Richtung im Farbraum. Dadurch ändert sich der Farbton.

Beispiel: Die neutralgraue Wolke im Original bekommt in der Reproduktion einen Grünstich.

Verzerrung der Gradation

Farbvektoren werden nicht-linear abgebildet. Man stelle sich ein thermisch-mechanisch deformiertes Zentimetermaß aus Folie vor, das am Anfang kürzere, in der Mitte normale und am Ende längere Skaleneinheiten hat als das Original.

Beispiel: Eine dunkle Bildpartie verliert im Druck ihre Zeichnung und wird zu einer homogenen schwarzen Fläche.

Fazit:

Diese Fehlermechanismen greifen bei *allen* Bilderfassungssystemen vom Auge über den Film bis zur Digitalkamera, sind also *analoger* Natur. Der (analoge) Film bietet nahezu „unendlich viele" Intensitätswerte an, was eine Korrektur dieser Fehler sehr vereinfacht. Bei digitalen Medien, die bereits vor der Korrektur nur 256 Intensitätswerte pro Farbkanal aufweisen, führen Korrekturen zu massiven Quantisierungsfehlern, die sich im Bild als Tonwertabrisse (Stufen, Streifen) zeigen können.

Ein digitales Bild lässt sich nur dann beschädigungsfrei bearbeiten und medienneutral speichern, wenn die Eingangsfarbtiefe deutlich größer ist, als die Ausgabefarbtiefe. Da professionelle Digitalkameras ein RAW-Format mit 30...36 bit liefern, ist dieses Format in jedem Fall einem 24 bit Format vorzuziehen.

8.5   Grundlagen des Farbmanagements

Der Begriff *Farbmanagement* umfasst alle Maßnahmen, unerwünschte Farbabweichungen bei der Reproduktion zu vermeiden oder aber eine bestimmte Farbwirkung (etwa in der Werbung) unabhängig von der Qualität der Vorlage sicherzustellen. Farb- oder Colormanagement (CM) wird bislang fast nur im Druckbereich eingesetzt und hat sich im medienneutralen MAM noch nicht etabliert. Die unreflektierte Übernahme der CM-Ansätze aus dem Printbereich führt aber hier zu Problemen.

8.6   Der digitale Produktionsprozess von Bildern

Der digitale Produktionsprozess erfolgt in der Regel über mehrere Stufen in der sogenannten Imaging Chain:

- Bildaufnahme mit Scanner oder Digitalkamera
- Bildbearbeitung am Monitor
- Layout-Erstellung
- Ausgabe, etwa auf einer Druckmaschine

Wir begegnen auf jeder dieser Stufen zwei sehr unterschiedlichen Problembereichen, von denen nur einer mit den Unzulänglichkeiten der Technik zu erklären ist; der andere Bereich ist naturgegeben.

Denn selbst bei einer technisch idealen Prozesskette stellt uns die Farbreproduktion vor große Herausforderungen, die zum größten Teil mit der komplexen Physiologie der Farbwahrnehmung zusammenhängen. Nach landläufiger Auffassung ist „optimale Farbwiedergabe" ein Verfahren mit dem Ziel, den ursprünglichen Farbreiz, bei einem Kamerabild also der Farbreiz im Auge des Betrachters der Originalszene, zu erhalten und Veränderungen durch das Aufnahmesystem zu korrigieren, um „authentische Farbwerte" zu erhalten.

Doch dieses Authentizitätsmodell ist ein Mythos, der die Gesetze der Farbwahrnehmung außer Acht lässt: ein Farbreiz ist immer an eine ganz spezifische Wahrnehmungssituation gebunden. Betrachtet man ein Bildmedium (Foto, Druck, Dia), muss der Farbreiz der Originalszene angepasst werden, damit er als „gleich" erlebt wird.

Die Retina (Netzhaut) in unseren Augen ist nicht nur ein Detektor, sondern ein dem Gehirn vorgeschalteter hochspezialisierter Prozessor zur Bildverarbeitung, der abgebildete Szenen analysiert, zeitliche, räumliche und farbliche Informationen extrahiert und diese an die visuellen Zentren im Gehirn weiterleitet. Ein Foto muss also eine Vielzahl dieser Vorgänge simulieren, um als originalgetreu wahrgenommen zu werden.

Zwischen dem objektiv messbaren physikalischen Farbreiz, definiert durch Aufnahmelicht, Objektspektrum und Bewertungsfunktion, auf der einen Seite und der subjektiven Farbwahrnehmung auf der anderen Seite steht also ein komplexer wahrnehmungsphysiologischer Prozess, den ein Farbmanagement ebenfalls berücksichtigen muss.

Beeinflusst wird dieser Wahrnehmungsvorgang im Wesentlichen von vier Faktoren:

- Absolute *Helligkeitsadaption*:
  ein Weiß im Tageslicht hat eine Helligkeit von 6000 cd/qm, während ein Weiß auf einem bei Raumlicht betrachteten Foto etwa 150 cd/qm aufweist. Die Kontrastwahrnehmung ist in beiden Fällen unterschiedlich.
- *Umfeldkontrast*:
  die unmittelbare farbliche Umgebung eines Farbreizes beeinflusst sehr stark seine subjektive Wahrnehmung.
- *Streulicht*:
  Fotos und Drucke werden immer mit einem Streulichtanteil betrachtet, der die maximale Dichte subjektiv reduziert: das Bild erscheint flacher.
- *Farbadaption*:
  Je nach Lichtbedingungen ist unser Auge an eine unterschiedliche spektrale Lichtzusammensetzung angepasst, die sich aus der Farbtemperatur der Lichtquelle ableitet (die Lichtart D50 hat 5000 Kelvin). Soll ein Farbreiz, der bei der Lichtart D65 (6500 Kelvin) entstanden ist, bei D50 gleich wahrgenommen werden, muss eine colorimetrische Anpassung erfolgen, deren Ergebnis aber nicht mit dem Farbreiz übereinstimmt, den das selbe Objekt bei D50 ergeben würde!

Daraus folgt:

Ein Farbeindruck kann nur dann authentisch beschrieben werden *(appearance-based color encoding)*, wenn zusätzlich zu seinen colorimetrischen Werten auch die Betrachtungsbedingungen beschrieben werden *(encoding reference viewing conditions)*. Ohne die Kenntnis der Betrachtungsbedingungen sind colorimetrische Werte allein nahezu bedeutungslos. Selbst der Idealfall einer authentischen Bewahrung von Farbwerten über die gesamte Imaging Chain hilft uns also nur in dem Sonderfall, in dem wir z. B ein Foto auf Papier am Ende wieder als Foto auf Papier oder ein Dia wieder als Dia ausgeben wollen. Jeder Wechsel des Mediums erzwingt ansonsten eine Korrektur, wenn der subjektive Farbeindruck erhalten bleiben soll.

8.7   Farbfehler entstehen schon durch falsches Aufnahmelicht

In der Praxis arbeitet natürlich kein einziges Glied der Imaging Chain so ideal und fehlerfrei, wie wir uns das wünschen würden. Die erste und größte Fehlerquelle in der Farbreproduktion wird sogar meistens übersehen: das Aufnahmelicht. Während unsere Physiologie den Einfluss des Lichts auf die Farbwiedergabe herausrechnen kann, stehen Kameras auf verlorenem Posten, wenn sie im spektral dürftigen Licht moderner Bürobeleuchtungen Farben reproduzieren sollen. Metamerie heißt das böse Zauberwort, von dem inzwischen noch nicht einmal die Hersteller von Leuchtmitteln und Repro-Scannern etwas gehört zu haben scheinen. Metamerie bezeichnet das Phänomen der nicht-eindeutigen Farberkennung: so kann der Farbton eines nachlackierten Kotflügels im Kunstlicht der Werkstatt völlig gleich, bei Tageslicht dagegen deutlich anders erscheinen, als der Rest der Autokarossiere.

Der Farbwiedergabeindex R_a nach DIN 5035

Als Maß für die Eignung einer Lichtquelle zur Farbabmusterung oder als Beleuchtungslichtquelle innerhalb der Farbfotografie dient der nach DIN 5035 b zw. DIN 6169 definierte Farbwiedergabeindex R_a *(Color Rendition Index - CRI)* mit Werten von 1 bis 100. Oft werden nur noch die Klassen nach DIN 5035 (Beleuchtung mit künstlichem Licht) angegeben:

R_a-Wert	Klasse nach DIN 5035
90-100	1A
80-89	1B
70-79	2A
60-69	2B
40-59	3
20-39	4

Tab. 8.1   *Klassen nach DIN 5035*

Die Angabe „1A" ist also für fotografische Zwecke nahezu eine Nullaussage, da ein R_a von 90 schon nicht mehr akzeptabel ist. Die CIE-Norm 13.3 wurde 1995 geändert.

Ermittelt wird dieser *Farbwiedergabeindex* R_a mit einer Reihe von acht schwach gesättigten Testfarben. Dabei vergleicht man die Übereinstimmung des Farbeindrucks dieser Testfarben bei Beleuchtung mit der zu testenden Lichtquelle mit demjenigen bei Beleuchtung mit einer Bezugslichtart unter bestimmten Beobachtungsbedingungen, und zwar visuell *und* messtechnisch.

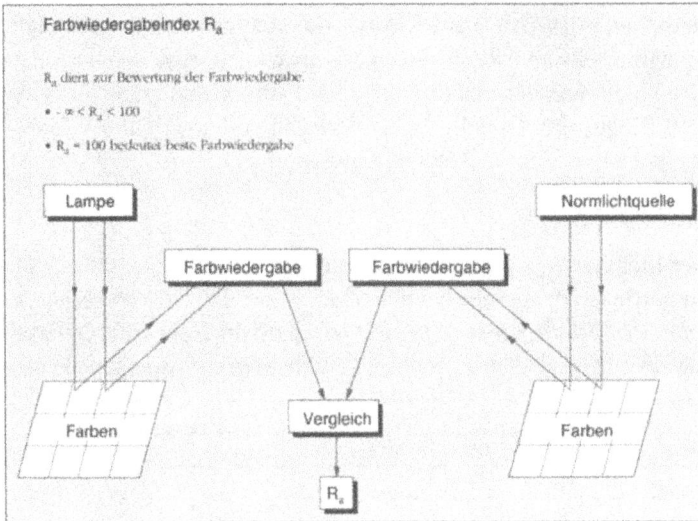

Abb. 8.1 *Farbwiedergabeindex (Quelle: Gall, Farbmetrik)*

Beide Farbarten werden dazu nach der Eintragung in die CIE-UCS-Farbtafel mit folgender *Farbabstandsformel* berechnet:

$$\Delta E = \sqrt{(u_2 - u_1)^2 + (v_2 - v_1)^2}$$

Abb. 8.2 *Farbabstandsformel*

Der Farbabstand ΔE wird in CIE-Einheiten gemessen, die einem gerade wahrnehmbaren Farbunterschied entsprechen.

Diese „*jnd*" (just noticeable differences) entsprechen der dreifachen Standardabweichung der *MacAdam-Ellipsen*.

Der Farbabstand ΔE_i der Testfarbe i zwischen Wiedergabe und Bezugszustand dient zur Herleitung des speziellen *Farbwiedergabeindex* R_i:

$$R_i = 100 - 4{,}6\Delta E_i$$

Abb. 8.3 *Farbwiedergabeindex*

der Faktor 4,6 in der Formel wurde willkürlich gewählt. Ist die Übereinstimmung hundertprozentig, beträgt der Farbwiedergabeindex 100.

Der allgemeine Farbwiedergabeindex R_a ergibt sich aus dem Mittelwert der speziellen Farbwiedergabeindizes der ersten acht Testfarben, die einen Kranz um den Unbuntpunkt bilden:

R_a ist also ein Mittelwert aus

- R_1 = altrosa
- R_2 = senfgelb
- R_3 = gelbgrün
- R_4 = hellgrün
- R_5 = türkisblau
- R_6 = himmelviolett
- R_7 = asterviolett
- R_8 = fliederviolett.

Berechnen lässt sich der Color Rendition Index mit einer von der CIE erhältlichen, der Norm beigelegten Software: CIE 13.3-1995 (ISBN 3 900 734 57 7).

Satte Farbtöne werden in dieser Messung überhaupt nicht berücksichtigt. In der Medizin wird deshalb noch einen weiterer Farbwiedergabeindex R_9 zur Bewertung von OP-Leuchten herangezogen, der speziell die Rotwiedergabe qualifiziert, die im Operationsfeld wichtig ist und *nicht* in die Berechnung von R_a eingeht. Bei Werten von R_9 über 90 hat der Chirurg eine sichtbar bessere Detailerkennung des Wundfeldes. Weitere Indizes gibt es für die gesättigten Farben: R_{10} Gelb, R_{11} Grün, R_{12} Blau, R_{13} für die Hautfarbe und R_{14} für Blattgrün. Neu sind die Indizes R_{15} für Japanhaut (graugrün), R_{16} für Brühwurst (neutralgrau) und R_{17} (weiß).

8.8   Farbräume und Farbkörper

Der Begriff *Farbraum* wird ebenso häufig wie falsch verwendet, wenn eigentlich der *Farbkörper* gemeint ist, also der Raumkörper aller Farborte, die ein bestimmtes Medium darstellen kann.

Der Farbraum ist eine reine Metrik, ein Mess-System: ein dreidimensionaler Vektorraum. Ob man ihn über den Grundachsen RGB, CMY, XYZ, Lab, Luv oder YCC, ob über kartesischen, oder Zylinderkoordinaten aufbaut, hängt vom Darstellungsziel ab. Man denke zum Vergleich an manche Stadtpläne, deren groteske Verzerrung sich zuweilen allein am Faltungsverfahren orientiert und mit der topographischen Geometrie der Landschaft nichts mehr zu tun hat.

Nur die CIE-Farbräume wie *CIE-Lab* und *CIE-XYZ* sind international standardisiert, so dass ihre Koordinaten einen Farbreiz eindeutig spezifizieren. Lab-Koordinaten würden sich also im Prinzip, vergleichbar zu den Geo-Koordinaten eines GPS-Systems, ideal für eine plattformübergreifende Farbkommunikation eignen, wenn sie denn mit hinreichender Auflösung (Bittiefe) codiert würden. Den besten Kompromiss mit der beschränkten acht bit Auflösung schloss 1992 der von Kodak geschaffene Quasi-Standard Photo*YCC* der Photo CD.

Jüngste, scheinbar sehr elegante Ansätze zu einer neuen Standardisierung wie sRGB oder ECI-RGB sind mit Vorsicht zu betrachten: im Regelfall wird hier das Bild gleich am Anfang der *Imaging Chain* in seinem Farbumfang so beschnitten, das es problemlos in einen geschlossenen Workflow wie den Druck oder die Monitordarstellung einfließen kann. Mit einer medienneutralen Datenspeicherung hat das sehr wenig zu tun!

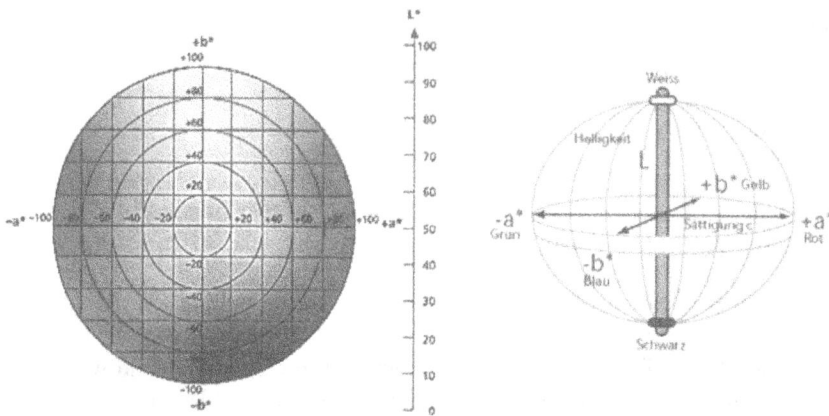

Abb. 8.4 *CIELAB Farbraum*

Hier im Schaubild der CIE-Lab Farbraum: Im CIE-Lab-System liegen alle Farbtöne gleicher Helligkeit auf einer kreisförmigen, flachen Ebene, auf der sich die a*- und b*-Achsen befinden. Positive a*-Werte sind rötlich, negative a*-Werte grünlich, positive b*-Werte gelblich und negative b*-Werte bläulich. Am Äquator der Farbscheibe liegen die reinen Farbtöne hoher Sättigung. Nach innen nimmt die Sättigung ab, im Zentrum ist sie null (unbunt, grau). Komplementärfarben liegen einander gegenüber. Die Helligkeit L im kugelförmigen Farbkörper variiert in vertikaler Richtung von 0 (schwarz) bis 100 (weiß).

8.9   Der Farbkörper ist eine Untermenge des Farbraums

Ein Farbkörper (*Gamut*) in einem Farbraum repräsentiert die Gesamtheit aller Farben, die ein bestimmtes Medium (Monitor, Film, Druck) darstellen kann. Der Gamut eines Monitors ist eine kleine Untermenge des Filmgamuts, ebenso der noch kleinere Farbkörper des Vierfarbdrucks. Aber der CMYK-Farbkörper *schneidet* den Monitorfarbkörper: es gibt also Farborte, die nur am Monitor, nicht im Druck, und vice versa dargestellt werden können. Das erklärt die prinzipielle Schwierigkeit des Softproofs am Bildschirm!

Farbmanagement soll die „Quadratur des Kreises" lösen, in dem es die Gamut-Transformation nach verschiedenen Gesichtspunkten oder Regeln, den sogenannten *Rendering Intents* ausführt. Lange Zeit war diese Farbtransformation die in vielen Jahren erlernte handwerkliche Kunst der Lithografen und Retuscheure. Erst im Jahr 1993 gründeten eine Reihe von Industrieunternehmen, darunter Adobe, Agfa, Apple, Kodak und Microsoft, das International Color Consortium ICC mit dem Ziel, einen offenen, hersteller- und plattformunabhängigen Standard für den Austausch von Farbdaten und zwischen Anwendungsprogrammen auch über Betriebssystemgrenzen hinweg zu schaffen. Die ICC-Profile sind seitdem essentieller Bestandteil eines *Color-Management-Systems* bzw. *Color-Management-Moduls* (CMM).

CIE-XYZ als Profile Connection Space
Das ICC-Profil ist gleichsam ein Fingerabdruck eines Geräts zur Aufnahme oder Wiedergabe von Farben: es beschreibt den gerätespezifischen Farbraum, seinen Farbkörper und die Farbfehler des Eingabegeräts, in dem es ihn bei einem Eingabegerät auf einen geräteunabhängigen Austauschfarbraum oder *Profile Connection Space* PCS abbildet oder umgekehrt die „Übersetzung" vom PCS auf den Gerätefarbraum des Ausgabegeräts vornimmt und dabei dessen Farbverschiebungen berücksichtigt.

Als *Profile Connection Space* sieht der ICC-Standard den CIE-XYZ-Raum von 1931 vor. CIE-XYZ ist *eineindeutig*, also in *beiden* Richtungen eindeutig auf CIE-Lab abbildbar. Erst in diesem Austauschfarbraum lassen sich die Farbkörper oder Farbumfänge (Gamuts) der Geräte direkt miteinander vergleichen.

Wie komplex ein ICC-Profil ist, hängt ganz von den abzubildenden Farbräumen ab. Ein Monitorprofil kommt mit neun Werten aus, da der RGB-Raum des Monitors mit einer einfachen 3 x 3-Matrix in XYZ umgerechnet werden kann. Bei einem Scanner sind dagegen die nichtlinearen Zusammenhänge nur über eine Tabelle (LookUp-Table) darstellbar, die einige Hundert Werte umfassen kann. Im Einzelfall kann das Profil durchaus mehr Speicherplatz beanspruchen, als das Bild, dem es beigefügt ist!

Auf die *Rendering Intents* kommt es an
Nun kommt das eigentliche CMM zum Zuge, indem es den Eingabefarbkörper auf den - im Regelfall deutlich kleineren - Ausgabefarbkörper abbildet. Bei diesem *Gamut Mapping* gibt es vier verschiedene Strategien, die das ICC als *Rendering Intents* bezeichnet:

Absolute Colorimetric Rendering setzt nahezu identische Farbräume von Vorlage und Reproduktion voraus.

Relative Colorimetric Rendering erfolgt durch Gleichsetzung der Weißpunkte von sehr ähnlichen Farbräumen.

Perceptual ist wohl das meist gebrauchte Verfahren, bei dem durch Gamut Mapping und Angleich der Gradationen eine wahrnehmungsmäßig annehmbare Übereinstimmung von Vorlage und Druck angestrebt wird.

Saturation Preserving ist nur bei Vorlagen mit hochgesättigten Farben wie in Präsentationsgrafiken sinnvoll.

Eine Voraussetzung für das CMM ist eine CMM-fähige Applikation wie PhotoShop oder QuarkXpress, die über ein Modul (Plug-In) verfügt, das ICC-Profile verarbeiten kann. Die heutigen PC-Betriebssysteme wie Sun OS, SGI OS, Apple OS und Windows ab W98 unterstützen das Farbmanagement bereits auf Systemebene.

Profile selbst erstellen ist nicht schwer

Während das eigentliche CMM in der Regel in der Applikationssoftware und/oder im Betriebssystem integriert ist, steht der Praktiker der Vorstufe vor der Aufgabe, seine eigene Hardware zu profilieren. Gerätetypische Hardwareprofile gehören zwar heute schon zum Lieferumfang vieler Scanner und Drucker, aber bezogen auf das einzelne Gerät gibt es immer leichte Abweichungen vom typischen Profil.

Hier kommen die Profil-Editoren zum Zug, mit denen individuelle Profile erstellt oder vorhandene Profile feinjustiert werden können; letzteres ist im Regelfall bedeutend einfacher und zeitsparender, als die komplette Neuerstellung eines Profils. Vor allem zwei Komponenten sind für die Kosten solcher Editoren verantwortlich: für die Profilierung von Eingabegeräten benötigt man kalibrierte Aufsichts- und Durchsichts-Vorlagen, sogenannte Targets, nach dem Standard IT8. Die Produktion solcher Targets ist nicht ganz billig; die günstigste Bezugsquelle ist derzeit Wolf Faust (www.coloraid.de), der als einziger Anbieter auch aufgezogene IT8-Targets im A4-Format anbietet.

Spektrophotometer ist unverzichtbar

Der zweite Kostenfaktor ist die Messtechnik für die Kalibrierung der Ausgabegeräte: Monitorfarbmessgeräte und Densitometer. Sie sollten nach Möglichkeit den Empfehlungen des Softwareherstellers entsprechen oder am besten gleich von Ihm bezogen werden, damit die Datenübernahme beim Ausmessen der mitgelieferten Testdateien möglichst einfach ist. Die kostengünstigste Lösung mit Spektrophotometer für Auflicht- und Monitormessungen (Auflösung 10 nm) stellt derzeit wohl des „EyeOne"-System von Fuji-Hunt dar.

Auf einen Punkt sollte man bei der Wahl eines Profil-Editors Wert unbedingt Wert legen: die Fähigkeit, Verknüpfungsprofile *(device link profiles) zu erstellen. Solche Verknüpfungsprofile b*eschreiben die Abbildungseigenschaften einer ganzen Prozesskette und werden benötigt, um zum Beispiel den Workflow vom Original über den Film, den Scan bis zum Druck in einem einzigen Profil abbilden zu können.

8.10 Die CMYK-Farbseparation

Die *Farbraumtransformation* für den Druck bezeichnet man auch als Separation: man erstellt „vier Farbauszüge". Für den Vierfarbdruck muss der Gamut einer Vorlage nämlich nicht nur drastisch verkleinert, sondern auch noch in ein anderes Koordinatensystem umgerechnet werden: von RGB nach CMY. Die „vierte Farbe" K (Key = Schwarz) ist die Teilrepräsentation der *gemeinsamen* Anteile eines CMY-Farbvektors. Theoretisch bräuchte man sie nicht, weil C+M+Y zu gleichen teilen Schwarz ergeben sollen. Weil stattdessen aber eine dicke braune Suppe entsteht, die sich drucktechnisch nicht mehr bändigen lässt, wird im Zug der sogenannten Unterfarbenentfernung *(Under Color Removal UCR)* der Großteil dieser Mischfarbe durch eine vierte Farbe, ein richtiges Schwarz ersetzt, das billiger und schöner ist, als dünnere Schicht besser trocknet und die Farbwiedergabe auch stabiler und unabhängiger von Druckschwankungen macht.

Bei dieser Transformation spielen eine Vielzahl von Faktoren mit: die Papierfarbe, die Rasterungsart, die Druckfarben, die in Europa eine andere Farbcharakteristik haben (Euro-Skala) als etwa in Amerika (SWOP) oder Japan.

Früher, als die Druckerei auch noch die Vorstufe im Haus hatte, wurde die Farbseparation vom analogen Farbfilm gleich in monströsen Trommelscannern gemacht, die unmittelbar die CMYK-Werte auf die Auszugsfilme belichtete und bald einige Hundert Einstellpotentiometer hatten. Da diese Scanner-Boliden damals noch analog arbeiteten und von gut ausgebildeten Operatoren bedient wurden, war das auch kein Problem. Heute stehen Scanner irgendwo auf dem Schreibtisch, weit weg von der Druckmaschine, haben praktisch gar keine Knöpfe mehr und liefern digitale RGB-Daten. Deshalb braucht es heute das Farbmanagement.

8.11 ICC-Profile ersetzen den Scanner-Operator

Farbmanagement besteht demnach aus einer ganzen Reihe von verketteten und ihrer mathematischen Natur nach meist nichtlinearen Transformationsprozessen (Profilen).

Würde man jede dieser Transformationen getrennt auf ein Bild mit 8 bit/Farbe anwenden, würden sich die Rundungsfehler dramatisch aufsummieren. In der Praxis zeigen sich diese Fehler als Tonwertabrisse (sichtbare Stufen in Verläufen) und Verlust an Bildinformation (Zeichnung in Lichtern und/oder Tiefen).

Deshalb bildet man zunächst aus den einzelnen Profilen der Eingabe- und Ausgabeprozesse ein sogenanntes Verkettungsprofil, um nur *einen* Transformationsprozess zu haben. In einem geschlossen Workflow (etwa in der Druckvorstufe), bei dem Eingabe und Ausgabe zeitlich direkt verknüpft sind, ist das einigermaßen unproblematisch. Für die Ablage und Langzeitarchivierung, bei der die spätere Verwendung der Bilder noch völlig unklar ist, ist die gemeinsame Ablage von Bild- und Profildaten aber ein Problem, weil diese Profile je nach Struktur ein technologisches und im Prinzip nicht absehbares Verfallsdatum haben. Irgendwann gibt es eine Softwaregeneration, die mit „alten" Profilen nichts mehr anfangen kann.

8.12   Farbmanagement zwischen Mythos und Realität

Mit dem Durchbruch des *Desktop Publishing* in den neunziger Jahren hat die Farbreproduktion den Elfenbeinturm der handwerklichen Druckkunst verlassen. Entsprechend schrecklich waren denn auch die ersten Druckresultate preiswerter Farbdrucker. Das Colormanagement, integriert bis auf Betriebssystemebene, brachte hier natürlich einen gewaltigen Fortschritt und genoss alsbald den Ruf, daß Allheilmittel gegen Farbverschiebungen zu sein und alle Wunden heilen zu können, die einem Bild oft schon bei der Aufnahme geschlagen werden. Dem ist aber nicht so.

Die Unterscheidung zwischen korrigierbaren und unkorrigierbaren Abbildungsfehlern ist nur mit intimer Kenntnis der fotografischen Informationstheorie zu treffen. Grundsätzlich sind Fehler unkorrigierbar,

- die auf einer unzureichende Erfassung von Information beruhen; Beispiel: die beschriebenen spektralen Ausleuchtungsdefizite durch Lichtquellen mit unzureichendem Farbwiedergabeindex).
- die durch nichtlineare Abbildung einer minimalquantisierten Quellgröße auf eine gleichermaßen quantisierte Zielgröße entstehen; Beispiel: Gradationskorrektur an einem 8 bit Farbkanal, der auch in 8 bit betrachtet wird).
- die durch die farbphysikalischen Grenzen (kleinerer Gamut) des Wiedergabemediums entstehen; Beispiel: Farbdruck versus Farbdia).

Zu korrigieren sind nur solche Fehler, die durch Redundanz abgefedert werden: dazu zählen etwa Farbortverschiebungen in einem 12 bit Farbkanal (TIFF 48 bit) *innerhalb* des Gamuts des Wiedergabemediums, die über eine nichtlineare Korrekturfunktion auf einen analogen Kanal (Beispiel Farbkorrektur am Monitor) oder auf einen digitalen 8 bit Farbkanal abgebildet werden. Das ist in der Praxis aber nur eine kleine Untermenge unter den vorkommenden Abbildungsfehlern.

Um es weniger wissenschaftlich zu formulieren: Man stelle sich eine Farbvorlage als zartes Weinglas vor: bei jedem Umzug kann die Zahl der Sprünge stets nur größer werden - es gilt das Entropiegesetz. Die Rolle der schützenden Holzwolle übernimmt in der digitalen Bilderfassung die Quantisierungstiefe. Ist die Vorlage erst einmal heil in die Bildaufnahmekiste gekommen, schützen 12 bit einfach besser vor Beschädigung. Auch wenn am Ende nur aus 8 bit getrunken wird.

8.13 Farbmanagement und Farbverbindlichkeit in der Praxis

Nach diesem Ausflug in die ideale Theorie der Farbreproduktion kehren wir zur nüchternen Alltagsrealität zurück, in der es meist nur auf die Wirkung eines Bildes ankommt, nicht auf seine Authentizität.

Farbmanagement soll gewährleisten, dass die unterschiedlichen Farbräume und Farbumfänge der Geräte einer Bildverarbeitungskette so abgestimmt werden, dass das Endprodukt der Bildvorlage in jeder Produktionsstufe kontrolliert werden kann. Das auf dem Monitor sichtbare Bild soll annähernd verbindliche Aussagen über das Druckergebnis erlauben (*Farbverbindlichkeit*).

Farbmanagement-Systeme arbeiten mit Farb-Profilen (z.B. *ICC-Profile*), die die von den beteiligten Geräten erzeugten Farbverschiebungen charakterisieren und diese im Zusammenwirken mit den Profilen der restlichen Verarbeitungskette weitgehend neutralisieren. Voraussetzung dafür ist:

- die Ablage der Bilder in einem neutralen Farbraum wie CIE-Lab, der groß genug ist, um jedes zukünftige Ausgabemedium abzudecken.
- eine hinreichend hohe Quantisierung der Bilddaten mit mehr als acht bit pro Kanal, um verlustfreie nichtlineare Transformationsprozesse zu ermöglichen.

Solange sich Bildformate mit mehr als acht bit pro Farbe noch nicht durchgesetzt haben, bleibt nur ein alternatives Verfahren. Die Quelldaten werden „as is" zusammen mit den Geräteprofilen gespeichert. Bei der Ausgabe werden die Quellprofile mit den Profilen der Ausgabegeräte zu Verkettungsprofilen verknüpft. So entsteht nur *eine* Transformationsoperation, deren Rundungsverluste sich bei der Anwendung auf ein 24 bit-Bild in Grenzen halten.

Auf das Problem des zusätzlichen Speicherbedarfs für die ICC-Profile, deren Vergänglichkeit und deren Verlustrisiko wurde bereits hingewiesen.

8.14 Farbunterstützung durch das MAM-System

Ein Medien-Datenbank-System sollte hinsichtlich dieser Farbmanagement-Thematik folgende Unterstützung bieten:

- Auslesen von Farbrauminformationen und Profilen
- Integrationsfähigkeit von Farbmanagement-Systemen und deren Ansteuerung bei der Farbraumtransformation

Leider hat sich die Umsetzung von Farbmanagement in der Medien-Branche aus Gründen der Anwendbarkeit und Komplexität noch nicht durchgesetzt. Ein Grund dafür ist sicherlich die technologische Engstirnigkeit, die wir vor allem immer noch in der Druckvorstufe sehen. Die Medienbranche wird sich von der Vorstellung verabschieden müssen, dass die Qualitätsvorgaben für die digitale Bildspeicherung aus einer graphischen Industrie kommen, die sich dem Gedanken der medienneutralen Datenspeicherung immer noch weitgehend verschließt und Bilder farbsepariert in CMYK speichert.

Beim Thema Farbmanagement sind in Zukunft noch einige Veränderungen und Verwerfungen zu erwarten, auf die ein MAM-System hinreichend flexibel reagieren können muss. In erster Linie betrifft das die Offenheit gegenüber neuen Bildformaten wie JPEG2000 und Metadatenformaten wie XML.

8.15   Kompression von Bilddaten

Eigentlich bräuchte jedes Pixel je nach Farbtiefe 4,5...5,5 Byte, also 12...14 bit pro Kanal. In der Praxis führt diese zu extrem großen Dateien mit sehr hohem Bedarf an Übertragungsbandbreite und Speicher. Deshalb werden Bilddaten im Regelfall komprimiert. Es gibt es im Wesentlichen drei Methoden, den Speicherbedarf zu reduzieren:

- Rein datei-arithmetische, völlig verlustfreie Verfahren („Zippen" (ZIP), Lauflängencodierung (Run Length Encoding, RLE), Lempel-Ziv-Welch (LZW), Huffmann-Codierung etc.).
- "Visually lossless" Verfahren, die die physiologisch bedingte unterschiedliche Auflösung von Helligkeits- und Farbinformationen nutzen.
- Verlustbehaftete Verfahren, die mehr oder weniger stark Bildqualität gegen Speicherbedarf bzw. Übertragungsbandbreite eintauschen.

Wenn eine spätere Bearbeitung möglich sein soll, kommt nur eine verlustfreie Kompression in Betracht. Bei Einzelbildern müssen Kompressionsverluste aber immer in Relation zum Ausgabemaßstab gesehen werden. Je größer das Ausgangsbild bezogen auf die spätere Ausgabegröße ist, desto unproblematischer sind Kompressionsverluste. Insofern kann auch mal ein großes JPEG-Bild, schwach komprimiert, problemlos als Druckvorlage für eine kleinere Ausgabegröße verwendet werden. Einzelheiten dieser drei Varianten behandeln wir bei den jeweiligen Bildformaten.

9   Datenformate für Media Assets

9.1   Wichtige Formate für Bilder

TIFF

Das *Tag Image File Format TIFF*, 1986 von Aldus, Microsoft und anderen Firmen entwickelt, ist wohl das verbreitetste und älteste programm- und plattformunabhängige Dateiformat für Pixelbilder. Es besitzt eine datenbankartige Struktur, der Begriff *Tag* wird auch häufig synonym für *Feld* verwendet. Der TIFF-Standard liegt derzeit in der Version 6.0 von 1992 vor und kennt mehr als 70 *public tags* sowie eine fast unbegrenzte Zahl proprietärer Tags.

Jedes TIFF beginnt mit einem einfachen 8 Byte großen Header, der die Position des ersten *Image File Directory* (IFD) Tag angibt. Dieses IFD kann beliebig lang sein und beliebig viele weitere Tags enthalten. Im IFD ist der genaue Lageplan der Bilddaten zu finden, die keineswegs sequenziell angeordnet sein müssen; deshalb kann z.B. auch der unterste Teil eines Bildes sofort ohne den Rest geladen werden. Hier stehen auch die Verweise auf weitere IFDs, denn jedes TIFF kann mehrere Subfiles (z.B. für Alpha-Kanäle) enthalten.

Die Tags geben Auskunft über den jeweiligen Wert bzw. Inhalt des Datenfelds, wie beispielsweise Header/Kopf-Informationen, den Farbmodus (RGB, CMYK etc.), Bildgröße, Erstellungsprogramm, Zusatzinformationen, Datum, Kommentartexte, LZW-Komprimierung, indizierten Farben, Beschneidungspfade/Freisteller, Thumbnail-Vorschau, OPI-Kommentare und anderes mehr. Ältere TIFF-Versionen sind zwar auch mit aktuellen Programmen lesbar, enthalten aber natürlich nicht die Informationen der jüngeren Versionen.

Seit der Version 5 von 1988 bietet TIFF mit dem LZW-Kompression (Lempel-Ziv-Welch) einen verlustfreien und sehr effektiven Kompressionsalgorithmus. Das LZW-Verfahren, das auch im bekannten Packprogramm ZIP zum Zuge kommt, arbeitet sowohl bei der Kompression als auch bei der Dekompression sehr schnell und ist ein Substitutions- oder wörterbuchbasierender Algorithmus. Er erstellt ein Wörterbuch (auch als Übersetzungs- oder Stringtabelle bezeichnet) aus den unkomprimierten Daten: dazu wird der unkomprimierte Datenstrom in einzelne Zeichenketten zerlegt, die jeweils mit den schon vorhandenen Wörterbucheinträgen verglichen werden. Findet sich bereits ein Eintrag, so wird im komprimierten Ausgabestrom nur mehr die Kennung des Wörterbucheintrages angegeben. Findet sich kein

Eintrag im Wörterbuch, so wird ein neuer Eintrag erstellt, in der Hoffnung, ihn später wieder benutzen zu können.

Der erzielbare Kompressionsgrad ist vom Bildinhalt (Feinstrukturgehalt) abhängig: TIFF-LZW-Dateien sind im Mittel auf 55 % ihrer unkomprimierten Größe reduziert. Entscheidend ist, dass der Vorgang der Kompression und Dekompression beliebig oft wiederholt werden kann, ohne dass Verluste entstehen.

Anmerkung: Der von Unisys in den 90er Jahren angezettelte Patentstreit um den LZW-Algorithmus berührt übrigens nicht den Besitz oder die Nutzung derart komprimierter Dateien, sondern lediglich die Hersteller von Bildbearbeitungsprogrammen. Die ebenfalls mögliche verlustbehaftete JPEG-Kompression von TIFF-Bildern wird kaum genutzt.

Seit der Version 6 unterstützt TIFF neben RGB und CMYK auch andere Farbräume wie CIE-Lab und höhere Farbtiefen als 8 bit/Farbe. Die jüngste Photoshop-Version 7.0 kann Bilddaten im geräteunabhängigen Farbraum CIE-Lab auch mit nominell 48 bit/Pixel speichern. Hinweis: mit „TIFF 32 bit" meint man 4 x 8 bit, z.B. für CMYK-Bilder.

Ein Kuriosum ist die zwischen Mac-TIFF und PC-TIFF abweichende Bytestruktur. Kann eine Applikation den „byte-order identifier" nicht interpretieren, verweigert sie sich den TIFF-Bildern der anderen Plattform.

PostScript/PS/EPS
PostScript (PS) ist ein Dokumentenformat: eine druckerunabhängige Seitenbeschreibungssprache, die sich als Standard durchgesetzt hat. Wegen Ihrer Komplexität wird PostScript auch in der Druckvorstufe zunehmend durch PDF verdrängt.

Das Format *Encapsulated PostScript* (EPS) basiert auf PostScript, ist aber im Gegensatz dazu kein Dokumenten- sondern ein Dateiformat. Eine EPS-Datei enthält daher immer nur eine einzelne Seite oder ein Teil einer Seite, z.B. eine Grafik.

JPEG
JPEG (ITU-T.81 bzw. ISO/IEC 10918-1) ist das wohl bekannteste bildspezifische Kompressionsverfahren des Bilddateiformats JFIF, Der Name des Standardisierungsgremiums *Joint Photographic Expert Group* hat aber die eigentliche Formatbezeichnung JFIF (JPEG File Interchange Format) verdrängt. Der JPEG-Algorithmus basiert auf der sogenannten diskreten Kosinus-Transformation (DCT).

Bei der DCT wird ein Bild in Blöcke zu acht mal acht Pixel aufgeteilt und ihr Inhalt mit orthogonalen (d.h. mathematisch voneinander unabhängigen) Kosinusfunktionen dargestellt. Jeder Block wird dann mittels DCT in verschiedene Ortsfrequenzbereiche zerlegt. Die unterste Spektralebene repräsentiert die groben Strukturen, die oberste Ebene die Feinstrukturen. Je nach Display werden nur die „tieferen" Ebenen benötigt, da die Feinstrukturen sowieso nicht dargestellt werden können. JPEG wird üblicherweise nur für 24 bit RGB-Bilder eingesetzt, ganz selten findet man auch CMYK-Bilder, an denen natürlich jeder Webbrowser verzweifelt.

Nach der DCT werden aus dem JPEG hochfrequente Anteile abhängig von der Kompressionsrate herausgefiltert und das Ergebnis mit Lauflängen- und Huffmann-Kodierung komprimiert. Die bei höheren Kompressionsraten sichtbaren Blockgrenzen stellen den größten Mangel der JPEG-Kompression dar. Der Kompressionsgrad und damit auch die Qualitätsminderung ist wählbar. Es gibt zwar auch eine verlustfreie JPEG-Version, die aber praktisch nicht eingesetzt wird. Für das Web ist die progressive Variante von JPEG interessant, bei der sich das Bild in mehreren Durchläufen quasi schichtweise aufbaut und sukzessive mehr Feinstruktur darstellt.

Wichtig: bei jedem Öffnen und erneutem Speichern einer JPEG-Datei vermehren sich die Verluste. JPEG ist zwar v.a. durch das Internet enorm verbreitet, hat aber durch seine inzwischen veraltete Kompressionstechnik handfeste Nachteile.

Die Kritik am bald 10 Jahre alten JPEG-Standard stützt sich auf folgende Punkte:

* Bildqualität bei hohen Kompressionsraten unter 0,25 bpp (bit per pixel) bei hochaufgelösten Grautonbildern ist nicht akzeptabel.
* Kein Standard verbindet bisher verlustfreie und verlustbehaftete Kompression in einem einzelnen Codestream.
* JPEG ist begrenzt auf Bilder mit 64K x 64K Pixel.
* Keine einheitliche Dekompressionsarchitektur: JPEG kennt 44 Modi, viele davon sind anwendungsspezifisch. Es gibt sogar eine (fast unbekannte) verlustfreie Variante.
* Schwierige Übertragung auf gestörten Kanälen: Die Bildqualität von JPEG leidet dramatisch bei Bitfehlern. Für Funknetze ist es daher nicht geeignet.
* Unbrauchbar für berechnete Computerbilder mit harten Übergängen: JPEG ist für natürliche Bilder entwickelt worden.
* Unbrauchbar für Verbunddokumente: JPEG wird wegen seiner schlechten Performance bei Text und Strich kaum für Verbunddokumente (Text, Grafik, Bild) verwendet.

Wer auf effiziente Kompression Wert legt, sollte zum neuen Bildformatstandard JPEG2000 greifen, der mit dem alten JPEG nur den Namensteil gemein hat.

JPEG2000

Der Ende 2001 publizierte *JPEG2000*-Standard ISO-15444 Teil 1 beschreibt ein in jeder Hinsicht zukunftstaugliches Bildformat, das spätestens mit dem Teil 2 des Standards (in Publikation) die mit Abstand flexibelste und beste Lösung für die Langzeitarchivierung von Bildern darstellt. Deshalb sei dieses Format hier ausführlicher dargestellt.

JPEG2000 basiert auf der Wavelet-Komprimierung (Discrete Wavelet Transformation DWT), die im Gegensatz zur DCT nicht unendlich andauernde, sondern sehr kurze Schwingungen, (Wavelets) als Basiselemente einsetzt. Jedes dieser Teilbilder wird dann mit Hilfe der Wavelet-Analyse in Spektralebenen zerlegt, die verschiedene Bereiche des zweidimensionalen Ortsfrequenzspektrums repräsentieren. Tief- und Hochpassfilter trennen die Ergebnisse der Wavelet-Transformation in detailarme und detailreiche Bildanteile: informationsarme Bildelemente werden dann je nach Kompressionsgrad weggelassen. Eine völlig verlustfreie

Kompression ist ebenfalls möglich. Mit Wavelets kann man speziell einmalige Ereignisse in Zeit oder Raum, etwa harte Kanten und abrupte Übergänge in einem Bild, viel genauer beschreiben, als mit der alten DCT von JPEG.

Bei gleichem Kompressionsgrad ist die Bildqualität gegenüber dem betagten JPEG um Klassen besser. Insbesondere die flexibel wählbare Farbtiefe der max. 256 Farbkanäle und die umfangreiche Metadatenfähigkeit des JPEG2000-Formats seien hier hervorgehoben.

Der neue Standard ISO-15444 bietet eine Vielzahl von Vorteilen:

- Erhöhung des Kompressionsgrads über alle Bereiche um durchschnittlich 20...30 %. Frei skalierbar von verlustfrei (Kompression 50 %) bis verlustbehaftet.
- Hervorragende Leistungen bei niedrigen Bitraten unter 0,25 bpp, wie sie in der Netzübertragung und der Fernerkundung auftreten.
- Ungehinderter Zugriff auf den komprimierten Datenstrom. Dadurch können komprimierte Bilder betrachtet, verändert, bearbeitet, übertragen und gespeichert werden.
- Gemeinsame Halbton- und Strichkomprimierung: J2K kann unterschiedliche Dynamikbereiche von 1 bis 16 bit pro Farbkanal gleichermaßen gut komprimieren. Wichtig ist das für Verbunddokumente, Röntgenbilder mit Text-Overlay oder computergenerierte Bilder mit binären Regionen, Alpha- und Transparenzmasken.
- Verlustfreie und verlustbehaftete Kompression. In vielen Bereichen wie PrePress, Medizin oder der Langzeitarchivierung von Kulturgütern ist eine verlustfreie Kompression unverzichtbar.
- Progressive Übertragung entweder nach Pixelgenauigkeit (Farbtiefe) oder ortsfrequenter Auflösung.
- Beschreibungsdaten innerhalb des Bildformats sind für medizinische , juristische und archivarische Aufgaben unverzichtbar.
- Interface zu MPEG4: Standbilder können aus der Bewegtbildfolge entnommen und wieder eingefügt werden.
- Frei in der Form definierbare Objekte (Object based composition) erlauben die Definition und die objektbezogene Beschreibung von „Regions of Interest".

JPEG2000 hat das Ziel, endlich eine Alternative zu dem Dschungel proprietärer und quasistandardisierter Bildformate zu bringen, mit dem sich Praktiker Tag für Tag herumschlagen müssen. Die ISO 15444 geht auch insofern über ihren Vorgänger weit hinaus, als es nicht nur mehrere Verfahren für die verlustfreie und verlustbehaftete Bildkompression von farbigen und schwarzweißen Halbton- und Rasterbildern beschreibt, sondern erstmals auch ein komplettes Dateiformat mit der Extension .J2K

Komprimierte Bilddateien sind normalerweise völlig unbrauchbar, wenn Sie nicht vollständig übertragen und in den Arbeitsspeicher des Rechners geladen werden können. Nicht so J2K: hier kann man fast an beliebiger Stelle in den Datenstrom hineingreifen, um einzelne Segmente nochmals zu übertragen, zu speichern oder anzuzeigen, denn jedes Datenpaket hat seine Identifikation. Es ist auch möglich, die Daten aus dem komprimierten Datenstrom so zu extrahieren, dass das Gesamtbild mit geringer Auflösung und nur ein überlagerter Ausschnitt des Bildes, die Region of Interest (ROI) mit voller Auflösung übertragen wird. Dadurch kann der Datenfluss an die aktuellen Möglichkeiten des Übertragungskanals, des Speichermediums oder des Displays angepasst werden, ohne dass dafür sämtliche Daten decodiert werden müssen. Da die Flusssteuerung zudem nicht bei der Quelle, sondern bei der Senke (dem Empfänger) erfolgt, kann eine einzige Übertragung gleichzeitig mehrere Datensenken gemäß deren Anforderungen bedienen.

J2K kann bis zu drei Ebenen *(planes)* eines Bildes beschreiben, auf denen verschiedene Komponenten liegen. Eine Bildebene wird in Teilflächen *(tiles)* gegliedert, die unabhängig voneinander bearbeitet und dekodiert werden können.

JPEG2000 kennt zwei Wege, den Farbraum des Bildes anzugeben. Entweder mit einer Kennziffer, die sich auf eine vorgegebene Liste mit definierten Farbräumen bezieht, oder über ein eingebettetes ICC-Profil. Dabei muss es sich um ein monochromes oder ein dreikanaliges Matrix-Profil gemäß ICC-Spezifikation 2.2.0 handeln. Der Profile Connection Space (PCS) nutzt relative XYZ-Koordinaten. Prinzipiell lässt JPEG2000 auch mehrere Methoden der Farbraumdefinition in einem Bild zu: das Leseprogramm soll sich stets an die erste verwertbare Methode halten und die anderen ignorieren. So kann etwa ein Webbrowser die erste Farbraumspezifikation ignorieren und sich einer einfacheren Farbverarbeitung zuwenden. Damit steigt die Zahl der Anwendungen erheblich, mit denen das Bild geöffnet werden kann.

Die Containerstruktur von JPEG2000 macht es einfach, Metadaten beliebiger Art unterzubringen. Der Standard erlaubt in seinem Teil 2 beliebige anbieterspezifische Erweiterungen, solange die Darstellung des Bildes davon nicht beeinträchtigt wird. Da für diese Metaboxen die Beschreibungssprache XML eingesetzt werden kann, sind ihre Anwendungsmöglichkeiten nahezu unbegrenzt.

Einige Firmen, wie z.B. Algo Vision LuraTech GmbH (www.luratech.de), haben sich auf die Entwicklung von Schnittstellen für unterschiedliche Programmiersprachen zur Unterstützung dieses Standards spezialisiert.

Sting/Fractals
Sting, ein von Mediabin (früher Iterated Systems) entwickeltes, nicht dokumentierte Format, arbeitet mit einer Kombination aus Wavelets und Fraktalen (rekursiven mathematischen Funktionen). Es zeigt sine Stärke eher beim Vergrößern eines Bildes, erlaubt also ein Large Format Printing auch mit kleineren Dateigrößen. Für den Archivbereich ist es insofern weniger interessant und derzeit auch nicht Gegenstand einer Standardisierung.

FlashPix
FlashPix galt Ende der 90er Jahre als einer der interessantesten Ansätze für ein Crossmedia-Datenformat. Der von Kodak zusammen mit Hewlett Packard, Live Picture und Microsoft entwickelte Standard hat sich aber bisher nicht so recht am Markt durchgesetzt. Das Flash-Pix-Datenformat berücksichtigt, dass Anwendungen oder Ausgabegeräte immer nur die für die aktuelle Darstellung benötigte Auflösung nutzen. Dadurch sind FlashPix-fähige Programme deutlich schneller und benötigen weniger RAM. Im Internet-Szenario wird der Vorteil von FlashPix am schnellsten erkennbar: zieht man den Rahmen eines Web-Bildes auf Schirmgröße auf oder wählt man einen kleinen Ausschnitt aus diesem Bild aus, wird es bild-

schirmfüllend gezoomt und immer mehr Details werden sichtbar. Dabei werden aber nicht mehr Daten übertragen, als für die Darstellung des sichtbaren Bildteils notwendig sind.

FlashPix ist wie das Datenformat ImagePac der Photo CD ein hierarchisches Format: das Ursprungsbild, das maximal eine Milliarde Pixel (z.B. 80.000 x 120.000) enthalten kann, wird solange geviertelt, bis am Ende lauter Basiszellen („tiles") mit 64x64 Pixel übrig sind.

Diese Basiszellen bilden die kleinste Struktur: jede darüber liegende Hierarchieebene besteht aus n x m solcher Basiszellen. Die einzelnen Auflösungshierarchien sind nach dem OLE-Prinzip (Object Linking and Embedding) verknüpft. Jedes Pixel im Grobbild repräsentiert als Objekt die Gruppe der vier feiner aufgelösten Pixel in der nächst höheren Auflösungsebene; jedes dieser Pixel hat wiederum seine eigene Vierergruppe in der nächsten Hierarchieebene. So kann ein Bild auf dem Monitor sehr schnell vergrößert werden, denn es werden jeweils nur die für die Bildschirmauflösung nötigen Pixel angefordert und bewegt.

Zudem können die Bilder wahlweise unkomprimiert, JPEG-komprimiert und monochrom-komprimiert werden, was im letzteren Fall eine Verdichtung von 4096:1 bedeutet.

Bahnbrechend ist auch das FITS-Konzept (FITS = Functional Interpolating Transformation System) bei der Bildbearbeitung: jeder Bearbeitungsvorgang wirkt sich zunächst nur auf die sichtbaren Monitordaten aus und wird in einer Prozedurliste („viewing parameters") als Abfolge von Transformationsoperationen gespeichert. Diese Prozedurliste (Skript) bean-sprucht nur wenige KByte und wird zusammen mit anderen Skripts, d.h. anderen Bildversio-nen mit dem unveränderten Basisbilddaten gespeichert. Erst bei der Ausgabe des Bildes im Drucker oder Belichter werden diese Skripts auf den Feindatenbestand angewandt.

GIF
Das *Graphics Interchange Format GIF89a* ist für anspruchslosere Webgrafiken geeignet, denn es kennt mit seinen 8 bit nur 256 Farben aus einer vordefinierten Palette. Die Kompres-sion nach dem verlustfreien LZW-Algorithmus sorgt für sehr kleine Dateigrößen. Interessant ist das GIF-Format noch heute wegen seiner Transparenzfähigkeit und den *Animated GIFs*: Animationen auf der Basis zyklisch wechselnder Einzelbilder, die samt Taktangabe in einer einzigen GIF-Datei gespeichert sind. Die korrekte Aussprache für GIF ist übrigens mit har-tem G als Anlaut.

PSD
PSD ist das native und proprietäre Arbeitsformat von Adobe Photoshop. Es kann für Produk-tionsdatenbanken interessant sein, die damit „halbfertige" Bildkompositionen mit allen Ebe-nen speichern müssen.

ImagePac der Photo CD, PCD
Die *Photo CD* von Kodak setzte 1992 einen Meilenstein in der digitalen Bildverarbeitung. Ihr Farbraum PhotoYCC ist bis heute der beste Kompromiss, den Kleinbild-Negative und -Dias mit den Beschränkungen eines 24 bit Formats machen können: mehr Möglichkeiten hat man nur mit 48 bit Formaten. Das hierarchische Dateiformat ImagePac mit seinen fünf Auf-

lösungsstufen ist deshalb bis heute als Archivformat für Fotos weltweit im Einsatz und kann praktisch von allen Applikationen gelesen werden.

Stufe	Auflösung
BASE / 16	128 X 192 Pixels
BASE / 4	256 X 384 Pixels
BASE	512 X 768 Pixels
4*BASE	1024 X 1536 Pixels
16*BASE	2048 X 3072 Pixels
64*BASE	6144 X 4096 Pixels (nur für Mittelformate auf der ProPhoto CD)

Tab. 9.1   *Die Auflösungsstufen der Photo CD*

Die Kompression der Auflösungsstufen ab 4*Base erfolgt nach dem Chroma-Subsampling-Verfahren und wird als „visually lossless" bezeichnet. Sie beruht auf der physiologisch bedingten geringeren Auflösung des Auges der Farbinformation gegenüber der Helligkeitsinformation; das gleiche Prinzip wird auch in den Farbfernseh-Übertragungsstandards eingesetzt. So wird das Rohvolumen von 18 MB pro Bild auf 4,5...6,5 MB reduziert. Für eine Ausgabegröße bis DIN A4 sind die Bilder einer Photo CD (16*Base) praktisch verlustfrei komprimiert, die 64*Base-Auflösung der ProPhoto CD reicht sogar noch für weit größere Druckformate.

Kodak hat das Format 2002 praktisch freigegeben: es ist nicht mehr proprietär und wird inzwischen auch von Freeware-Tools wie dem *Graphic Workshop* von *Alchemy* (www.mindworkshop.com/alchemy/gwspro.html) geschrieben. Die einmaligen Farbeigenschaften des Farbraums PhotoYCC können allerdings nur die Photo CD Workstations bieten, die noch heute bei Dienstleistern im Einsatz sind; mehr dazu auf der Website www.PhotoCD.de. Leider hat Kodak im Juli 2003 angekündigt, seine Scheiben nur noch bis Ende 2004 zu liefern: damit scheidet die Photo CD schon heute als Archivmedium definitiv aus.

9.2   Formate für TeraByte-Bilder

Mindestens drei Disziplinen stehen vor dem Problem, sehr große Bilddateien mit mehreren Hundert MB speichern, verteilen und präsentieren zu müssen: die Geoinformatik mit ihren Luftbildern, die Medizin mit ihrer bildgebenden Diagnostik und die Kulturgüterarchivierung, wenn es etwa um die Digitalisierung historischer Landkarten oder großer Gemälde geht. Gerade in der Geoinformatik kann eine einzelne zusammengesetzte Mosaik-Bilddatei schon mal in TeraByte-Dimensionen geraten (Tera = 10^{12}).

Um diese riesigen Bilddatenmengen online handeln zu können, benötigt man Dateiformate, die die interaktive Dekompression ermöglichen. Hier sind zwei Formate zu nennen: *Enhanced Compressed Wavelet (ECW)* und *Multi-resolution Seamless Image Database (MrSID)*.

MrSID ist ein proprietäres Format von Lizardtech. Es zerlegt ein Bild in Felder (tiles), unterwirft diese einer Wavelet-Kompression und fügt sie dann wieder zusammen. Diese Teilbilder müssen aber auf der Festplatte zwischengespeichert werden, was die Performance beeinträchtigt. ECW geht dagegen einen anderen Weg. In einem mehrschichtigen rekursiven Pipeline-Prozess wird das Bild zeilenweise der DWT unterzogen, ohne Daten auf der Platte zwischenzuspeichern. Dabei werden gleichzeitig alternative Algorithmen eingesetzt und der qualitativ beste auf jeden Bildbereich gesondert angewendet.

Die ECW-Kompressionstechnologie ist ein offener Standard, denn sowohl für das Komprimieren wie das Dekomprimieren sind Programmbibliotheken frei verfügbar. Auch eine kompilierte Lösung ist zur Rasterdatenkompression für Files bis zu 500 MB frei verfügbar. Der Kompressor ist für Zweiprozessoren-Rechner optimiert. Für größere Datenmengen wird (zusätzlich) der ER-Mapper benötigt, ein System zur Bildverarbeitung und Mustererkennung, das beispielsweise für die Auswertung von Fernerkundungsdaten eingesetzt wird und die mosaikartige Vernetzung von bis zu 10.000 Einzelbildern. ER steht für *Earth Ressource* (www.ermapper.com)

Das Format ECW 2.0 ist ein Element von UDF, dem *Universal Data Format.* UDF ist die Obermenge verschiedener Standards im Bereich CAD, Imaging und GIS (Geo-Informatische Systeme); UDF-Daten können vergleichbar zum RichTextFormat, von vielen Anwendungen in diesem bereich direkt gelesen werden. Der kostenlose ECW-Viewer kann lizenzfrei zusammen mit den Bilddaten verteilt werden.

Ein Farbbild mit nativ 192 MB wird in ECW 2.0 im Verhältnis 50:1 auf 4 MB komprimiert, bei einem Mosaikbild mit nativ 15 GB wird noch ein Faktor 25:1 bzw. 600 MB erreicht. Bei geringem Feinstrukturgehalt des Bildes sind auch höhere K-Raten bis 100:1 möglich. Für die hochwertige Druckwiedergabe von Farbbildern sollte man aber nicht über 25:1 als Vorgabewert hinausgehen: de facto können sich je nach Bildinhalt dann auch höhere K-Raten ergeben. Beispiele für ECW-Bilder können auf www.EarthEtc.com betrachtet werden.

Bei der Darstellung am Bildschirm oder dem Ausdruck wird jeweils nur der sichtbare Bildbereich, die Region of Interest (ROI) und nur bis zum benötigten Level of Detail (LOD) interaktiv dekomprimiert. Selbst der RAM-Bedarf (*memory footprint*) ist dabei mit 2 MB sehr klein. Diese selektive Dekompression unterscheidet ECW damit von TIFF-LZW, ZIP oder JPEG, die durch ihre Alles-oder-nichts-Dekompression mit Bildern Probleme bekommen, sobald deren Größe über die Hälfte der RAM-Kapazität hinausreicht. Oder aber durch Blockbildung zu Artefakten führen.

Der ECW-Algorithmus zur Discrete Wavelet Transformation (DWT) kommt ohne temporäre Zwischendateien auf der Festplatte aus und ist deshalb schneller, als andere DWT-Verfahren. Auf einem Zweiprozessoren-System läuft der rekursive Dekompressionsalgorithmus nahezu doppelt so schnell.

Die Lizenzpolitik von Lizardtech hat historische Hintergründe: MrSID entstand in den staatlichen Los Alamos Labs im Zusammenhang mit der Codierung von Fingerabdrücken. Der amerikanische Technology Transfer Act von 1982 erzwingt die Royalities auf jedes verkaufte Produkt, wenn die Technologie später kommerziell verwertet wird. Lizardtech hat sich nach kurzem Enagement inzwischen wieder vom europäischen Markt zurückgezogen.

9.3 Weitere Bildformate

ART
ART ist ein proprietäres Bildformat (24 bit) von AOL mit eigener verlustbehafteter Kompression nach dem proprietären Johnson-Grace-Verfahren. ART-Files unterstützen ein Kommentarfeld mit max. 200 Zeichen.

BMP
BMP, identisch mit DIB wird für die Bildschirmhintergünde (Wallpapers) von Windows verwendet und unterstützt Alpha-Kanäle.

PNG
Als Nachfolger von GIF wurde das *Portable Network Graphics Format* (PNG) für Webanwendungen entwickelt. Dieses komprimiert verlustfrei 24 bit Bilder. Der wählbare Kompressionsgrad wirkt sich nur auf die Geschwindigkeit des Bildaufbaus und die Dateigröße aus, nicht auf die Bildqualität. PNG-Bilder können verschlüsselt und relativ sicher passwortgeschützt werden.

9.4 Formate für Audio und Video

Die Bedeutung von Digital-Video (DV) für das Media-Asset-Management wird in den nächsten Jahren explosionsartig wachsen. Das hat mehrere Gründe.

* Die zunehmende Verbreitung preiswerter Digitalkameras, mit der die nachträgliche, qualitativ sehr problematische Digitalisierung analoger Videoaufzeichnungen überflüssig wird.
* Der Preisverfall bei digitalen Festplatten, der die extrem speicherintensive Onlinenutzung von Digitalvideo erst möglich macht.
* Der unerwartet schnelle Durchbruch der DVD als ideales Offline-Speichermedium für DV.
* Die Verfügbarkeit hocheffizienter Kompressionsverfahren der MPEG-Serie.
* Bezahlbare Breitband-Kapazitäten im Internet

Riesige Datenmengen bei Video

Ein einzelnes RGB-Videobild mit einer Auflösung von 720 mal 468 Pixel hat 33.700 Pixel, die mit je 3 Byte codiert werden. Ein ruckfreies Bewegtbild benötigt 30 Bilder/s - das ergibt schon rund 30 MegaByte Rohdaten pro Sekunde oder 1,82 GB pro Minute. Videos müssen also komprimiert werden. Diese Aufgabe übernehmen sogenannte Codecs (Codierer-Decodierer), die als Software (QuickTime etc.) oder als schnellere Hardwarelösung angeboten werden. Auch hier gibt es verlustlose, „visually lossless" und verlustbehaftete Verfahren. Für die Ablage im MAM-System gilt auch bei Video die Regel: wenn eine spätere Bearbeitung (bildgenauer Schnitt) möglich sein soll, kommt nur eine verlustfreie Kompression in Betracht, die derzeit mit Faktoren im Bereich 2,5...3:1 aufwarten kann. Da die Tolerierbarkeit sichtbarer Verluste aber von sehr vielen Faktoren abhängt und sich die Intelligenz der Videokompressionsverfahren von Jahr zu Jahr steigert, ist die Spannbreite sinnvoller Kompressionsraten schwer abzuschätzen.

Die MPEG-Familie
Die *Motion Picture Experts Group* der ISO (ISO/IEC JTC 1/SC 29/WG 11) ist Namensgeber für eine Familie von hocheffizienten Videokompressionsverfahren.

MPEG1
MPEG1, 1993 verabschiedet, wurde seit 1988 entwickelt, um Audio- und Videodaten auf CD-ROMs einigermaßen ruckfrei abspielen zu können. Ein MPEG1-Encoder kann heute problemlos als Softwarelösung realisiert werden.

MPEG1 nutzt die Redundanz aus, die in der raschen Folge von 25 (PAL) bzw. 30 Bildern/s (NTSC) steckt: von einem Bild zum nächsten ändert sich der Bildinhalt kaum, wenn kein Schnitt erfolgt. Also wählt man aus der Bildfolge z.B. jedes 13 Bild als Vollbild („I-Frame") und reduziert die Bilddaten der dazwischen liegenden 11 Bilder. Daher können MPEG-Videos nicht mehr bildgenau, sondern nur bei diesen I-Frames geschnitten werden. Mit MPEG1 reduziert sich der Datenstrom so auf 1,5 Mbit/s.

MPEG2
Für hochwertige Fernsehübertragungen mit Datenraten bis 15 Mbit/s wurde MPEG2 auf der Basis von MPEG 1 entwickelt. Es zeigte sich aber, das die MPEG2-Algorithmen auch bei niederen Datenraten bessere Ergebnisse liefern, so dass sich MPEG1 praktisch erübrigt hat. Selbst das eigentlich für das hochauflösende HDTV entwickelte MPEG3 wird heute durch MPEG2 abgedeckt.

MPEG4
Der nächste Schritt hieß also MPEG4: ursprüngliche für sehr niedrige ISDN-Datenraten bis 64 kbit/s konzipiert, deckt MPEG4 heute auch interaktive Anwendungen, 2D- und 3-D-Animationen und Webanwendungen ab. MPEG4 beherrscht auch die Objektseparation: bei einem Tennisspiel wird der ruhige Hintergrund, die sich bewegenden Spieler und der schnell fliegende Ball jeweils auf getrennten Kanälen mit unterschiedlichen Framefolgefrequenzen (frame per second fps) übertragen: zum Beispiel der Hintergrund nur mit langsamen 4 fps,

die Spieler mit 10 fps und lediglich der Ball mit vollen 30 fps. Ein weiterer Kanal übernimmt die Koordination dieser Objektdatenströme, die zusammen nur sehr wenig Bandbreite (30...60 kbit/s beanspruchen und bei der Wiedergabe wieder „nahtlos" zu einer normalen Videosequenz zusammengefügt werden. Die einzelnen Objekte lassen sich natürlich auch manipulieren, was etwa bei Videospielen zu sehr interessanten Lösungen führen kann.

MPEG7 und MPEG21

Der 2000 verabschiedete MPEG7-Standard ist kein neues Kompressionsverfahren, sondern ein 'Multimedia Content Description Interface', das die Beschreibungsmöglichkeiten zur extensiven Datenbankabfrage und -eingabe für multimediale Inhalte bereitstellt. Damit können audiovisuelle Daten wie textbasierte Informationen über Suchmaschinen gefunden werden.

Am Horizont steht derzeit noch MPEG21 als großes, alle Aspekte umfassendes Rahmenwerk für Multimedia. MPEG21 wird alle Komponenten der Prozesskette für die Erzeugung, Verwendung, Verwaltung und Verteilung von multimedialem Content über alle Netzstrukturen und Endgeräte integrieren. Die Kernelemente von MPEG21 sind

- Eindeutige Identifikation der Media Assets und ihrer Subkomponenten
- Beschreibung der Inhalte
- Management: Erzeugen, Bearbeiten, Speichern, Suchen
- Netzwerk-, plattform- und endgeräteübergreifende Distribution, Transaktion, Syndikation und Bezahlung
- Schutz und Verwaltung der Urheberrechte.

MJPEG

Ein Motion-JPEG-Codec komprimiert die einzelnen Bilder einer Videosequenz wie ein JPEG-Bild. MJPEG-Codecs arbeiten sehr schnell (Echtzeit) und erlauben einen bildgenauen Schnitt.

AVI

AVI (*Audio Video Interleave*), das Format von *Video for Windows,* ist ein von Microsoft entwickelter Quasistandard; es ist eine spezielle Variante des RIFF (Resource Interchange File Format), beschränkt auf 320 x 240 Pixel und 30 fps (www.jmcgowan.com/avi.html).

REAL-Video/REAL-Audio

Real-Audio und *Real-Video* sind Produkte der Firma RealNetworks. Diese hat maßgeblich an der Entwicklung des wichtigsten Protokolls zum Realtime-Streaming RTSP mitgewirkt. Realtime-Streaming kennzeichnet eine Möglichkeit Videos und aus dem Internet zu laden und diese gleichzeitig während dem Download-Vorgang anzusehen bzw. anzuhören. Die Wiedergabe beginnt dabei sobald eine bestimmte Datenmenge herunter geladen wurde.

MOV

MOV wird von Apples Multimedia-Programm QuickTime produziert und kann plattformübergreifend als vertontes Videoformat eingesetzt werden. MOV und andere AV-Formate
kennen eine Vielzahl von Parametrierungen, die zuweilen zu Kompatibilitätsproblemen
führen.

MP3

Das populäre Musikformat *MP3* ist ein direkter Abkömmling von MPEG1: der Teil 3 („Layer 3") dieses Standards definiert das wahrnehmungsphysiologisch redundanzmindernde Au-
diokompressionsverfahren, das Reduktionsraten von 10:1 bis 15:1 erzielt. MP3 ist ein sehr
effizient komprimierendes Audioformat, das zahlreichen patent- und lizenzrechtlichen Beschränkungen unterliegt. Für klassische Musik eher weniger geeignet.

WAV

WAV ist ein unkomprimiertes Audioformat. Je nach Sample-Rate, Bittiefe und natürlich
Dauer des Tonsignals können die Dateien sehr groß werden.

9.5   Formate für
Dokument/Text/Tabellen/Präsentationsformate

ASCII

Die Abkürzung *ASCII* steht für „American Standard Code for Information Interchange".
ASCII bezeichnet einen einfachen Textstandard ohne grafische Elemente mit einer klassi-
schen Codierung von Zeichen (Buchstaben, Zahlen, Satzzeichen). Umlaute wurden dabei
nicht berücksichtigt. ASCII prägte das Erscheinungsbild der frühen Computergeneration bis
sich mehr und mehr grafische Benutzeroberflächen durchgesetzt hatten.

WinWord

Dokumentenformat (DOC) des wohl meist verbreitesten Textverarbeitungsprogramms Microsoft *Word für Windows* der Firma Microsoft, welches in verschiedenen Versionen (6.0,
Word 95, Word 97 etc.) variiert.

Excel

Dokumentenformat (XLS) des Tabellenkalkulationsprogramms Microsoft *Excel für Windows*
der Firma Microsoft, welches ebenfalls in verschiedenen Versionen variiert.

PowerPoint

Dokumentenformat (PPT) des Präsentationsprogramms Microsoft *Powerpoint für Windows*
der Firma Microsoft, welches ebenfalls in verschiedenen Versionen variiert.

RTF
Dieses Dokumentenformat wurde ursprünglich durch Microsoft Mitte der 80er Jahre in der Version 1.0 definiert, um Text und Grafiken zwischen unterschiedlichen Anwendungen auszutauschen. Das *Rich Text Format* verwendet nur anzeigbare Zeichen des ANSI-, MAC- und PC-Zeichensatzes, um die Daten für verschiedene Ausgabegeräte und Betriebssysteme zu speichern.

SGML

SGML, die *Standard Generalized Markup Language* (ISO 8879), ist eine Meta-Syntax zur Definition von Auszeichnungssprachen. Bedingt durch ihre Komplexität spielt SGML allenfalls in der Technischen Dokumentation noch eine Rolle. In einem späteren Kapitel wird nochmals die Beziehung von SGML zu XML und HTML erläutert

XML
XML (*eXtensible Markup Language*) als Dokumentenformat ist eine stark vereinfachte Variante von SGML (siehe weiter unten) und bietet die Möglichkeit, unstrukturierte Informationen durch eine strukturierte Beschreibung auf der Basis eines flexiblen Metadaten-Formats zu realisieren. XML liefert die Regeln, die beim Definieren von sogenannten Dokumenttypen angewendet werden: Dokumenttypen sind Dokumente, die ähnlich strukturiert sind. Dem Thema XML wird ein eigenes Kapitel später gewidmet.

PDF
Adobes *Portable Document Format* PDF erlaubt die Anzeige und Ausgabe von Dokumenten in einem anwendungsübergreifenden Format. Es gilt inzwischen als wichtigstes Produktionsformat im Bereich der Druckvorstufe und als Standard für den problemlosen Dokumentenaustausch im Internet. PDF-Dokumente können Texte, Bilder und MultiMedia-Objekte enthalten und können durch angebotene, kostenlose Reader-Programme anzeigen. Seine breite Anwendung wird als bekannt vorausgesetzt. In einem späteren Kapitel wird nochmals Bezug auf dieses Dokumentenformat genommen.

Layout-Formate (FrameMaker, QuarkXpress, Adobe Indesign etc.)
Die proprietären Dateiformate der Layoutprogramme wie QuarkXPress, Adobe Indesign oder FrameMaker spielen insbesondere im Bereich der Druckvorstufe, der Katalogproduktion und der technischen Dokumentation zur Gestaltung von Print-Medien eine gewichtige Rolle.

Bedingt durch die Nativität und Proprietät dieser Formate sollten diese nur behutsam für die Langzeitarchivierung eingesetzt werden, da sie von anderen Applikationen in der Regel nicht gelesen werden können.

Erste XML-basierende Schnittstellen in den Layoutprogrammen QuarkXpress und Adobe Indesign lassen auf eine Öffnung dieser Formate hoffen.

10 Spezifische Anforderungen an Medien-Datenbanken

Nachdem wir in den vorangegangenen Kapiteln die technischen Grundlagen dargestellt haben, wollen wir uns den besonderen Anforderungen an Media-Asset-Management-Systeme zuwenden.

10.1.1 Integration der dualen Verwaltung von Medien

Große Medien-Dateien wie reprofähige Bild-Dateien, Video- und Audio-Streams werden in der Regel nicht in der Datenbank (z.B. als Datenbank-BLOB) selbst gespeichert, sondern nur als Verweis (Link) verwaltet, der mit wenigen Bytes auskommt. Zum einen, weil die meisten Anwendungen wie Adobe PhotoShop, Adobe Illustrator, QuarkXPress kein Öffnen von Dateien aus einem Datenbank-Stream heraus unterstützen. Dies ist insbesondere dann wichtig, wenn ein Medien-Datenbank-System auch als Medien-Produktionssystem eingesetzt wird; dies wird in einem späteren Kapitel noch genauer betrachtet. Zum anderen lässt sich durch das physikalische Vorhandensein der Medien-Dateien in der File-Server-Struktur die Plattenkapazität des File-Servers durch eine Archivierungstechnologie (hierarchisches Speichermanagement, Nearline- und Offline-Speicher) erweitern. Ein weiterer Grund ist die geforderte Verfügbarkeit der Medien-Dateien auch im Falle der Nicht-Verfügbarkeit der Medien-Datenbank selbst.

Wenn nicht alle oder überhaupt keine Medien-Dateien in der Datenbank selbst gespeichert werden, muss ein Medien-Datenbank-System das duale Verwalten von Datenbank-Eintrag und zugehörigen Medien-Dateien unterstützen. Wichtig ist dabei die plattformunabhängige Unterstützung der unterschiedlichen Mount-Points auf ein und derselben Plattform (Namensraum-Normalisierung).

Durch die Namensraum-Normalisierung wird erreicht, dass von jeder Arbeitsstation bzw. Anwendung auf die Medien-Dateien über die Medien-Datenbank zugegriffen werden kann.

Erläuterung zum Begriff *Mount-Point*:
Serverbasierte Filesysteme, wie z.B. das *Network-File-System* (NFS) und eine Weiterentwicklung, das *Andrew-File-System* (AFS), ermöglichen es, Teile des Dateibaums einer anderen Maschine über das Netzwerk im lokalen Dateibaum einzublenden. Der Benutzer auf der lokalen Maschine sieht die Daten eines anderen Rechners so, als ob diese auf der lokalen

Festplatte vorhanden wären, und kann sie, entsprechende Zugriffsrechte vorausgesetzt, lesen, modifizieren und löschen.

Den Punkt im Dateibaum, an dem der Zugriff auf ein physikalisches Volume erfolgt, nennt man *Mount-Point*. Ein solcher Mount-Point erscheint als normaler Ordner in einer Dateistruktur, ist tatsächlich aber der Verweis auf ein Volume in einem (möglicherweise) ganz anderen physikalischen Speichersystem. Der Befehl *cd* kann so über einen Mont Point auf einen anderen Rechner führen, ohne dass der Benutzer dies bemerkt.

10.2   Grundfunktionen zum Verwalten aller Medien-Typen

Eine zentrale Anforderung an ein MAM-System ist die konsistente Datenhaltung von allen Medien-Typen. Zu den Grundfunktionen zum Verwalten von Medien-Objekten in der Medien-Datenbank gehören:

10.2.1 CheckIn/CheckOut-Mechanismen

Unter *CheckIn/CheckOut* versteht man das Einlagern von Media Assets in bzw. das Exportieren aus dem Medien-Datenbank-System. Beim CheckIn-Vorgang müssen nachfolgende Prozesse zwingend ausgeführt werden:

*   Verschieben oder Halten der Medien-Dateien in einem gesonderten Dateiverwaltungsbereich
*   Optionale Medien-Eingangsprüfung bezüglich Mindest-Qualitätsanforderungen (Auflösung, Farbraum etc.)
*   Metadaten manuell/automatisch speichern
*   Informationen aus der Medien-Analyse (extrahierte Metadaten) speichern
*   Speicherung und Normierung der Verweis-Informationen auf die eigentliche Medien-Datei(en)
*   Optionale Versionierung

Es gibt diverse Varianten für einen CheckIn: manuell, Stapelverarbeitung, Übernahme eines ganzen Verzeichnisbaumes, Abfrage eines Hotfolders, automatische Aktualisierung von Dateisystemen.

Beim CheckOut, nicht zu verwechseln mit dem Löschen-Vorgang, müssen zusätzliche abrufbare Informationen, wie z.B. Name des Benutzers, Datum, Uhrzeit etc., gespeichert werden.

10.2.2 Grundlegende Verwaltungsfunktionen im Eingabebereich

Vom CheckOut zu unterscheiden ist das direkte Bearbeiten von Medien aus der Medien-Datenbank heraus, ohne explizit einen CheckOut-Vorgang durchzuführen. Dies ist insbesondere dann wichtig, wenn ein Medien-Datenbank-System auch als Medien-Produktionssystem eingesetzt wird. (Dies wird in einem späteren Kapitel noch genauer betrachtet).

Weitere Operationen sind:

- Ändern/Zuordnen von Metadaten
- Verschieben der Medien-Objekte samt zugehöriger Medien-Dateien
- Löschen der Medien-Objekte samt zugehöriger Medien-Dateien
- Verwalten von leeren Medien-Containern, die zu einem späteren Zeitpunkt den eigentlichen Medien-Dateien zugeordnet werden. Der Einsatz dieser leeren Medien-Container erfolgt bei der logistischen Beschaffung von Medien. Dies wird in einem späteren Kapitel noch genauer betrachtet.
- Unterstützung von zeitkorrelierten Medien *(Rich Media)*, z.B. Video, Animationen, Sound, Musik etc. So müssen MAM-Systeme nicht nur spezielle Ausgabefunktionalitäten, z.B. Streaming von Medien, unterstützen, sondern auch, bedingt durch den Echtzeit-Charakter und der begrenzten Bandbreite von Speichersystem und Übertragungsmedium, datenreduzierte, komprimierte und evtl. auch zeitlich verzerrte Datenströme generieren können.

10.3   Metadaten und ihre Klassifizierung

Metadaten sind „Daten über Daten": ergänzende Informationen, die zu den Medienobjekten in der Medien-Datenbank gehalten werden und den inhaltlichen Kontext zu den eigentlichen Medien herstellen. Im Entwurf der ISO-Spezifikation 11179 werden Metadaten beschrieben als: „The information and documentation which makes data sets understandable and sharable for users"

Die Media Assets enthalten in der Regel kaum Informationen *über* Ihren Inhalt, allenfalls nur dateispezifische bzw. formatspezifische Informationen, wie Erstellungs- und Änderungsdatum, Format, Auflösung etc. Strukturierte Informationen über die Media Assets, die gesondert in die Datenbank eingepflegt wurden, können auch effizienter gesucht werden. Die Zuordnung von Metadaten zu den Medien-Objekten nennt man Verschlagwortung.

Metadatenmodelle enthalten analog zu den Datenmodellen von Datenbank-Systemen die formale Beschreibung der Metadaten und ihre Beziehungen untereinander im so genannten Metadatenschema. Das Metadatenschema enthält die konkrete Beschreibung der Struktur der Metadaten.

Metadaten können inhaltsabhängig oder inhaltsunabhängig sein:

10.3.1 Inhaltsabhängige Metadaten

Diese Metadaten beziehen sich direkt auf den Inhalt der Medien. Deshalb ist ihre konsistente Aktualisierung bei jeder Änderung des Inhalts besonders wichtig. Inhaltsabhängige Metadaten lassen sich in drei Klassen weiter unterscheiden:

Inhaltsbeschreibende Metadaten (semantische bzw. assoziative Metadaten) beschreiben den Inhalt von Medien, wobei diese Informationen nicht direkt in den Medien enthalten sind: dazu zählen die Bildbeschreibung, der Namen des Fotografen etc. Ein Großteil der IPTC-Daten gehört in diese Kategorie - mehr zu IPTC unter Metadaten-Standards.

Interpretierende Metadaten beschreiben den syntaktischen Aufbau der Medien. Als Beispiel sollen hier die durch eine Medien-Analyse gewonnenen technischen Metadaten betrachtet werden.

Die *Medien-Analyse* erlaubt es, abhängig vom jeweiligen Medien-Typ die technischen Informationen zur jeweiligen Medien-Datei zu extrahieren und strukturiert in der Datenbank zu speichern. Folgende Daten können so generiert werden:

* Informationen über Auflösung, Format, Farbraum etc.
* Preview-/KeyFrame-Generierung, z.B. bei Bild- und Video-Indexierung. Ein Preview ist ein niedrig aufgelöstes Vorschaubild und wird in der Regel direkt in der Datenbank gespeichert (und nicht - wie das eigentliche Asset - im Dateisystem). KeyFrames sind Vorschaubilder der Szenen-/Schnittwechsel einer Videosequenz, die deren Inhalt andeuten.
* Index-Generierung durch Extrahieren von gesprochenem Text in Audio-Dateien oder von Textstrings in Dokumenten-Formaten wie PDF.

Die *Inhalts-Metadaten* fassen alle inhaltsbezogenen Metadaten zusammen, die nicht den beiden vorgenannten Arten zugeordnet werden können, wie etwa die Verschlagwortung mit Hilfe eines Thesaurus (standardisierter Begriffskatalog), standardisierter Referenz-Codes (IPTC *Ressort* und *Subject Code*) oder kontextabhängiger Stich- oder Schlüsselwörter.

10.3.2 Inhaltsunabhängige Metadaten

Inhaltsunabhängige Metadaten beziehen sich auf Informationen, die nichts mit dem Inhalt der Medien zu tun haben. Man unterscheidet hier zwei Gruppen:

Identifizierende Metadaten dienen der eindeutigen Identifikation der Medien: dazu zählen Identifikationsnummer (ID), Versionsnummer, der eindeutige Dateiname etc.

Administrative Metadaten beinhalten verwaltungstechnische Informationen, wie Preise, Produktbeschreibungen, Lagerbestand etc. Die Strukturierung der Daten muss hier möglichst flexibel sein, um auch später noch weitere Kategorien hinzufügen zu können.

10.3.3 Verwaltung der Metadaten

Unverzichtbar ist eine eindeutige Identifikations-Kennung für jedes Media Asset. Sie kann automatisch erzeugt werden. Eine andere Variante, die beim Content Adressed Storage (CAS) eingesetzt wird, ist eine fingerabdruckartige Signatur, die automatisch aus dem Content generiert wird.

10.3.4 Strukturen von Metadaten

Die Definition der Metadaten-Strukturen ist für die Funktionalität und Handhabbarkeit einer Medien-Datenbank sehr entscheidend. Dazu gehören folgende Aspekte:

- Mehrsprachige Beschriftungen
- Unterstützung von Datentypen mit verschiedenen Feldlängen, wie String, Liste, Datum, Float, Integer, Boolean, Image-Preview, Audio-Preview, Video-Previews, Unterstützung von Attributen, wie Kann-/Muss-Feld, Grenzwerte, Listeneinträge
- Unterstützung von Regeln zwischen den Metadaten Feldern (Plausibilitätsprüfung)
- Import-Regeln, z.B. für das Mapping des IPTC-Headers oder der *Dublin Core* Daten auf XML-Tags.

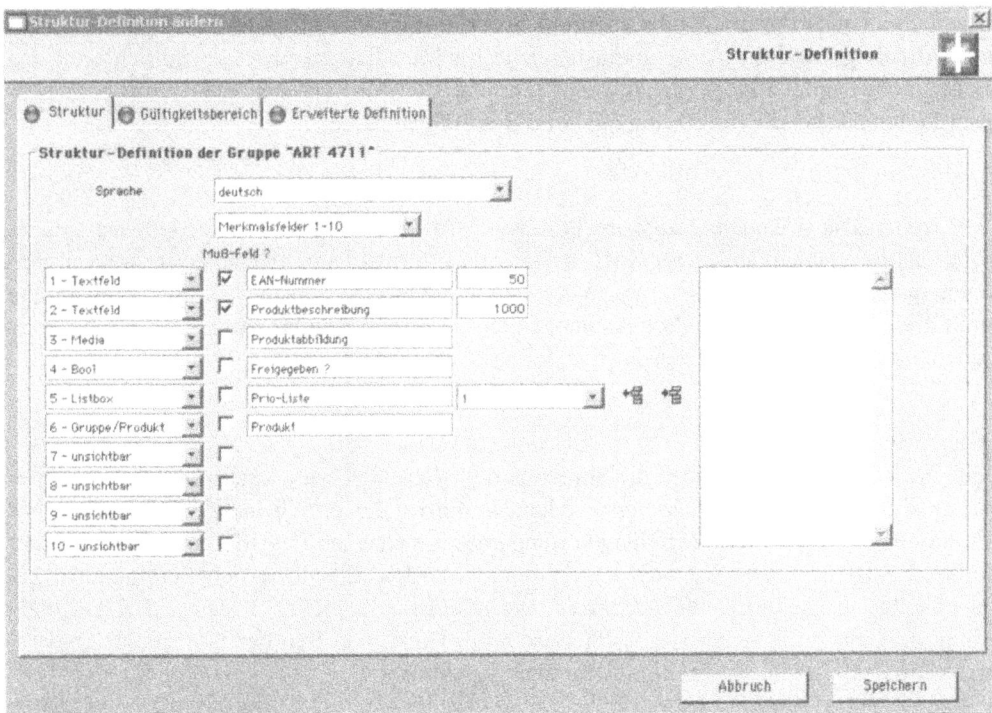

Abb. 10.1   Metadaten-Modellierung

Beim Zuordnen von Metadaten zu den Media Assets gibt es mehrere Varianten:

- Manuelles Eingeben
- Auslesen und Zuordnen durch eine Medien-Analyse
- Auslesen und Zuordnen aus begleitenden Informationen, z.B. ASCII-Dateien, XML-Dateien etc.
- Auslesen und Zuordnen von eingebetteten („embedded") Informationen wie IPTC-Daten bei Bildern, Verwendungsnachweisen in QuarkXPress-Dateien etc.
- Automatischer Abgleich von anderen Systemen (Dies wird noch in Kapitel „Integration von Medien-Datenbank- und Medien-Logistik-Systeme" näher erläutert)

10.3.5 Wichtige Metadaten-Standards

Die Organisation der Metadaten beschäftigt weltweit zahllose Gremien und Organisationen, weil Metadaten die Grundlage für die automatisierte Bearbeitung und damit auch das Asset Management von Dokumenten und Bildern bilden. Einige Metadaten-Standards sind fest in ein Bildformat integriert, während andere eigenständig sind.

XML/XMP

Die *eXtended Markup Language XML* setzt sich auch hier zunehmend wegen ihrer Universalität durch und wird viele relationale Tag-Formate ablösen. Es ist relativ einfach, unterschiedliche Standards aufeinander abzubilden, wenn entsprechende Konventionen vereinbart sind. Allerdings sind die Anwendungsbereiche für Metadatenstandards unendlich breit und reichen vom Digital Rights Management über die Content-Syndikation bis zum branchenspezifischen Austausch von Rechnungs- und Bestellformularen.

XMP (eXtensible Metadata Platform) bezeichnet Adobe's jüngstes XML Metadata Framework, das es erlauben soll, dass XML-basierende Informationen (Metadaten) direkt in Anwendungs-Dateien, z.B. Bilder, Layout-Dateien, eingebracht (Labeling) werden können und somit diese Metadaten für andere Anwendungen weiterverarbeitbar werden. Es bleibt abzuwarten, ob sich dieses Metadaten-Format durchsetzen wird.

Thesauren

Doch nicht nur die Syntax, auch die Semantik der Metadaten muss kontrolliert werden. Hier spielen die *kontrollierten Vokabulare* oder *Thesauren* die entscheidende Rolle, denn sie gewährleisten, dass bei der Verschlagwortung stets die gleichen Begriffe (anstelle möglicher ähnlicher oder denkbarer Synonyme) verwendet werden. Eine Übersicht international gebräuchlicher Thesauri *(Controlled vocabularies)* liefert das HILT-Projekt (<http://hilt.cdlr.strath.ac.uk/Sources/thesauri.html>) und eine Site der Universität Queensland <http://sky.fit.qut.edu.au/~middletm/cont_voc.html>.

IPTC

IPTC ist der mit Abstand wichtigste Metadatenstandard für Bilder bei Nachrichtenagenturen, Tageszeitung und Zeitschriften und empfiehlt sich auch für nahezu alle anderen Bilddatenbanken. Der IPTC-Standard IPTC7901-R5 umfasst Einträge für Bildunterschriften, Stichwörter, Kategorien, Bildrechte und Herkunft. Der von der *Newspaper Association of America (NAA)* und *International Press Telecommunications Council (IPTC - (www.IPTC.org))* entwickelte Standard zum Identifizieren übermittelter Texte und Bilder im Photoshop-Format PSD und in den Formaten TIFF, JPEG, EPS und PDF wird von Adobe Photoshop unterstützt.

Es gibt diverse Programme und Tools wie den *CaptionWriterII* (www.comnet-software.com), mit dem die Felder des IPTC-Headers ausgefüllt und editiert werden können. Die vom CaptionWriter II erstellten Beschreibungen können in Adobe Photoshop angezeigt und verändert werden. Nahezu alle professionellen Produktions- und Archivsysteme für digitale Bilder können die vom CaptionWriter II erzeugten Daten problemlos interpretieren und in die eigene Datenstruktur umwandeln.

Nr.	IPTC Bezeichnung	Adobe Photoshop
5	ObjectName	Objektname
7	EditStatus	-
10	Urgency	Dringlichkeit
15	Category	Ressort
20	SupplCategory	Ergänzungen
22	FixtureId	-
25	Keywords	Stichworte
30	ReleaseDate	-
35	ReleaseTime	-
40	SpecalIntruc	Besondere Hinweise
45	RefService	-
47	RefDate	-
50	RefNumber	-
55	DateCreated	Erstellt am
60	TimeCreated	-
65	OriginProgram	-
70	ProgramVersion	-
75	ObjectCycle	-
80	Byline	Name des Autors
85	BylineTitle	Titel des Autors
90	City	Stadt/Ort
95	ProvinceState	Land/Provinz
100	CountryCode	-
101	CountryName	Staat
103	OriginalRef	Aufgeber-Code
105	Headline	Überschrift
110	Credit	Objektrecht
115	Source	Quelle
116	Copyright notice	Copyright-Vermerk
120	Caption	Beschreibung
122	CaptionWriter	Autor
130	Image	-
200-219	Custom Fields	

Tab. 10.1   IPTC-Felder

Tabelle: Wichtige IPTC-Felder

Diese Datenfelder müssen von einem MAM-System problemlos extrahiert und geschrieben werden können; das Schreiben ist für den Export von Bildern wichtig.

Mittels Thesauren und hierarchischer Stichwortlisten sowie automatisch erzeugten Status- und Bearbeitungsvermerken im IPTC-Header lässt sich bereits im Vorfeld der eigentlichen MAM-Investition eine einfache Ablage- und Workfloworganisation realisieren.

Exif

Exif (Exchangeable Image File) ist ein 1995 geschaffener Format-Standard der *Japan Electronic Industry Technology Association (JEITA)* für Digitalkameras. Er baut auf vorhandenen Standards wie JPEG (für komprimierte Bilder) und TIFF (für unkomprimierte Bilder) auf, enthält auch einen Bereich für Audiodaten und definiert auch einen Metadatensatz, in dem u.a. wesentliche Kameraeinstellungen und bei entsprechend ausgerüsteten Kameras auch die über GPS-Satelliten ermittelten Geokoordinaten enthalten sind. Die Informationen zu Belichtung und Weißabgleich sind auch für den farbrichtigen Ausdruck wichtig. Die aktuelle Exif-Version 2.1 datiert vom Juni 1998.

NISO

Die National Information Standards Organization (NISO - (www.niso.org)) hat mit dem *NISO Data Dictionary* eine wichtige Grundlage für Metadaten digitaler Bilder geschaffen. Seine Aufgabe ist es "...to facilitate the development of applications to validate, manage, migrate, and otherwise process digital still images of enduring value".

Dublin Core und METS

Im Bereich der Bibliotheken und Archive begegnet man immer noch dem historischen *Dublin Core* von 1994. Der Dublin Core hat 15 Kernelemente:

Element	Definition
Title	Name by which the resource is formally known
Creator	An entity primarily responsible for making the content of the resource
Subject	The topic of the content of the resource
Description	An account of the content of the resource
Publisher	An entity responsible for making the resource
Contributor	An entity responsible for making contributions to the content of the resource
Date	A date associated with an event in the life cycle of the resource
Type	A date associated with an event in the life cycle of the resource
Format	The physical or digital manifestation of the resource
Identifier	An unambiguous reference to the resource within a given context
Source	A reference to a resource from which the present resource is derived
Language	A language of the intellectual content of the resource
Relation	A reference to a related resource
Coverage	The extent or scope of the content of the resource
Rights	Information about rights held in and over the resource

Tab. 10.2 Dublion Core Felder

Für viele Felder ist das Vokabular von der Dublin Core Metadata Initiative (DCMI) reglementiert.

10.3.6 Identifizieren und Authentifizieren von digitalem Content mit DOI

Büchern, Magazine und Newsletter sind über ihre *ISBN* (*International Standard Book Number*) und *ISSN* (*International Standard Serials Number*) eindeutig einer Quelle (Verlag und Herkunftsland) zuordenbar. Für spezielle Bereiche gibt es eigene Indizes wie SICI (Serial Item and Contribution Identifier), PII (Publisher Item Identifier), BICI (Book Item and Component Identifier), GCOI (Giant Chair Object Identifier), ISWC (International Standard Work Code), NBN (National Bibliography Number), PURL (Persistent URL), URI (Uniform Resource Identifiers) und URN (Uniform Resource Names). Neue Publikationsformen wie eBooks oder individuell zusammen gestellte Informationsdienste sind bisher nicht so markiert, was für Zahlungs- und DRM (Digital Rights Management)-Systeme aber zwingend erforderlich wäre.

Hier zeichnet sich mit dem *DOI* (*Digital Object Identifier*) nun ein einheitlicher, international akzeptierter Standard ab. Der für *alle* Medien geeignete DOI-Barcode besteht aus einer Zeichenkette, die über ein zentrales Verzeichnis mit einem URL verknüpft ist. Hier findet man dann die entsprechende Publikation. Dieser ID-String besteht aus einem Präfix mit vorgegebenen Zeichen und einem freien Teil. Das DOI-Datenfeld enthält den eindeutigen Code einer spezifischen Internet-Datei bzw. eines Internet-Dokuments. Das Feld fängt immer mit der Prefix „DOI" an, z. B. doi:10. 1037//0022-006X.68.2.351. Mehr dazu auf www.german-doi.org.

Der DOI verweist auf einen Webserver, auf dem sich die Referenzdaten des Dokuments befinden, und erscheint in der Quelldatei als ein URL mit Ankermarkierung. Zum Beispiel weist bei

```
<a href = "http://dx.doi.org//10.1002/[ISSN]3403-
08976"><img src = "doibutton.gif"></a>
```

die URL "http://dx.doi.org" auf einen Proxy-Server, der DOIs im URL-Format annimmt (wie oben gezeigt) und sie zur Auflösung an das DOI-System sendet. Die Vergabe der DOI übernehmen die von der International DOI Foundation (IDF – (www.doi.org)) zertifizierten Agenturen zur Registrierung, die auch gegen eine einmalige Gebühr die Präfixe an Content-Anbieter vergeben.

10.3.7 Weitere Metadatenstandards

Das *Resource Description Framework (RDF)* des W3C (www.w3.org) und seine Untermengen RSS (RDF Site Summary) und CDF (Channel Definition Format) stellen einen weit gespannten Rahmen, um die Informationen des Internets nicht nur maschinenlesbar, sondern auch maschinenverstehbar zu machen.

Erwähnt sei hier insbesondere der *Metadata Encoding & Transmission Standard METS* der amerikanischen Library of Congress (www.loc.gov/standards/mets/). Das METS-Schema ist ein Standard für die Kodierung deskriptiver, administrativer und struktureller Metadaten von Objekten (auch Audio und Video) in einer digitalen Bibliothek.

10.4 Unterstützung von hierarchischen Strukturierungsmöglichkeiten

Eines der wichtigsten Strukturierungswerkzeuge sind hierarchische Gruppen: mit ihnen kann eine hierarchische Gliederung der Medien realisiert werden. Der Vorteil liegt in der Assoziation mit existierenden Strukturen, z.B. Produktgruppen oder Inhaltsverzeichnisse.

Folgende Anforderungen werden an die hierarchischen Strukturierung gestellt:

- Beliebige Verschachtelungstiefe
- Beliebig mehrfache Zuordnung von Medien-Objekten zu unterschiedlichen hierarchischen Gruppen
- Zuordnen von Metadaten und deren Strukturierung zu einzelnen hierarchischen Gruppen und die Möglichkeit der Vererbung dieser Informationen
- Vererbungseigenschaften für Gruppenzugehörigkeit und Metadaten, z.B. Suche in hierarchischen Gruppen („Eltern") ermöglicht auch das Auffinden von Medien-Objekten, die den untergeordneten Gruppen („Kind") zugeordnet sind.
- Klassifizierung der Gruppen, z.B. Blatt, Zweig etc.

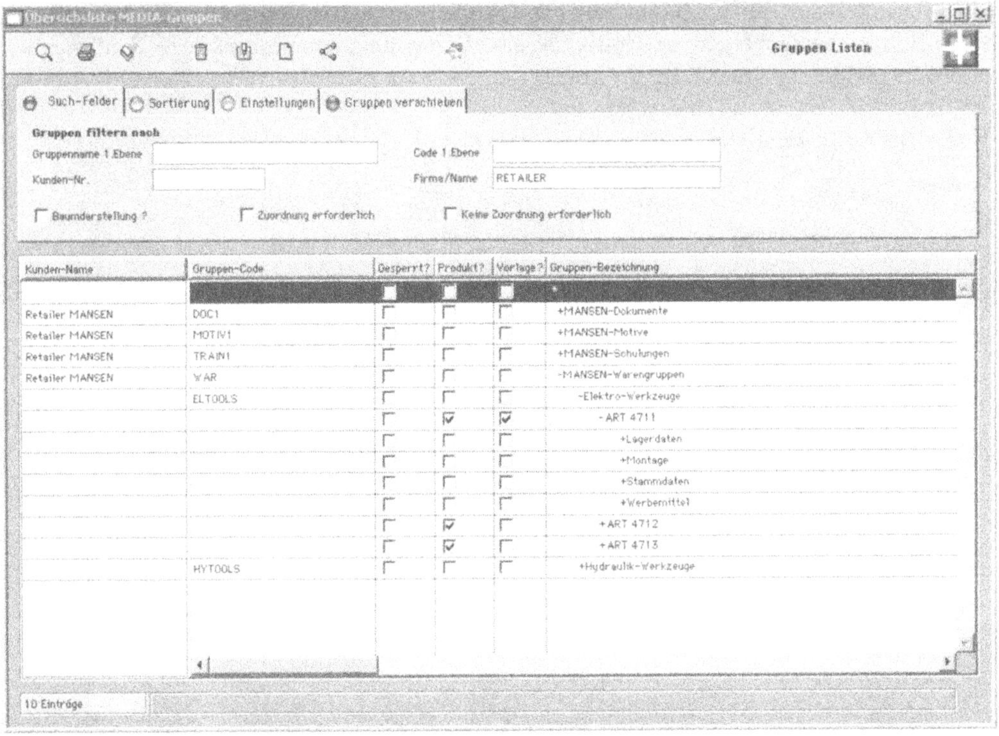

Abb. 10.2 Beispiel hierarchische Gruppen

10.5   Suchfunktionen und Media-Mining

10.5.1   Grundsätzliche Sucharten in Medien-Datenbanken

Bei der Suche nach Medien-Objekten unterscheidet man folgende Suchmethoden:

- Suche durch visuelle Auswahl und vergleichende Darstellung, z.B. im Preview (Leuchtkastendarstellung)
- Suche in hierarchischen Gruppen
- Suche über Metadaten/Verschlagwortung mit unterschiedlichen Ausprägungen, wie z.B. phonetische Suche – dazu mehr im Kapitel des Text-Mining
- Suche nach Beziehungen (Variante, Version, Verwendungsnachweis etc.)
- Mehrstufige Suche (Suche in Such-Ergebnis)
- Suche nach Inhalten (Media-Mining), z.B. Text-Mining, Image-Mining, Query by Image Content etc. – dazu mehr in den nachfolgenden Kapiteln

Suchabfragen sollten durch Boolsche Operatoren (*und, oder, und nicht, oder nicht*) kombiniert werden können. Hilfreich ist auch die Möglichkeit, Suchabfragen benutzer- bzw. benutzergruppenbezogen speicherbar und wieder abrufbar zu machen. Bei großen Datenbeständen ist ein Rating der Suchergebnisse hilfreich: eine Darstellung von prozentualen Trefferquoten mit Textumfeld-Auszügen (Relevanzgrad).

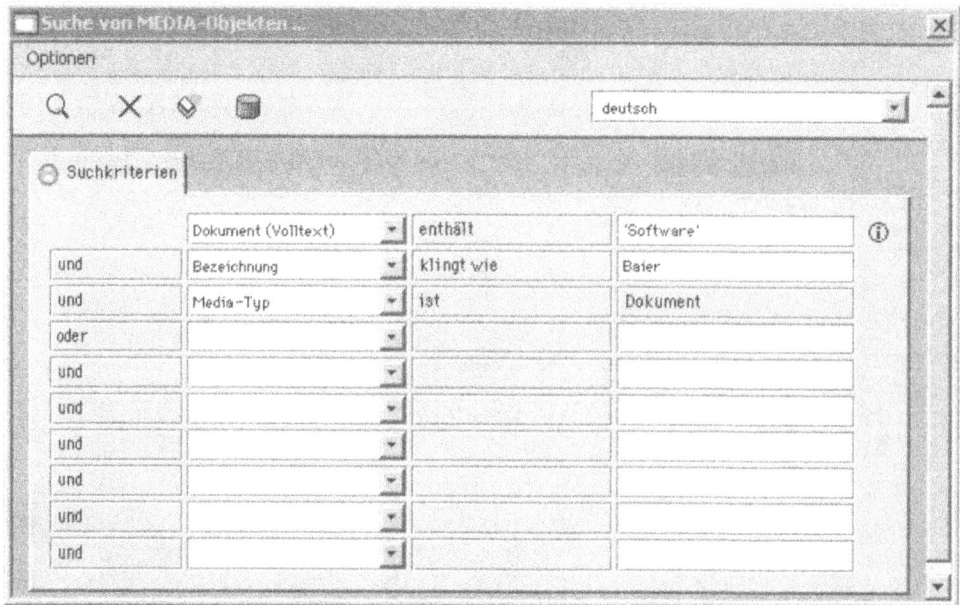

Abb. 10.3   *Beispiel Suchmaske (natives Programm)*

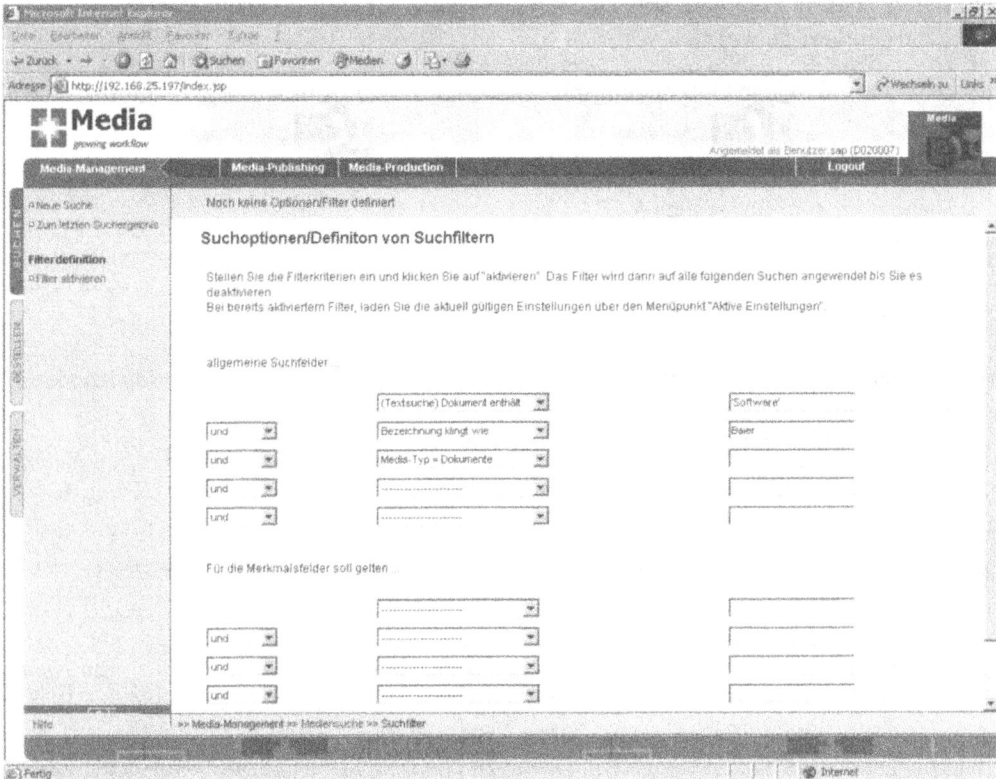

Abb. 10.4   *Beispiel Suchmaske (browserbasierend)*

Suchabfragen müssen auch generelle Attribute, wie z.B. *ist, beginnt mit, enthält, von/bis, ist leer,* Groß-/Kleinschreibung unterscheiden bzw. beinhalten.

Alle Such-Arten können bei entsprechender Datenmodellierung direkt über Datenbank-Funktionen abgedeckt werden. Eine Ausnahme bildet nur die Suche durch vergleichende Darstellung, die derzeit noch manuell durch Sichtung der Previews vorgenommen werden muss und die Suche nach Inhalten (*Media-Mining*) auf die wir nachfolgend detaillierter eingehen.

10.5.2   Text-Mining

Der Begriff Data-Mining meint das mühsame Schürfen relevanter Informationen in großen Datenbeständen, die mit einfachen Suchvorgänge nicht mehr effizient gefunden werden können. Data-Mining wird auch beim Wissensmanagement und in der Künstlichen Intelligenz eingesetzt.

Der Bereich des *Text-Mining* ist am weitesten erschlossen und hat die höchste Relevanz bei der inhaltlichen Suche. Text-Mining basiert auf der Möglichkeit, Texte und Dokumente zu indizieren, so dass nach dem sprachlich-semantischen Inhalt des Dokumentes gesucht werden kann (*Volltext-Suche*).

Es existieren zahlreiche Optimierungsmethoden, die zum Teil weit in die Linguistik hineingreifen

- Thesaurus-gestützte Synonym-Suche:
  Suche nach *Auto* findet auch *KFZ*,
- Singular/Plural-Äquivalenz:
  Bruder ==> Geschwister
- Ober-/Untermengen-Relation:
  Gymnasium ==> Schule
- „unscharfe", Fuzzy- oder phonetische Homonym-Suche (z.B. Suche nach *Baier* findet auch ähnlich klingende Worte wie *Bayer, Beier* etc.).
- Cross-Language Retrieval :
  Orthoepie ==> Aussprache

Teilweise werden diese Methoden auch auf die Suche in den Metadaten angewendet.

Erläuterung:

Synonyme sind unterschiedliche Begriffe mit gleicher Bedeutung (*KFZ = Auto*). Ein *Homonym* ist ein Wort, das genauso klingt wie ein anderes, das aber neben einer anderen Bedeutung auch eine andere Schreibweise haben kann; bei exakt gleicher Schreibweise (Leiter; Bank) nennt man es auch *Homograph*. Davon zu unterscheiden sind *Polyseme*, deren Bedeutungen verwandt sind: *Pferd* als Tier, Turngerät und Schachfigur.

Automatische Klassifizierung
Die automatische Klassifizierung von Texten/Dokumenten ist beispielsweise für die maschinelle Verteilung und Einordnung von eingehenden Dokumenten auf die einzelnen Abteilungen einer Organisation hilfreich und kann ansatzweise menschliches Verstehen ersetzen. Doch hier ist Vorsicht geboten: ein *falsch* eingeordnetes Dokument ist oft für immer verloren.

Die automatische Klassifizierung basiert auf einem Lernprozess: zunächst werden sorgfältig ausgesuchte „typische" Dokumente für die einzelnen Abteilungen manuell zugeordnet. An Hand dieser Dokumente erkennt („lernt") das System die Eigenschaften (Regeln), die zur klassenbezogenen Unterscheidung von Dokumenten wesentlich sind. Mit Hilfe dieser Regeln ordnet das System dann neue Dokumente den Abteilungen (Klassen) automatisch zu. Diese automatische Klassifizierung wird oft auch als *Taxonomie* bezeichnet. Die Taxonomie ist ein Teilgebiet der Linguistik und versucht durch Segmentierung und Klassifikation sprachlicher Einheiten den Aufbau eines Sprachsystems zu beschreiben.

Das intelligente Retrieval erfolgt ebenfalls über Beispieltexte: anstatt komplizierte Anfragen zu formulieren, nimmt sich der Abteilungsmitarbeiter vorhandene ähnliche Texte als Beispiel oder formuliert frei einen typischen Ergebnistext. Die gefundenen Texte werden nach dem Grad Ihrer Übereinstimmung mit dem Anfragetext ausgegeben.

Nach diesem Prinzip arbeitet z.B. die kostenlose Software *SERprivatebrain* der SER AG (www.SER.de). Das Programm durchforstet zunächst alle auswertbaren Dateien in einem beliebig großen Verzeichnisbereich und errechnet aus der Häufigkeit wichtiger Wörter für jede Datei einen vektoriellen Indexwert, der bei der späteren und sehr schnellen Suche mit dem Indexvektor des Mustertexts verglichen wird.

Das Programm gruppiert (clustered) auch automatisch eine Menge von unsortierten Dokumenten und fasst Dokumente mit ähnlichen Themen in Klassen zusammen, die der Anwender zuvor mit Hilfe von Musterdokumenten manuell bestückt hat.

Ein wichtiges Kriterium für die Auswahl entsprechender Knowledge Retrieval Systeme ist die Unterstützung aller beim Anwender eingesetzten Datenformate wie ASCII, HTML, SGML, WinWord, WordPerfect, PDF, eMail etc.

Einige Anbieter von Text-Mining-Systemen seien genannt:

- Search Engine von *Verity* (www.verity.com und www.verity.de). Die Firma Verity ist der Marktführer im Bereich der Volltext-Suchmodule. Die Module von Verity werden häufig für Web-Suchdiensten eingesetzt und unterstützen eine Vielzahl von Dokumententypen, wie ASCII, HTML, SGML, WinWord, WordPerfect, PDF etc. sowie die unscharfe Suche.
- IBM Intelligent Miner for Text <www-4.ibm.com/software/data/iminer/fortext/ index.html>. Dieses Volltext-Suchmodul unterstützt ebenfalls eine Vielzahl von Dokumententypen und unterstützt zusätzlich die unscharfe Suche und Synonym-Suche.
- Sybase Adapative Server Enterprise 12 (www.sybase.com und www.sybase.de). Die Firma Sybase hat eine Partnerschaft mit der Firma Verity und setzt deren Produkt ein.
- ORACLE Intermedia Text Cartridge (www.oracle.com und www.oracle.de). Die O-RACLE Intermedia Text Cartridge ist ein ergänzender Baustein zu der ORACLE 8i Datenbank. Dieses Volltext-Suchmodul unterstützt ebenfalls eine Vielzahl von Dokumententypen und unterstützt zusätzlich die unscharfe Suche und Synonym-Suche.

Optical Character Recognition OCR
Ein Sonderfall des Text-Mining ist die Erkennung von Schriftzeichen in gescannten Dokumenten. Während das Erkennen von Druckbuchstaben auf einfarbigem (weißen) Untergrund heute relativ gut funktioniert, stellt Frakturschrift oder die Erkennung von Texten in Bildern teilweise noch eine Herausforderung dar.

10.5.3   Image-Mining

Beim *Image-Mining* werden Bilder aufgrund des Bildinhalts (also nicht anhand der beschreibenden Metadaten) suchbar gemacht. Beim CheckIn eines Bildes erfolgt eine Analyse von Farbgebung, Mustern, Strukturen und Formen. Teilweise werden die Ergebnisse der Analyse in textuelle Beschreibungen umgesetzt, nach denen dann wieder gesucht werden kann.

Möglich ist auch der Vergleich der Analyseergebnisse mit vordefinierten bzw. bekannten Inhalten, etwa bei der Gesichts- oder Fingerabdruckerkennung. Dadurch wird es möglich, über Datenbankanfragen automatisch einfache Objekte und Szenen zu erkennen.

Der hohe Rechenaufwand dieser Verfahren ist nicht zu unterschätzen. Man sollte zum gegenwärtigen Zeitpunkt die Möglichkeiten des Image-Mining nicht überbewerten.

Derzeit wird Image-Mining hauptsächlich im Bereich der vergleichenden Suche bzw. Ähnlichkeits-Suche eingesetzt.

Interessante Applikationen sind:

- *QBIC* (Query by Image Contents) der Firma IBM (www.qbic.almaden.ibm.com)
- *IRIS* des TZI (Technologie Zentrum Informatik) der Universität Bremen (www.tzi.uni-bremen.de/bv - suche dann nach IRIS)
- *PictureFinder* des TZI der Universität Bremen (www.tzi.de/tzi/Projekte_neu/ Bv_PictureFinder.html)
- GNU Image Finding Tool *GIFT* (www.gnu.org/software/gift)

10.5.4   Video-Mining

Video-Mining bezeichnet die Möglichkeit Video-Streams inhaltlich suchbar zu machen. Grundlage ist die Erzeugung von KeyFrames mit Zeitstempel: signifikante Bilder werden als Einzel-Previews in der Datenbank abgespeichert, zusätzlich zur Indizierung des Inhalts solcher KeyFrames mit Image-Mining Technologien.

Mögliche Merkmalsextraktionen beziehen sich auf Eigenschaften:

- Eigenschaften einzelner Frames wie Helligkeit, Farben, Textur, Kontur, Texteinblendungen etc.,
- Eigenschaften von Bildfolgen wie Bewegung, Schnitte etc.,
- Eigenschaften der Audiospur wie Schnitte, Lautstärke etc.
- Kombination von diesen Eigenschaften, um Szenen zu erkennen.

Die Konturanalyse ordnet einzelne Objekte definierten Klassen (Auto, Mensch) zu. Bei der Bewegungsanalyse erfolgt eine Abschätzung der Orientierung in einem mehrdimensionalen Zeit-Raum-System. Damit können z.B. in einer Straßenszene einzelne fahrende Autos als eigenständige Objekte identifiziert werden. Beim Mosaicing werden zusammenhängende Bilder einer Bewegungsszene (Kameraschwenk) zu einer Art Panorama-Einzelbild kombiniert

Hinzuweisen ist auch hier auf den hohen Rechenaufwand. Zum gegenwärtigen Zeitpunkt sollte man die Möglichkeiten des Video-Mining nicht überbewerten.

Wichtige Applikationen sind:

- *PRIMAVERA*: Personalised Retrieval and Indexing of Media Assets in Virtual Environments for Real-time Access; ein EU-Projekt (www.primavera-ist.net/)

- Virage Video Logger der Firma *Virage* (www.virage.com und www.virage.de). Die Firma Virage ist der Marktführer im Bereich der Video Mining.

- Projekt *AVAnTA* (Automatische Video-Analyse und Textuelle Annotation) des TZI der Universität Bremen (Prof. Herzog)

- Projekt *MoCA* (Automatic Movie Content Analysis) der Uni Mannheim (Prof. Effelsberg) (www.informatik.uni-mannheim.de/informatik/pi4/projects/MoCA/)

10.5.5   Audio-Mining

Audio-Mining bezeichnet die Möglichkeit Audio-Streams, Geräusche, Laute etc. inhaltlich suchbar zu machen. Die grundlegenden Verfahren bestehen aus der Analyse von Lautstärke, Tonhöhe, Helligkeit (Anteile hoher Frequenzen), Bandbreite (vertretenes Frequenzspektrum) und Harmonien (Anteil ganzzahliger Frequenzvielfacher) und dessen Vergleich mit vordefinierten oder bekannten Inhalten. Ein besonderer Schwerpunkt ist die Text-Erkennung, bei der Sprache in ihr textuelles Pendant umgesetzt wird und damit suchbar wird. Nicht zu unterschätzen ist auch hier der hohe Rechenaufwand.

Dem Audio-Mining, insbesondere der Spracherkennung, wird in Zukunft sehr große Bedeutung bei der Implementierung neuer Benutzeroberflächen zukünftiger IT-Systeme zukommen.

Nachfolgend sollen einige Anbieter aufgelistet werden:

- IBM *ViaVoice* (www-4.ibm.com/software/speech). Die Entwicklungen von IBM sind exemplarisch für Spracherkennung und bieten ein entsprechend großes Sprachvokabular. In der Regel muss für die Spracherkennung ein Training des Systems erfolgen.
- *MuscleFish* (www.musclefish.com) Die Suche ähnelt der Bildsuche durch Vergleich mit bekannten oder vorgespielten Sounds.
- *Virage Audio Logger* der Firma Virage (www.virage.com und www.virage.de). Der Virage Audio Logger ist Bestandteil des Virage Video Logger und basiert auf der Muscle-Fish Technologie.

Eine Zusammenstellung aktueller Projekte zum Media-Mining bietet die Deutsche Forschungsgemeinschaft (DFG): Sie hat Ende 1997 das Schwerpunktprogramm Nr. 1041 „V3D2" („Verteilte Verarbeitung und Vermittlung digitaler Dokumente") gestartet: die Web-Suche nach „V3D2" führt auf die entsprechenden Seiten.

10.6   Aspekte der Plattformunabhängigkeit

Die IT-Landschaften typischer mittlerer und großer Medien-Dienstleister stellt sich heute sehr vielgestaltig dar. Zum Beispiel:

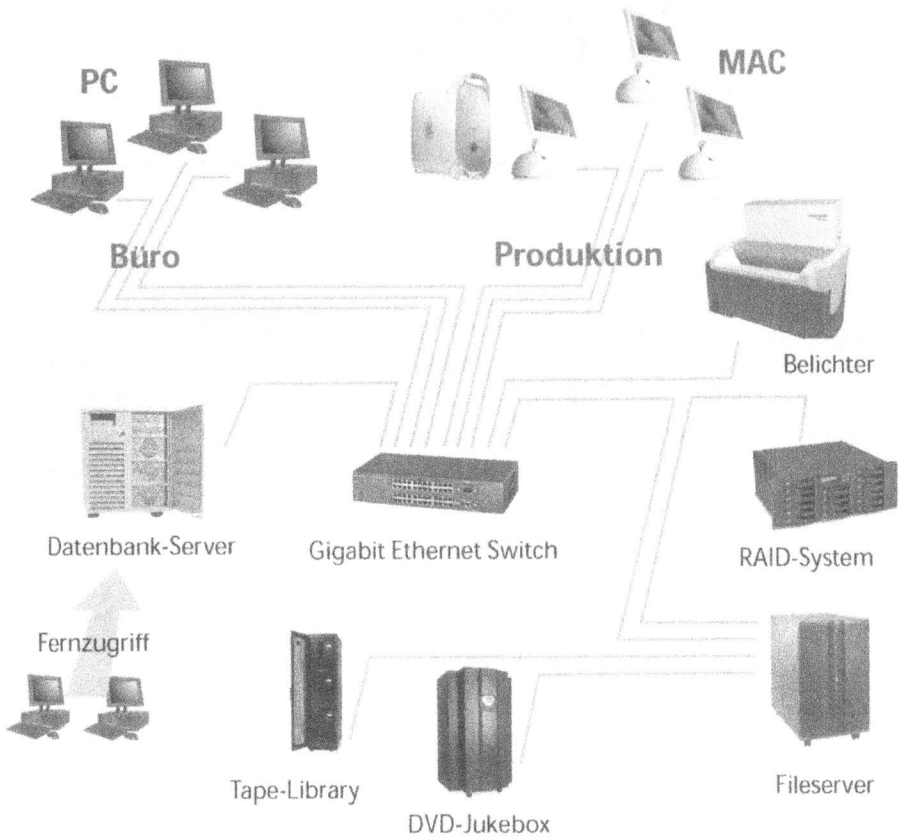

Abb. 10.5   *IT-Landschaft eines Medien-Dienstleisters*

- Server: SUN-/LINUX-UNIX File-Server mit Netzwerkbetriebssystem zur Anbindung von PC und Mac (z.B. HELIOS, XINET etc.)
- Netzwerk-Topologie: Sternförmige Ausprägung über 1000/100 Mbit-Switch. Wobei 1 Gigabit/s zum File-Server und 100 Mbit/s zur den Arbeitsplätzen, sowie weitere Switches zur Gliederung eingesetzt werden.
- Netzwerk-Protokolle: TCP/IP und AppleTalk over IP
- Arbeitsplätze: Apple Macintosh Rechner und Microsoft Windows PCs

Man hat es also mit einer sehr heterogenen IT-Landschaft zu tun. Demzufolge kommt der Forderung nach Plattformunabhängigkeit einer Medien-Datenbank sehr großes Gewicht zu.

Die Anforderungen an die Plattformunabhängigkeit einer MAM-Lösung beziehen sich auf mehrere Aspekte:

- Betriebssysteme der Anwender-Arbeitsplätze
- Netzwerkprotokolle
- Dateisystemprotokoll der File-Server-Anbindung

Betriebssysteme der Anwender-Arbeitsplätze: Die Anwender-Programme müssen für die gängigen Betriebssysteme der Anwender-Arbeitsplätze verfügbar sein. Dabei unterschiedet man Web-basierte und native Anwendungen.

Web-basierte Anwendungen haben den Vorteil, dass sie auf nahezu allen Betriebssystemen, vorausgesetzt es existiert ein Browser Programm, ohne große Anpassungen und Installationsaufwand lauffähig sind. Der Nachteil liegt in der Performance und in den eingeschränkten Funktionalitäten, wie z.B. Filesystem-Transaktionen etc.

Native Programme (z.B. JAVA, signed JAVA, eingeschränkt auch OMNIS Studio von RainingData, 4D von ACI) haben den Vorteil, dass sie performanter sind und weniger eingeschränkte Funktionalitäten aufweisen. Sie haben aber in der Regel den Nachteil, dass sie zum einen größeren Installationsaufwand, z.B. DB-Treiber, benötigen und zum anderen bei neuen Betriebssystem-Versionen höheren Wartungs- und Update-Aufwand nach sich ziehen.

Netzwerkprotokolle müssen durchgängig unterstützt werden. Heute setzt sich mehr und mehr TCP/IP auch auf Mac OS durch, z.B. AppleTalk over IP.

Das *Dateisystemprotokoll* der File-Server-Anbindung muss mit normalisierten Dateinamensräumen arbeiten und transparent von der Medien-Datenbank verarbeitet werden, um etwa Sonderzeichen in Dateinamen auf unterschiedlichen Betriebssystemen zu erhalten. Abhilfe schafft hier der vermehrte Einsatz von File-Systemen auf der Basis von UNICODE (UTF8, UTF16).

10.7   Unterstützung der Mehrsprachigkeit

Unternehmensweite MAM-Lösungen globaler Unternehmen müssen in der Regel mehrsprachig sein. Deshalb sollten folgende Forderungen bezüglich der Mehrsprachigkeit erfüllt sein:

- Such-Funktionen, wie Volltext-, phonetische- und Synonym-Suche sollten auch für verschieden-sprachige Dokumente verfügbar sein
- Komfortable mehrsprachige Haltung aller Metadaten und hierarchischen Gruppen-Beziehungen
- Integration von Mechanismen zur automatischen Übersetzung von Metadaten bei der Eingabe bzw. Übernahme, z.B. Schnittstellen zu Standard Translation Memory Tools

10.8 Integration von Beziehungsmodellen: Versionen, Varianten, Serien und Composing

Medienobjekte erfahren einen Entstehungs-, Veränderungs- und Anwendungsprozess. Beziehungsmodelle definieren solche Abhängigkeiten und das Verhalten von Medien-Objekten untereinander. Die wichtigsten sollen hier angeführt werden.

10.8.1 Versionen

Für das Beziehungsmodell *Versionen* gilt:

- Eine Version ist ein aus einem existierenden Ursprungsobjekt entstandenes und nachfolgendes Objekt.
- Das Ursprungsobjekt kann in der neuen Version des entstandenen Objektes verändert sein, wobei dann die Grenze zur Variante fließend ist.
- Der Objekttyp bleibt gleich, d.h. Bild bleibt Bild etc.

Hinweis: Sollte eine inhaltliche Änderung des Objektes für die Abbildung einer Version zwingend sein, dann sind Variante und Version identisch und müssen nicht getrennt betrachtet werden.

Wichtige Parameter für das Versionsmanagement sind:

- Regelung der Lebensdauer
- Regelung der Auslagerung von älteren Versionen
- Möglichkeiten der Rücksetzung von Versionen

Daraus resultieren Anforderungen an das MAM-System:

- Verwalten der Versions-Nr.
- Suche nach allen Versionen
- Suche nach Vorgänger und Nachfolger
- Reaktivieren einer alten Version

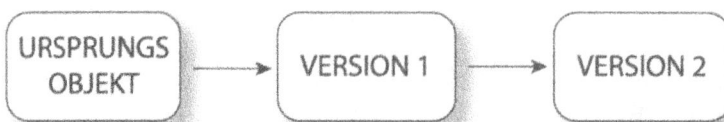

Abb. 10.6   Schema der Versionen

10.8.2   Varianten

Für das Beziehungsmodell *Varianten* gilt:

- Eine Variante ist ein aus einem existierenden Ursprungsobjekt verändertes Objekt (z.B. Bild-Freisteller).
- Die Variante trägt den Verweis auf das Objekt, von dem sie abgeleitet wurde
- Objekttyp bleibt gleich (Bild bleibt Bild, ...).
- Von einem Objekt können mehrere Varianten entstehen. Ebenso sind Varianten von Varianten möglich.

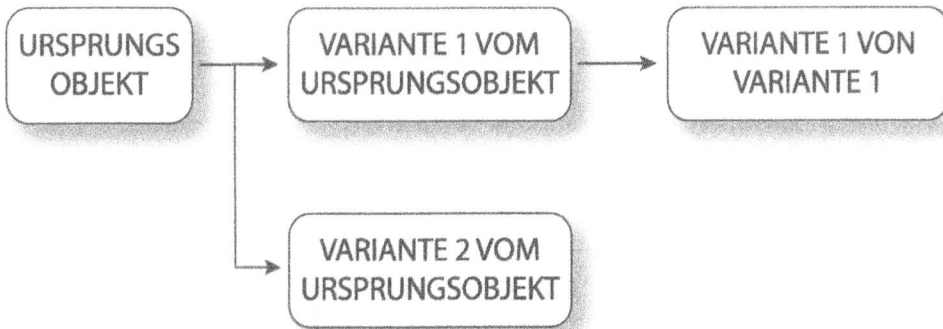

Abb. 10.7   Schema der Varianten

10.8.3   Serien

Für das Beziehungsmodell *Serien* gilt:

- Eine Serie bezeichnet eine Menge einzelner unterschiedlicher Objekte, die inhaltlich zusammengehören, z.B. Bilder zum Thema „Dinosaurier".
- Die Verbindung einzelner Objekte zueinander kann als Link/Verweis realisiert werden.
- Der Objekttyp der einzelnen Objekte kann unterschiedlich sein.

10.8.4   Composing-Objekte

Für das Beziehungsmodell *Composing-Objekte* gilt:

- Ein Composing Objekt ist ein aus einem oder mehreren Ursprungsobjekten entstandenes Objekt.
- Die Ursprungsobjekte können im entstandenen Objekt verändert sein.
- Der Objekttyp kann sich ändern.

Hinweis: Sollte das Composing Objekt aus einem Ursprungsobjekt entstanden sein, bleibt die Grenze zur Variante fließend, sofern sich der Typ des entstandenen Objektes nicht geändert hat. Als Abgrenzungskriterium könnte man die Änderung des einzelnen Ursprungsobjektes in dem Composing Objekt selbst heranziehen. Die Frage ist, ob dies sinnvoll ist und wie Veränderung definiert ist (Größe, Ausschnitt, Farbe, Inhalt etc.). Über Composing-Objekte werden in der Regel Verwendungsnachweise aufgezeichnet. Ein typisches Beispiel für ein Composing Objekt ist ein Layout-Dokument mit eingebrachten Texten und ausgewählten Bildern.

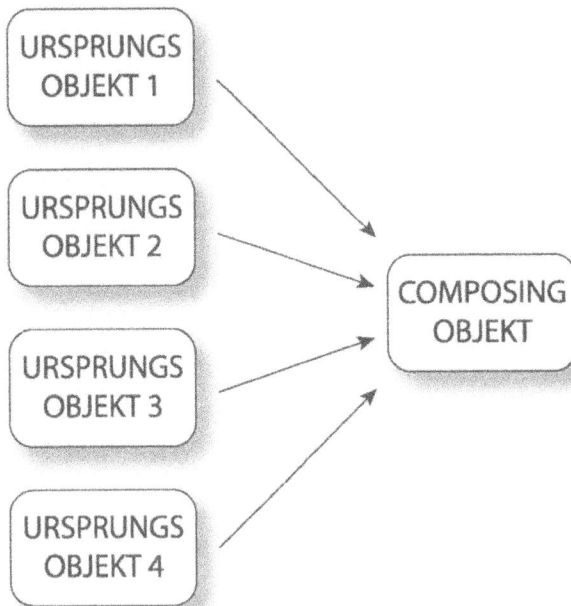

Abb. 10.8   *Schema der Composing Objekte*

10.9   Medienneutrale Speicherung der Daten

Medienneutrale Speicherung von Media Assets nach dem Single-Source-Prinzip bedeutet, dass deren Verwendung für unterschiedliche Medien gewährleistet wird, also Print, Web, CD etc. Das ist z.B. nicht der Fall, wenn Bilder im sehr kleinen und druckspezifischen Farbraum CMYK gespeichert werden.

Das Single-Source-Prinzip besagt, dass immer nur *eine* Form, z.B. eine Datei, eines Medien-Objektes für alle Medien-Verwendungen verwaltet wird. Andernfalls wären die für die Vielzahl der Medienarten notwendigen Objektvarianten (z.B. für Web in JPG/72dpi/RGB, für Print in EPS/300dpi/CMYK etc.) nicht verwaltbar und der damit verbundenen Aktualisierungsaufwand nicht zu bewältigen. Ein typisches Beispiel sind Variationen eines Fotos durch Farbprofil-Einrechnungen für unterschiedliche Ausgabegeräte. Deshalb ist die medienneutrale Datenhaltung eine zentrale Forderung an das MAM.

Daraus ergeben sich folgende Basisforderungen:

- Vorhaltung der Daten in universell verwendbaren Formaten und Farbräumen, wie CIE-Lab, YCC etc.
- Vorhaltung der Bilddaten in größtmöglicher Qualität und Auflösung („digitales Original")
- Mechanismen zur automatischen medienspezifischen Aufbereitung und Bereitstellung der medienneutral gespeicherten Daten gemäß den geforderten Ausgabeparametern.

Die Bedeutung der medienneutralen Speicherung von Daten ist so groß, dass diesem Thema ein eigenes Hauptkapitel gewidmet wird und deshalb dort detaillierter erläutert wird.

10.10 Vielfältige Darstellungs- und Ansichtsmöglichkeiten

Diese Forderung gilt sowohl für den Browser-, den Darstellungs- und den Navigationsbereich von Such-Ergebnissen als auch für die Einzeldarstellung von Medien. Folgende Darstellungsmöglichkeiten können in einem MAM-System existieren:

- Reine Listendarstellung mit und ohne Icon (Thumbnail)
- Dia-Tablett- oder Leuchttisch-Darstellung (Preview)
- Einzel-Darstellung eines Medien-Objektes mit Detail-Informationen
- Darstellung der hierarchischen Baum-/Gruppenstruktur
- Darstellung von Informationen zu einzelnen Medien-Objekten

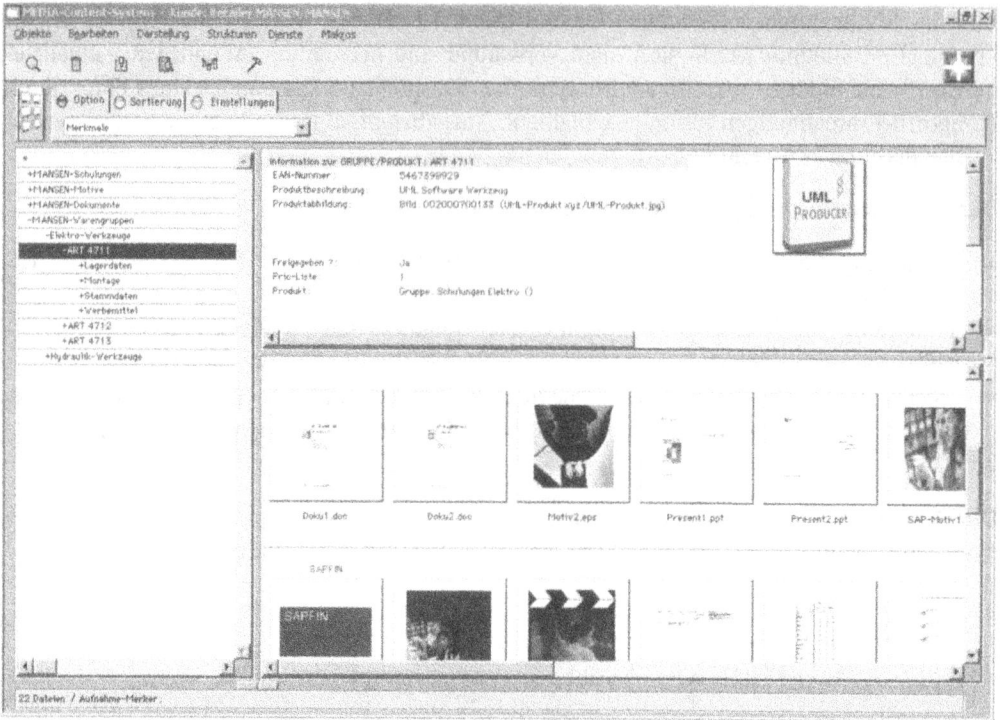

Abb. 10.9   *Beispiel Masken-Unterteilung in der Medien-Datenbank-Anwendung (natives Programm)*

Im obigen Schaubild sieht man die typische Masken-Unterteilung einer Medien-Datenbank-Anwendung als native Anwendung in die Bereiche hierarchische Baumstruktur (links), Informationsfenster (rechts oben) und Liste der Medien-Objekte (rechts unten) in der Tablett-Ansicht (Dia-Ansicht).

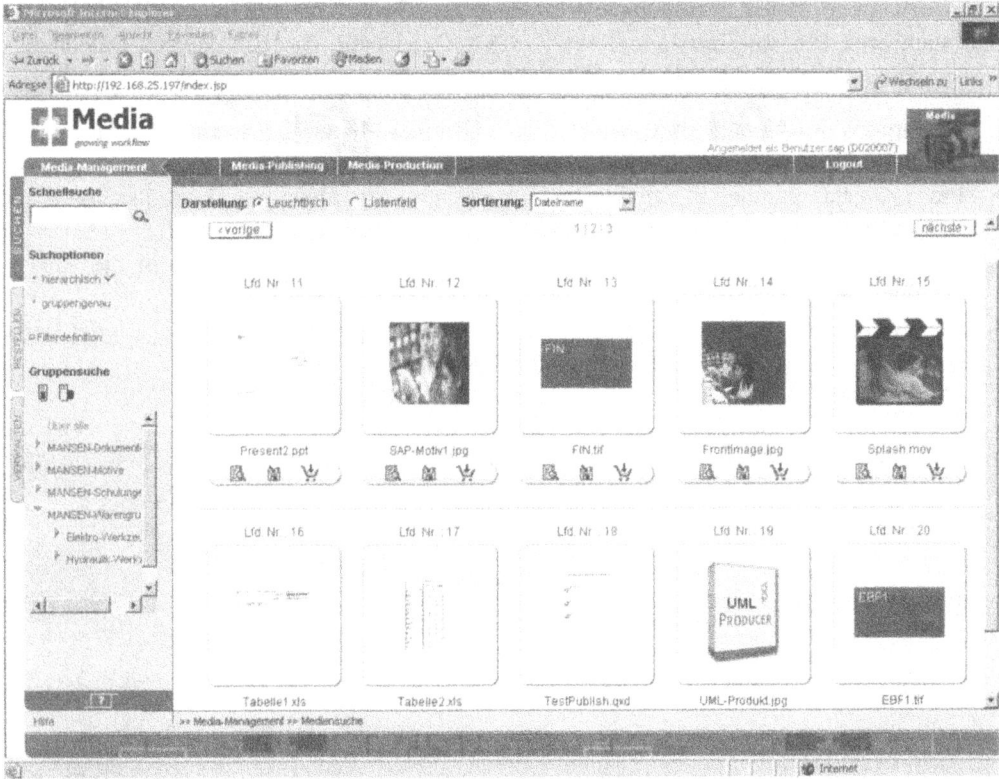

Abb. 10.10 *Beispiel Masken-Unterteilung in der Medien-Datenbank-Anwendung (Browser-basiert)*

Im obigen Schaubild sieht man die typische Masken-Unterteilung einer Medien-Datenbank-Anwendung als Browser-basierte Anwendung, wobei in obiger Ansicht der Informationsbereich ausgeblendet ist.

10.11 Verwalten und Generieren zugehöriger Proxy-Objekte

Sollen alle Medien suchbar und anzeigbar zu machen, muss ein MAM-System auch proprietäre Medien-Formate, wie z.B. QuarkXpress, WinWord, Adobe Indesign etc. darstellen können.

Bei Web-basierten Frontends können diese proprietären Medien-Formate nicht in Ihrem Original-Format angezeigt werden, wenn nicht zugleich die entsprechende Applikation oder zumindest ein Viewer-Programm vorhanden ist. Dies gilt analog für Indizierungen von Media-Mining Verfahren, die natürlich geschlossene Medien-Formate, also deren interner Aufbau nicht zugänglich ist, nicht suchbar machen können.

Ein Workaround ist die Erzeugung von sogenannten *Proxy-Objekten* in einem anzeigbaren und suchbaren Medien-Format, z.B. PDF, JPG, QuickTime etc. Ein Medien-Datenbank-System muss diesbezüglich folgende Möglichkeit bieten:

- abhängig vom Datentyp Proxy-Objekte vom Original-Medien-Format in einem anzeigbaren und suchbaren Medien-Format zu erzeugen.
- Proxy-Objekte parallel zu den Original-Objekten zu verwalten unter Berücksichtung der Beziehungen von Objekten untereinander, z.B. Versionen, Composings etc.
- abhängig von den auf das Original-Objekt durchgeführten Transaktionen die Proxy-Objekte ebenfalls zu aktualisieren, zu löschen, zu verschieben etc.
- und natürlich bei Anwender-Anforderung der Suche bzw. Anzeige auch die auf der Basis dieser Proxy-Daten generierten Resultate zu benutzen.

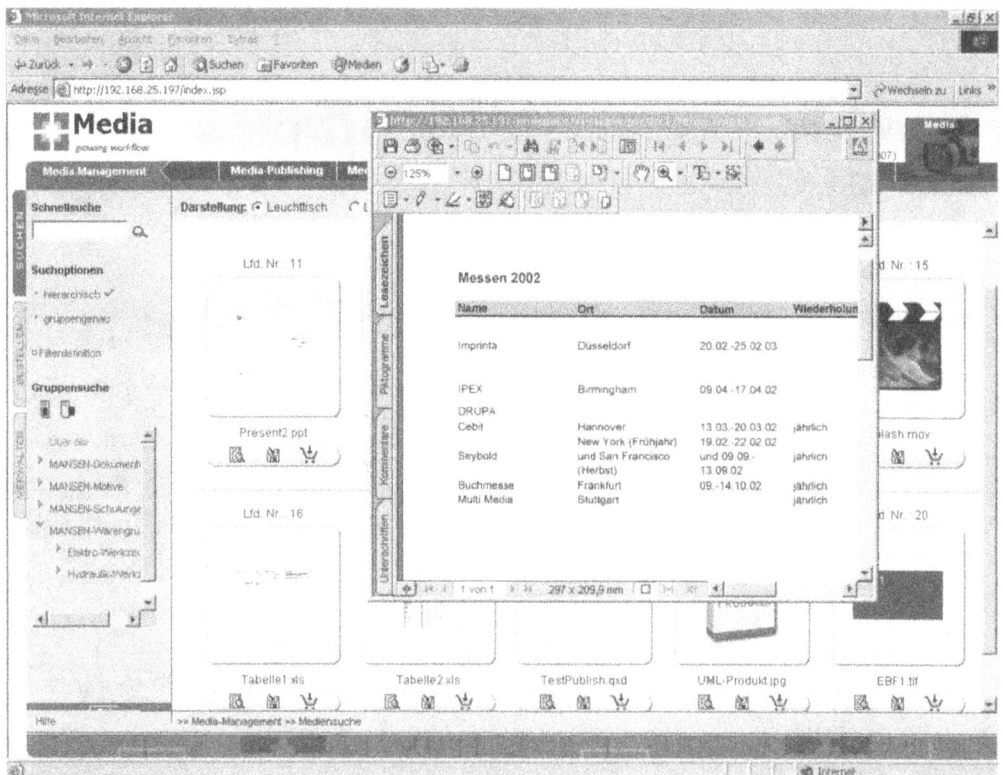

Abb. 10.11   *Beispiel Proxy-Darstellung (Browser-basiert)*

Im obigen Schaubild sieht man ein geöffnetes Proxy-Objekt im Dateiformat PDF eines zugehörigen Orginal-Objektes im Dateiformat Microsoft EXCEL.

10.12   Komfortables Verwalten von Dateitypen

Eine Verwaltung von *Dateitypen* ist notwendig, um das Verhalten der Medien-Datenbank für unterschiedliche Datei-Typen, z.B. beim CheckIn, zu steuern und die Medienobjekte zu klassifizieren.

Folgende Anforderungen ergeben sich daraus für MAM-Systeme:

- Zuordnung von Dateitypen zu den jeweiligen Medien-Typen, z.B. Bild.
- Definition und Verwalten der Datei-Merkmale, z.B. Datei-Extension, MAC Creator, MAC Type. Erläuterung: Der *Mac Creator* ist eine eindeutige vierstellige Signatur, mit der Programme auf dem Mac identifiziert werden. Jede programmspezifische Datei enthält diese Signatur und ermöglicht so beim Anklicken den Start der zugehörigen Anwendung. Der *Mac Type* ist eine vierstellige Signatur, die den Inhalt der Datei charakterisiert. Beide Signaturen erfüllen also die gleiche Funktion wie die Datei-Extension unter Windows, die es beim Mac so nicht gibt.
- Definition und Zuordnung von Informationen zur Generierung von Proxy-Objekten.
- Definition und Zuordnung von Informationen zur Generierung von Medien-Analysen.
- Definition und Zuordnung von Informationen zum Aufruf bzw. zur Abarbeitung von ergänzenden Funktionalitäten, z.B. Volltext-Generierung etc.

10.13   Gewährleistung der Datensicherheit

Da Medien immer auch Werte darstellen, muss ein MAM-System natürlich auch Mechanismen zum Schutz dieser Assets bieten. Dabei unterscheidet man die generelle System-Sicherheit und die Medien-Sicherheit.

10.13.1   System-Sicherheit

Unter System-Sicherheit versteht man alle Mechanismen, die das Medien-Datenbank-System selbst schützen. Hierzu gehören Zugriffschutz mit Login-Name und Passwort, sowie die dem Benutzer zugeteilten Funktions- und Datenberechtigungen. Dies wird in einem späteren Kapitel noch näher erläutert.

10.13.2   Medien-Sicherheit

Medien-Sicherheit meint alle Mechanismen, die die Medien selbst vor Missbrauch schützen, wie etwa dem Kopieren von Ergebnisanzeigen einer Internetsuche. Abhängig vom Medien-Typ können folgende Verfahren zum Einsatz kommen:

- Einsatz von *Wasserzeichen* bei Bildern:
  Man unterscheidet zwischen sichtbaren Wasserzeichen, z.B. Überlagerung von Logos etc., zerstörbaren, unsichtbaren Wasserzeichen, welche über Prüfmechanismen überprüft

werden können und bei einer Bearbeitung des Bildes zerstört werden. Des weiteren existieren unzerstörbare, unsichtbare Wasserzeichen, die auch bei einer Bearbeitung des Bildes nicht zerstört wird und selbst bei mehrfacher Fotokopie eines Ausdrucks (!) noch erkennbar sind. Algorithmen für solche Mechanismen bieten unterschiedliche Hersteller an,
z.B. Datamark. In diesem Zusammenhang ist auch die *Steganografie*, also das Einbringen
von Signaturen und Daten in Medienobjekten zu erwähnen.

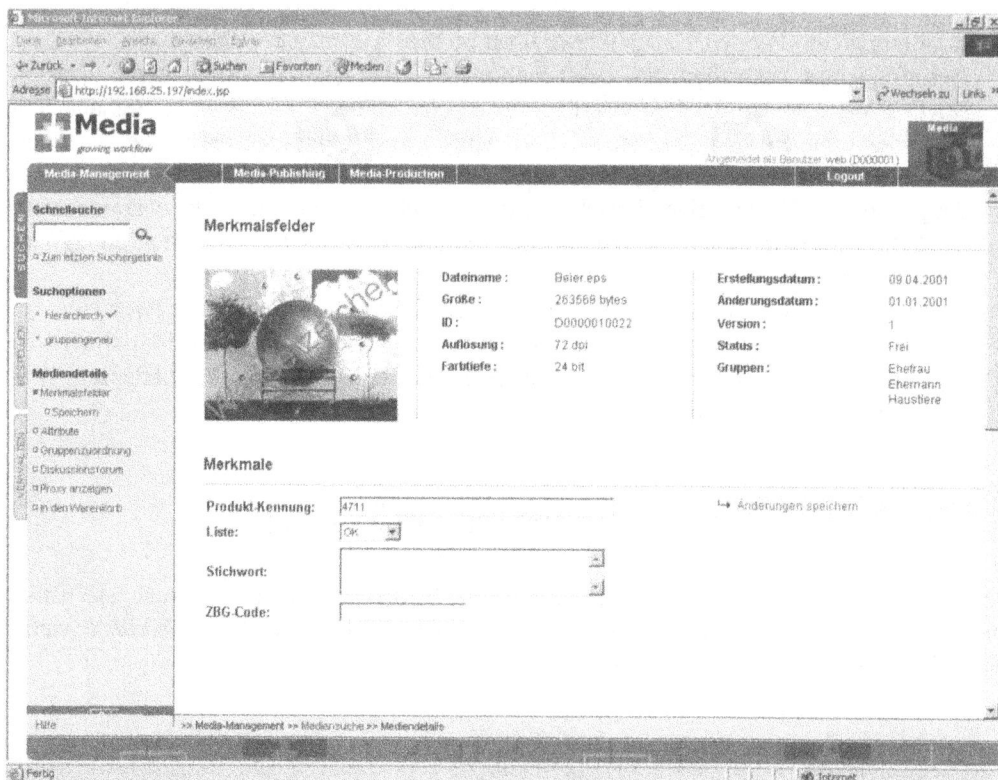

Abb. 10.12   *Beispiel Sichtbares Wasserzeichen*

- Textauszugs-Generierung bei Dokumenten: Um ein nicht erlaubtes Verwenden von Tex-
  ten und Dokumenten zu verhindern, können bei der Darstellung von Suchergebnissen nur
  Auszüge aus diesen angezeigt werden.
- Video/Audio-Trailergenerierung:
  Analog zu den vg. Textauszügen kann auch bei Audio- und Video-Streams ein nicht er-
  laubtes Verwenden verhindert werden, wenn bei der Darstellung von Suchergebnissen
  nur zeitlich begrenzte Trailer daraus angezeigt werden.
- *Encryption* (Verschlüsselung) von Medien-Inhalten über Anbindung von *Digital Rights
  Management-Systemen.*

10.14   Unterstützung von Medien-Lizenzrechten

Grundsätzlich ist ein Medieninhalt ohne die zugehörigen Rechte kein verwertbares Gut und stellt demzufolge auch kein Asset im Sinne des MAM dar. Deshalb muss ein MAM-System in jedem Fall auch das Management von Medien-Lizenzrechten entweder abdecken oder Schnittstellen zu entsprechenden Programm-Systemen anbieten.

Für die Verwendung von rechtlich geschütztem Inhalt in MultiMedia-Werken, im Internet oder bei der Digitalisierung gelten derzeit weitgehend die gleichen Urheberrechtsregelungen wie für konventionelle Produkte und Distributionswege.

Ein Medien-Datenbank-System muss demzufolge den Prozess der Klärung und des Managements von Urheberrechtsfragen und den daraus resultierenden Lizenz-Regelungen komfortabel unterstützen.

Folgende Funktionen sollten verfügbar sein:

- Verwalten und Berücksichtigung der Nutzungsdauer bzw. der Gültigkeit von Medien
- Erfassen, Verwalten und Berücksichtigen der Verwendungsart, z.B. Zielmedium (Print, Web, CD etc.), Sprachen, Länder etc.
- Erfassen, Verwalten und Berücksichtigen der Verwendungshäufigkeit
- Unterstützung von Reminder-Funktionen, d.h. Benachrichtigung bei Ablauf von Rechten
- Automatische Sperrmechanismen bei Ablauf von Medien-Rechten bzw. beim Verstoß gegen Nutzungsbeschränkungen
- Schnittstellen zu einem übergelagerten Lizenz-Abrechnungssystem, z.B. bei Meldung der Verwendungshäufigkeit an den Urheber bzw. Lizenz-Abrechner
- Schnittstellen zu so genannten Digital Rights Management (DRM) Systemen

Die herausragende Bedeutung der Rechte-Regelung belegen auch die spezialisierten Lösungen (z.B. *Intellectual Property Management-Systeme*) zur Verwaltung dieser Medien-Rechte auf dem Markt.

10.15   Messaging: das Benachrichtigungssystem

Jeder Workflow hat zeit- und ereignisabhängige Zustände; ein Workflow-orientiertes MAM-System muss diese Zustände an den Nutzer melden, damit weitere Maßnahmen und Entscheidungen getroffen werden können. Ein gutes Beispiel sind manuelle und in ihrer Dauer nicht exakt planbare Zwischenschritte wie Bildretuschen. Deshalb gehört ein automatisiertes *Benachrichtigungssystem* zu den elementaren Anforderungen an ein MAM-System. Dieses Messaging muss auf Standards wie SMTP (Simple Mail Transport Protocol) basieren und diese unterstützen.

Benachrichtigungsmechanismen können für folgende Szenarien eingesetzt werden:

- Zustände, bei deren Zuordnung eine Benachrichtigung erfolgen soll
- Rückbenachrichtigung, wenn sich Zustände (z.B. Freigaben) in bestimmten Zeiträumen nicht geändert haben
- Benachrichtigung bei kritischen Zuständen, wie Überschreitungen von Terminen, Kostenlimits oder anderen Konflikten
- Reminder-Funktionen bei Ablauf von oder anderen Problemen mit Lizenzrechten
- System-/Administrator-Benachrichtigung

10.16   Status- und Zustandsverwaltung

Im Workflow müssen die Begriffe *Status* und *Zustand* unterschieden werden: der Zustand ist das (zwangsläufige) Ergebnis eines Bearbeitungsschritts, ein Status dagegen ein vom Anwender oder vom System aufgrund von Regeln zugewiesenes Attribut, das über mehrere Zustände hinweg bestehen kann. Typische Statusmeldungen sind z.B. freigegeben, gesperrt, archiviert. Eine Zustandsmeldung besagt: Bildretusche fertig, Indexierung (Metadateneingabe) abgeschlossen etc.

Zustände können mit Regeln *(wenn - dann)* gekoppelt werden, die weitere Prozesse einleiten: Email-Benachrichtigung, Daten-Transaktionen etc.

10.17   Einbindung externer Datenträger

Bedingt durch die Historie oder durch das Medium als solches muss ein Medien-Datenbank-System auch die Möglichkeit bieten, fremde, externe Informations- und Datenträger (etwa analoge Video- oder Audioaufzeichnungen oder Bilddaten auf Photo CD) referenziert zu verwalten.

10.18   Einbindung von OPI-Systemen

Die Abkürzung *OPI* steht für *Open Prepress Interface* und beschreibt einen Arbeitsablauf (Workflow), der auf dem automatischen Austausch von Bilddaten basiert. Der Hintergrund: in der Druckvorstufe ist es weder sinnvoll noch notwendig, die Bilder in einem Layout ständig in voller Auflösung, also maximaler Dateigröße durch alle Bearbeitungsschritte mitzuziehen. Stattdessen genügt eine niedrig aufgelöste (LowRes) Version als anschaulicher Platzhalter für das HighRes-Bild: zur Darstellung am Bildschirm und zur Positionierung in den Gestaltungsprogrammen reicht das völlig aus.

So sieht der OPI-Prozess aus:

Ein Bild wird mit hoher Auflösung (HighRes) gescannt und auf dem File-Server abgelegt

Der OPI-Server generiert daraus ein Bild mit niedriger Auflösung. Dieses Layout-Bild wird entweder im gleichen Ordner wie das HighRes-Bild mit einer ergänzenden Datei-Extension (z.B. .lay) oder in einem Unterverzeichnis (z.B. layouts) des jeweiligen HighRes-Bildordners oder aber auf einem Spiegel-Volume abgelegt.

Bei der Ausgabe des Dokumentes in einer Warteschlange (Queue) für Drucker oder Belichter ersetzt der OPI-Server automatisch die LowRes gegen die hoch aufgelösten HighRes-Bilddaten.

OPI-Systeme unterstützen in der Regel die gängigsten Formate im PrePress-Bereich wie EPS, TIFF, DCS, PSD, Scitex CT und JPEG. Beispiele für Produkte sind HELIOS OPI, XINET OPI, ColorCentral OPI.

Die Vorteile des OPI-WorkFlow:

- Geringere Netzwerk-Belastung, da nur ein Bruchteil der Bilddaten über das Netz bewegt wird.
- Der Arbeitsplatz benötigt wesentlich weniger Arbeitsspeicher bei der Darstellung ganzer Seiten, bei der Layout-Erstellung, Positionierung von Bilddaten und beim Beschnitt der Bilder.
- Höhere Geschwindigkeit bei den einzelnen Arbeitschritten.

Nachteilig ist, dass bei einer direkten Bearbeitung des Bildes das Original bearbeitet werden muss. Das kann zu Abstimmungsproblemen mit der Layout-Version führen. Es steht daher zu erwarten, dass OPI-Systeme mehr und mehr durch intelligent komprimierende Bildformate wie JPEG2000 ersetzt werden.

OPI-Fähigkeit bedeutet für ein MAM-System:

HighRes- und LowRes-Bilder müssen parallel verwaltet werden, z.B. Löschung des Low-Res-Bildes beim Verschieben, Löschen etc. des HighRes-Bildes.

Das LowRes-Bild muss vom MAM-System direkt für Layout-Programme zur Verfügung gestellt werden.

Bei der Archivierung von Medien-Daten muss unbedingt auf die Unterscheidung von High-Res- und LowRes-Version geachtet werden. Es ist ausgesprochen unangenehm, wenn die HighRes-Version einfach verloren geht, weil versehentlich nur die LowRes-Version gespeichert wurde. Am Bildschirm sind beide Versionen naturgemäß schwer zu unterscheiden.

10.19   Unterstützung von Sperr-Mechanismen

Es kann manchmal genauso wichtig sein, den Zugriff auf ein Medienobjekt zu verhindern, etwa weil das Produkt so nicht mehr hergestellt wird. Die Unterstützung von Sperrmechanismen z.B. für ausgecheckte Objekte mit zusätzlicher Speicherung von Anwenderdaten, ist daher ebenfalls eine wichtige Anforderung an MAM-Systeme.

10.20   Erweiterbare Makro-Schnittstellen

Ein Medien-Datenbank-System sollte über offene *Makro-Schnittstellen* verfügen. Diese dienen zur

- Integration von Export-Werkzeugen, etwa für das Laden von Schriften oder das Einbringen von Bildern in vordefinierte Bildrahmen eines Layout-Programms.
- Integration von speziellen Viewer-Werkzeugen für die Anzeige von proprietären Bildformaten.

Die Makroschnittstelle sollte erweiterbar sein, sie muss offen gelegt sein und sollte unterschiedliche Skriptsprachen und Programme einbinden können, etwa AppleScript auf Mac-OS, C-Programme etc.

10.21   Komfortable Reporting-Funktionen

Abgelaufene Prozesse müssen stets nachverfolgbar sein. Dazu dienen Reporte, deren Inhalt und Layout mittels eines Report-Layout-Editors bedarfsgerecht bequem angepasst werden kann.

10.22   Statistische Auswertungen

Für die Überwachung und Optimierung aller Prozesse sind statistische Auswertungen unerlässlich. Dazu zählen:

- Auswertung der Download-Häufigkeit, des Asset-Alters, der Verwendung etc. um die Archivierung (online/nearline/offline) und den Datenverkehr zu optimieren. Wird ein bereits in den nearline- oder offline-Bereich ausgelagertes Asset aus irgendeinem Grund wieder häufiger angefordert, muss es in den Online-Bereich zurückgeführt werden.
- Auswertung des Datenaufkommens, Statistiken über Benutzerzeiten, u.Ä. lassen Engpässe erkennen.

10.23   Unterstützung der Mandantenfähigkeit

Mandantenfähig ist ein MAM-System, wenn es verschiedene Datenbestände völlig getrennt von einander verwalten kann. Speziell für Medien-Dienstleister ist die Mandantenfähigkeit und damit die Möglichkeit, Medien-Datenbanken für mehrere Kunden komfortabel zu verwalten, sehr wichtig.

Diese Mandantenfähigkeit muss vom System durchgängig bei Benutzerrechten, der Abgrenzung der Medien-Bereiche, mit mandantenspezifischen Kostensätzen bei der Medien-Bereitstellung bis zur mandantenbezogenen Abrechnung unterstützt werden.

10.24   Verwalten von sehr großen Datenmengen

Media Assets beanspruchen schnell ein Datenvolumen, dass jenseits aller herkömmlichen EDV-Maßstäbe liegt: Tera- und Petabyte große Bestände sind nicht ungewöhnlich. Daraus ergeben sich wesentliche Anforderungen an Hard- und Software.

Forderung für die Hardware

- Hochperformanter Zugang mit entsprechender Serverausrüstung und Netzwerkinfrastruktur,
- Speichermöglichkeit für die großen Datenmengen durch entsprechende Ausrüstung mit Online- und Offline Speicherplatz,
- Ausreichende Backup-Strategien.

Forderung für die Software

- Effiziente Suchmöglichkeiten
- Verwaltbarkeit von sehr vielen Datensätzen
- Kompressionstechnologien
- Proxy-Objekte bzw. Preview-Übertragung zur Darstellung von Inhalten
- Effiziente Backup-Recovery Technologien

11 Kurzer Überblick über XML und der Einsatz in einem MAM-System

XML (eXtensible Markup Language), eine stark vereinfachte Variante von SGML, bietet die Möglichkeit, unstrukturierte Informationen durch eine strukturierte Beschreibung auf der Basis eines flexiblen Metadaten-Formats zu realisieren. XML liefert die Regeln, die beim Definieren von sogenannten Dokumenttypen angewendet werden: Dokumenttypen sind Dokumente, die ähnlich strukturiert sind.

XML wendet wie SGML eine verifizierbare Struktur auf ein Dokument an und bricht die Informationen in kleine, automatisch suchbare Einheiten auf. Durch diese Dokument-Strukturierung ist ein feinkörniger Zugriff auf die Informationen in gleicher Weise möglich, wie der Feld- und Datensatz-Zugriff bei relationalen Datenbanken. Jedes Struktur-Element im Dokument - eigentlich innerhalb der Sammlung aller Dokumente - kann gemeinsam genutzt, wiederverwendet, wiedergefunden und verwaltet werden. Diese Elemente sind gewissermaßen der Schlüssel zu allen wichtigen Informationen, die in einem Dokument verborgen sind.

Charakteristisch ist für XML genau wie bei HTML die Klartextmarkierung mit so genannten Tags, die durch textatypische Zeichen, nämlich die spitzen Klammern, eingeleitet werden. <Tagname>Inhalt</Tagname> ist ein typisches XML-Element. XML kann also mit jedem einfachen ASCII-Editor erzeugt und gelesen werden. Die meist mnemonischen Befehle sind schnell zu erlernen. So genannte Parser prüfen XML-Dokumente auf die Einhaltung der Strukturregeln.

Für jede Klasse von Dokumenten, wie Handbücher, Kataloge oder auch Tageszeitungen, wird die Struktur durch ein eigenes Regelwerk (oder auch Grammatik) definiert: die Document Type Definition (DTD). Die Möglichkeiten eines Web-Browsers beruhen somit auf der Kenntnis der DTD von HTML.

Einige primäre Strukturelemente von XML sollen anhand des folgenden XML-Dokument erläutert werden:

```
<?xml version="1.0" encoding="UTF-8"?>
<!DOCTYPE adresse SYSTEM "defadressen.dtd">
<adresse>
   <!-- Kommentar -->
```

```
      <vorname>Hans Peter</vorname>
      <nachname geschlecht="mann">Meier</nachname >
      <strasse>Marienplatz 17</strasse>
      <plz>70010</plz>
      <ort>Stuttgart</ort>
      <photo bild="c:\images\meier.jpg"/>
</adresse>
```

11.1   Gebräuchliche XML-Konstrukte

XML Deklaration

Die *XML-Deklaration* gibt an, welche XML-Version und optional welcher Zeichensatz verwendet wird. Des weiteren kann eine Standalone-Deklaration verwendet werden, die mit dem Wert 'yes' dem Parser mitteilt, dass es nicht nötig ist, außerhalb des Dokuments nach einer DTD-Untermenge (mehr dazu später) zu suchen. "standalone='yes'" bedeutet weiterhin auch, dass es keine externen Parameter-Entities gibt, die berücksichtigt werden müssen. Die XML-Deklaration bildet, sofern sie vorhanden ist, die erste Zeile eines Dokuments. Hier:

```
      <?xml version="1.0" encoding="UTF-8"?>
```

DTD Deklaration

Diese Zeile wird später im Kapitel der DTDs erläutert.

```
      <!DOCTYPE adressen SYSTEM "defadressen.dtd">
```

XML-Element

Ein *Element* setzt sich im allgemeinen aus einem Start-Tag, einem End-Tag und dem Inhalt des Elements zusammen. Es können auch leere XML-Elemente ohne Inhalt vorkommen. Es *muss* zu einem Start-Tag immer auch ein Ende-Tag geben. Ein Tag, auch Markup genannt, steht in spitzen Klammern. Hier z.B.

```
      <nachname geschlecht="mann">Meier</nachname>
```

Ein *Tag* muss mit einem Buchstaben beginnen (a-z, A-Z) oder mit einem Unterstrich (_). Danach können Buchstaben, die Zahlen 0-9, das Komma (,), der Punkt (.), der Unterstrich (_) oder der Bindestrich (-) folgen. Leerraum ist nicht zulässig, ebenso wenig wie ein anderer Tag oder als Anfangswort xml.

XML-Attribut

Attribute werden verwendet, um Elemente genauer zu spezifizieren. Hier z.B. geschlecht="mann" in der Zeile:

```
      <nachname geschlecht="mann">Meier</nachname>
```

Beachten Sie, dass es unterschiedliche Typen von Attributen gibt, die bei den DTDs genauer aufgeführt werden.

Kommentare
Kommentare haben in XML-Dokumenten die Form, die von HTML her bekannt ist:

```
<!-- Ich bin ein Kommentar -->
```

Groß-/Kleinschreibung
XML unterscheidet Groß- und Kleinschreibung in den Tags

11.2 DTD (Document Type Definition)

In einer *DTD* werden die Regeln festgelegt, die für XML-Dokumente eines bestimmten Typs gelten sollen: hier finden sich alle eingesetzten Tags und Attribute. Es wird zum Beispiel festgelegt, welche Elementtypen in den Dokumenten verwendet werden können. Zusätzlich liefert die DTD Vorgaben dafür, wie Elemente ineinander verschachtelt werden können. Es kann auch angegeben werden, welche Attribute zu welchen Elementen gehören und welche Attributwerte jeweils zulässig sind.

Wir erläutern das am Beispiel des obigen XML-Dokumentes „Adresse". Man weiß, dass eine Adresse nur dann verwendbar ist, wenn bestimmte Informationen enthalten sind: so muss mindestens der Nachname, eine Straße und die Postleitzahl eingetragen werden, damit man von einer gültigen, bzw. verwendbaren Adresse sprechen kann. Man würde also im Falle eines XML-Dokumentes „Adresse" eine DTD derart definieren, dass ein XML-Parser bei Überprüfung dieses XML-Dokumentes vom Typ Adressen notwendige Angaben erkennt und deren Fehlen anzeigt.

Die Dokumenttyp-Definition kann in einer separaten Datei untergebracht werden; man spricht dann von einer *externen DTD* (oder auch von einer externen DTD-Untermenge).

```
<!DOCTYPE adressen SYSTEM "defadressen.dtd">
```

Hier verweist die DTD-Deklaration auf eine externe DTD: die DTD-Deklaration gibt also an, dass das Dokument auf die DTD dtdadressen.dtd ausgerichtet wurde.

Die Definitionen können aber auch am Anfang eines Dokuments erscheinen. In diesem Fall spricht man von einer *internen DTD* (einer internen DTD-Untermenge).

```
<!DOCTYPE adressen [
  <!ELEMENT adresse (...
]>
```

Hier wird die DTD-Anweisungen intern, also im XML-Dokument angegeben. Man beachte, dass ein XML-Dokument auch mehrere DTDs enthalten oder auf diese referenzieren kann.

Wir beschreiben nun die primären Definitionsstrukturen.

DTD-Element
Deklaration eines Elementtyps in der DTD:

```
<ELEMENT nachname #PCDATA>
```

Hier wird der Elementtyp nachname deklariert. Durch #PCDATA (Parsed Character Data) wird festgelegt, dass in <nachname>-Elementen normaler Text enthalten sein kann. Es gibt weitere Möglichkeiten, komplexere Deklarationen für Elemente zu liefern.

```
<!ELEMENT nachname (a|ul|b|i|em)*>
```

Durch obige Anweisung wird festgelegt, dass in <nachname>-Elementen die Zeichenfolgen a, ul, b, i, em alternativ auftreten können. Mit dem Balken (|) werden 'oder'-Verknüpfungen erstellt. Sollte die Aufzählung dagegen (a,ul,b,i,em) enthalten, dann müssen die Zeichenfolgen a, ul, b, i, em in <nachname>-Elementen auftreten. Mit dem Komma (,) werden 'und'-Verknüpfungen erstellt. Kombinationen sind möglich, z.B. ((#PCDATA|ul),em) etc.

In der Elementdefinition können auch Schlüsselwörter vorkommen:

- Schlüsselwort #PCDATA gibt an, dass der Inhalt eines Elements aus einer beliebigen Zeichenfolge bestehen kann.
- Schlüsselwort ANY – bedeutet, dass jedes Element, das in der DTD deklariert wurde, als Unterelement auftreten kann (außerdem auch einfacher Text) und dass es keine vorge-schriebene Reihenfolge gibt. (<!ELEMENT nachname ANY>).
- Schlüsselwort EMPTY – definiert, dass kein Element-Inhalt vorkommen kann. Die Ver-wendung von leeren Elementen kann z.B. zur Einbindung von multimedialen Objekten genutzt werden. Dies wird in einem späteren Kapitel behandelt.. (<!ELEMENT nachna-me EMPTY>).

Mit Hilfe von Indikatoren kann definiert werden, ob, wie oft etc. eine Element im XML-Dokument vorkommen darf.

- Indikator * besagt, dass das Element <nachname> mehrfach, einfach oder gar nicht vor-kommen darf.
- Indikator ? besagt, dass das Element <nachname> einfach oder gar nicht vorkommen darf.
- Indikator + besagt, dass das Element <nachname> einfach oder mehrfach vorkommen muss.

DTD-Attribut
Wir kennen Attribute bereits aus HTML. Zum Beispiel das align-Attribut, welches in vielen Elementen auftreten kann, so dass Start-Tags wie <h4 align="center"> entstehen. In einer DTD werden zu Elementen Attributlisten angegeben. Die allgemeine Syntax sieht so aus:

```
<!ATTLIST elementname attributname (n) option>
```

elementname bezeichnet den Element-Name. attributname bezeichnet den Attribut-Name. n ersetzt die möglichen Werte. option steht für eventuelle Voreinstellungen. Dies ist ein Beispiel für die Deklaration einer Attributliste:

```
<!ATTLIST nachname geschlecht (mann|frau) #REQUIRED>
```

Hier wird für den Elementtyp nachname das Attribut geschlecht deklariert. Es wird dabei festgelegt, dass es für den Wert des Attributs zwei mögliche Werte (mann oder frau) geben soll. Folgende Attributtypen werden unterschieden:

- CDATA – Beinhaltet alle Zeichen, also auch Interpunktions- und Sonderzeichen
- NMTOKEN – Beinhaltet alle Zeichen wie CDATA nur mit bestimmten Ausschlüssen. So sind nur Ziffern, Buchstaben, Punkt, Strich, Doppelpunkt, Unterstrich erlaubt
- Aufzählungen – wie oben (mann|frau) mit den auch für die Elementen geltenden und/oder-Verknüpfungen
- ID-Attribute und IDREF-Attribute – ID und IDREF gehören zusammen und dienen der Namensgebung bzw. Identifizierung von Elementen. Wobei IDREF dann auf eine ID referenziert:
```
<!ATTLIST elementname attributname ID>
<!ATTLIST elementname attributname IDREF>
```

Beispiel in der DTD

```
<!ATTLIST artikel id ID>
<!ATTLIST verpackung referenz IDREF #REQUIRED>
```

Beispiel im XML-Dokument

```
<artikel id="1234"> ... </artikel>
    ....
<verpackung referenz="1234"> ... </verpackung>
```

- Entity-Attribute – Entity werden auch dazu genutzt um auf Dateien und sonstige Objekte zu verweisen. Der Grund liegt darin, dass diese Verweise und deren Inhalt, z.B. eine Datei, nicht durch den XML-Parser analysiert werden soll, sondern durch ein Anwendungsprogramm. Wenn dem nicht so wäre, würde der Parser in der Regel auf Fehler stoßen (z.B. Verweis auf eine Bild-Datei, die ja nichts mit XML-Syntax zu tun hat)

```
<!ATTLIST elementname attributname ENTITY>
```

- Notationsattribute – Auf sie wird noch in einem späteren Kapitel eingegangen

```
<!ATTLIST elementname attributname (n) NOTATION>
```

Folgende Optionen können für Attribute gelten:

- Option #REQUIRED gibt an, dass das Attribut notwendig ist. (Wer ein <nachname>-Element in ein Dokument setzt, muss das Attribut angeben).

- Option #IMPLIED gibt an, dass das Attribut optional ist. (Wer ein <nachname>-Element in ein Dokument setzt, kann das Attribut angeben, kann es aber auch weglassen.)
- Option #FIXED "wert" bedeutet, dass das Attribut stets den Vorgabewert "wert" haben muss, wenn es gesetzt wird.

DTD-Entity

Wenn in einer DTD Entities deklariert werden, dann will man damit Kürzel zur Verfügung stellen, mit denen sich Tipp-Arbeit vermeiden läßt.

Dies ist ein Beispiel für die Deklaration eines Entity:

```
<!ENTITY mdb "Medien-Datenbank">
```

Das Entity bekommt den Namen mdb. Als Wert bekommt das Entity die Zeichenfolge Medien-Datenbank zugeordnet.

Wenn man ein Dokument für eine DTD erstellt, in der es die obige Deklaration gibt, dann kann man im Dokument das Kürzel &mdb; verwenden, und der Parser wird an die Stelle des Kürzels die "Medien-Datenbank" setzen.

Folgende Entity-Typen werden unterstützt:

- Deklaration eines internen allgemeinen geparsten Entity für die Verwendung in XML (Kürzel in XML dann &mdb;)

```
<!ENTITY mdb "Medien-Datenbank">
```

  Zu den internen Entities zählen auch die fünf vordefinierten Entities:
  < steht für die linke spitze Klammer (<)
  > steht für die rechte spitze Klammer (>)
  & steht für das Kaufmanns-Und (&)
  ' steht für das Hochkomma (')
  " steht für ein Anführungszeichen (")

- Deklaration eines internen Parameter-Entity für die Verwendung in DTD (Kürzel in DTD dann %mdb;)

```
<!ENTITY % mdb "Medien-Datenbank" >
```

- Deklaration eines externen allgemeinen geparsten Entity für die Verwendung in XML (Kürzel in XML dann &kap1;)

```
<!ENTITY kap1 SYSTEM "http://www.mdb.de/kap1.xml">
```

- Deklaration eines externen geparsten Parameter-Entity für die Verwendung in DTD (Kürzel in DTD dann %kap1;)

```
<!ENTITY % kap1 SYSTEM
"http://www.mdb.de/adresse.dtd">
```

- Deklaration eines nicht-geparsten Entity für die Verwendung in XML. Für die Referenzen auf nicht-geparste Entities gilt eine Besonderheit: das zugehörige Kürzel kann nicht frei in den Text als Kürzel gesetzt werden, sondern muss als Wert eines Attributs erscheinen. Das Attribut muss vom Typ ENTITY sein. Dies ist ein Beispiel für die Deklaration eines Attributs vom Typ ENTITY:

```
<!ATTLIST meta logo ENTITY >
```

Hier wird für das Element meta das Attribut logo deklariert. Es wird festgelegt, dass ein Wert des Attributs immer aus dem Namen eines Entity bestehen muss. Wir setzen voraus, dass es weiterhin diese Entity-Deklaration gibt:

```
<!ENTITY Mlogo SYSTEM "/mdb/logo.gif" NDATA GIF89A>
```

Jetzt kann in einem <meta>-Element ein logo-Attribut auf das Mlogo-Entity verweisen:

```
<meta logo='Mlogo'>
```

Die Angabe hinter NDATA GIF89A spezifiziert einen Typ. Es können auch andere Typen angegeben werden, z.B. GIF, PDF etc. Der Typ muss in einer Notation angegeben werden. Es muss daher eine Notation-Deklaration geben, in der der Name deklariert wurde. Die Notation-Deklaration wird üblicherweise Angaben dazu enthalten, wie mit dem Entity zu verfahren ist.

DTD-Notation
Notation-Deklarationen gewährleisten den konsistenten Zugriff auf externe Informationen. In den meisten Fällen werden sie eingesetzt, um Anwendungen zu identifizieren, an die nicht-geparste Entities übergeben werden können. Dies ist ein Beispiel für eine Notation-Deklaration:

```
<!NOTATION eps SYSTEM
"http://www.mdb.com/programs/psview.exe">
```

Hier wird der Name *eps* mit der Anwendung *epsview* per Deklaration verbunden. Ergänzend wird eine Adresse angegeben, unter der die Anwendung im Netz zu finden ist.

Wenn in einer Notation-Deklaration ein Name mit einer Anwendung verbunden wurde, lässt sich ein Attribut vom Typ NOTATION deklarieren. Beispiel:

```
<!ATTLIST bild typ NOTATION>
```

Wurde definiert, dass das Element *bild* ein Attribut vom Typ NOTATION haben darf, steht im XML-Dokument beispielsweise:

```
<bild typ="eps"> ... </bild>
```

Der Parser kommt über den Attributwert *eps* zur EXE-Datei. Er prüft die EXE-Datei nicht, sondern reicht lediglich die URL als eine Information an die Anwendung weiter.

Allein über einen Start-Tag wie <bild typ="eps"> lässt sich noch nicht ermitteln, wo das Bild zu finden ist. Man muss dazu ein zusätzliches Attribut deklarieren (etwa ein Attribut 'source', das dem Attributtyp CDATA zugeteilt wird) und diesem Attribut die Adresse als Wert zuordnen.

Namensraum

Das *Namensraum*-Problem tritt auf, sobald man ein Dokument gestalten will, das Teile von einem oder mehreren anderen Dokumenten verwendet. Handelt es sich um Dokumente aus anderen Quellen, dann wird es sich immer wieder ergeben, dass verschiedene Autoren die selben Namen verwenden. So können ein Reiseführer und das Katalog eines Herstellers von Türen beide das Wort 'Schloss' verwenden und dabei unterschiedliche Begriffe meinen. Will nun jemand deutschsprachigen Schloss-Besitzern Türen verkaufen, dann ist die Doppeldeutigkeit von 'Schloss' ein Problem. Ein Ausweg ist die Verwendung von Doppelpunkten (:). Damit kann man zwischen <Gebäude:Schloss> und <Schließvorrichtung:Schloss> unterscheiden.

Weitere Konstrukte

Processing Instructions (PI)
Processing Instructions (PI) dienen dazu um Bearbeitungsanweisungen in ein XML-Dokument einzubetten. In der Praxis kommen diese aber selten vor und sollten möglichst nicht eingesetzt werden.

CDATA-Abschnitte
CDATA-Abschnitte sind Teile von XML-Dokumenten, die nicht geparst werden. Ein Markup in einem CDATA-Abschnitt wird vom Parser nicht berücksichtigt.

Beispiel:

```
<![CDATA[<gruss>Hallo Welt!</gruss>]]>
```

Der Parser ignoriert hier die Zeichenfolgen <gruss> und </gruss>. CDATA-Abschnitte machen den Autoren von XML-Dokumenten das Leben einfacher.

Bedingte Abschnitte
Anweisungen für *Bedingte Abschnitte* ermöglichen es, Element-Deklarationen zu aktivieren oder zu deaktivieren.

```
<![INCLUDE[
 <!ELEMENT buch (titel, rumpf, anhaenge?)>
]]>
```

bzw.

```
<![IGNORE[
 <!ELEMENT buch (titel, rumpf, anhaenge?)>
]]>
```

11.2.1 DTD-Beispiel für unser XML-Dokument „Adresse"

Die DTD für unser Adressen-Beispiel (Datei defadressen.dtd) sieht so aus:

```
<!-- DTD fuer Adresse -->
<!ELEMENT adresse (vorname?,
  nachname,strasse,plz,ort?, photo?)>
<!ELEMENT vorname (#PCDATA)>
<!ELEMENT nachname (#PCDATA)>
<!ATTLIST nachname geschlecht (mann|frau) #IMPLIED >
<!ELEMENT strasse (#PCDATA)>
<!ELEMENT plz (#PCDATA)>
<!ELEMENT ort (#PCDATA)>
<!ELEMENT photo EMPTY>
<!ATTLIST photo bild CDATA #REQUIRED>
```

11.3   Wohlgeformte und gültige XML-Dokumente

11.3.1 Wohlgeformtheit

Eine Prüfung auf *Wohlgeformtheit* stellt lediglich sicher, dass der Dokument-Baum erstellt werden kann. Ein Abgleich mit einer DTD findet nicht statt. Demzufolge nennt man einen Parser, der nur auf Wohlgeformtheit, nicht aber auch auf die Gültigkeit überprüft, einen nicht-validierenden Parser.

Folgende Regeln sind für die Wohlgeformtheit besonders wichtig:

- Alle Attribut-Werte müssen in Anführungszeichen stehen.
- Start- und Ende-Tags müssen paarweise existieren.
- Elemente müssen exakt ineinander eingebettet werden (keine überlappenden Auszeichnungen).

11.3.2 Gültigkeit

Wird ein Dokument auf *Gültigkeit* überprüft, so wird ein Abgleich zwischen Dokument und DTD durchgeführt.

11.3.3 Zeichenkodierung: Unicode UTF-16

Für die ursprüngliche ASCII-Zeichenmenge wurde ein 7-Bit-Muster verwendet. Damit konnten 128 unterschiedliche Zeichen dargestellt werden. Später ist man zu einem 8-Bit-Muster übergegangen, mit dem sich 256 Zeichen darstellen lassen. Unicode verwendet ein 16-Bit-Muster und bietet die Möglichkeit, 65.000 Zeichen darzustellen. XML unterstützt den *Unicode*-Standard. Hierbei dienen Zeichenreferenzen dazu, Zeichen darzustellen, die mittels Tastatur nicht eingefügt werden können oder die in anderen Sprach-Zeichensätzen nicht vorkommen, z.B. Umlaute, Sonderzeichen etc. Die Zeichen-Referenzen können auf zweierlei Weise dargestellt werden:

- Dezimale Referenzen beginnen mit &# und enden mit ;
- Hexadezimale Referenzen beginnen mit &#x und enden mit ;

11.4   Eigenschaften und Vorteile von XML-Dokumenten

XML-Dokumente bieten eine Reihe maßgeblicher Vorteile. Die wichtigsten Eigenschaften:

- maschinenlesbar
- validierbar, sofern DTD oder XML Schema (Siehe später) vorhanden
- plattformunabhängig, wenn Verwendung von Unicodes
- erweiterbar
- beliebig hierarchisch strukturierbar
- Klare Trennung von Struktur, Inhalt ohne Formatierung

Ein XML-Dokument enthält nur Struktur- und Inhaltsinformationen, jedoch keine Formatierungen. Diese können abhängig von der jeweiligen Verwertung (z.B. Print, Internet etc.) zusätzlich z.B. über sogenannte *StyleSheet*s (CSS, XSL etc.) hinzugefügt bzw. transformiert werden.

Durch diese klare Trennung von Struktur, Inhalt und Formatierung wird ein XML-basierendes Dokument im wahrsten Sinne des Wortes medienneutral. Dies erklärt auch das starke Interesse der Database-, CrossMedia-Publishing, sowie der traditionellen Layout-Programm-Hersteller, (Quark, Adobe etc.) an XML.

11.5   XML und HTML sind Untermengen von SGML

SGML, die „*Standard Generalized Markup Language*" (ISO 8879), eine Meta-Syntax zur Definition von Auszeichnungssprachen hat sich vor allem wegen ihrer Komplexität nie so weit verbreitet; allenfalls in der Technischen Dokumentation spielt SGML eine Rolle. HTML, die „*HyperText Markup Language*", die Tim Berners-Lee 1991 schuf, ist die populärste Untermenge dieser auf SGML basierenden Auszeichnungssprachen, die eine kleine, starre Untermenge von SGML darstellt.

XML ist eine stark vereinfachte Version von SGML: sie verzichtet auf die komplexeren und weniger genutzten Teile von SGML und erleichtert so das Programmieren von Anwendungen. XML wendet wie SGML eine verifizierbare Struktur auf ein Dokument an und bricht die Informationen in Einheiten auf - bis auf Absatzebene und darunter. Einer der größten Vorteile von XML ist, dass durch die Strukturierung ein detaillierter Zugriff auf die Informationen in gleicher Weise möglich ist, wie der Feld- und Datensatz-Zugriff bei relationalen Datenbanken.

11.6   Verarbeitung von XML

11.6.1 XML-Parser

Die Aufgaben des Parsers bei der Verarbeitung eines Dokuments:

- Er prüft, ob das Dokument wohlgeformt und, sofern eine DTD existiert, auch gültig ist, und gibt gegebenenfalls Fehlermeldungen aus.
- Setzt sich das Dokument aus Bestandteilen zusammen, die sich in unterschiedlichen Dateien befinden, führt der Parser diese Bestandteile zusammen.
- Der Parser erstellt einen Baum, durch den die Inhalte der Elemente für die Anwendung zugreifbar werden.

XML Parser Extensions existieren für unterschiedliche Anwendungen und Programmiersprachen, wie z.B. XERCES (Apache), PHP, JAVA, C++ etc.

11.6.2 DOM Modell

Das *DOM* (*Document Object Model*) ermöglicht den Zugriff auf bestimmte Dokumentendaten durch Abbildung der XML-Strukturen eines Dokumentes in eine Baum-Struktur. Es existieren APIs zum DOM-Modell für unterschiedliche Programmiersprachen.

11.6.3 Weitere Entwicklungen um das Thema XML

Die nachfolgenden Punkte haben nicht zwangsläufig etwas mit dem DOM Modell zu tun, sondern sind Weiterentwicklungen oder wichtige Entwicklungen im XML-Umfeld. Wobei es sich hierbei nur einen kleinen Auszug handelt:

- *XPath* (XML Path Language) bietet die Möglichkeit einzelne Teile von XML-Dokumenten exakt zu adressieren.
- *Xlink* bietet die Möglichkeit auf ein bzw. mehrere Verweisziele zu zeigen.
- *XPointer* bietet die Möglichkeit aus einem XML-Dokument auf eine Stelle oder Abschnitt desselben oder eines anderen XML-Dokumentes zu zeigen bzw. zu adressieren.

- *XML-Schemata* bieten unter anderem zusätzlich zu den DTDs die Möglichkeit, Datentypen für Elemente und Attribute, sowie implizite Gültigkeitsregeln und Nebenbedingungen zu definieren.

11.7   Umwandlung von XML in andere Formate mittels XSL(T)

XSL (eXtensible Style Language) und *XSLT* (XSL Transformations) liefern eine Style-Sheet-Syntax, mit der festgelegt werden kann, wie ein XML-Dokument präsentiert werden soll. XSL ist unabhängig von allen Ausgabeformaten. Man kann also das selbe StyleSheet dazu nutzen, um RTF- oder TeX- oder HTML-Formate auszugeben. Welches Format erzeugt wird, hängt davon ab, an welchen XSL-Prozessor das Dokument und das zugehörige Style Sheet übergeben wird.

Mit XSL können Web-Designer eine Darstellungsstrukur schaffen, die von der originalen Datenstruktur stark abweichen kann. Ein Element kann in unterschiedlichen Formatierungen an unterschiedlichen Stellen einer Seite erscheinen. Die Elemente können neu arrangiert oder von der Darstellung ausgeschlossen werden.

Außerdem werden im Zusammenspiel Berechnungen möglich. Einfaches Beispiel: Wenn ein XML-Dokument Rechnungspositionen enthält, dann kann ein XSL Style Sheet dazu die Summe und die Mehrwertsteuer berechnen.

Beispiel für ein einfaches XSL (Datei adresse.xsl):

```
<?xml version="1.0"?>
<xsl:stylesheet version="1.0"
 xmlns:xsl="http://www.w3.org/1999/XSL/Transform">
<xsl:template match="adresse">
  <html>
      <head>
          <title>
              <xsl:value-of
                  select="nachname"/>
          </title>
      </head>
      <body>
          <font size="5" color="red">
              <xsl:value-of
                  select="nachname"/>
          </font>

          <IMG SRC="{photo/@bild}"/>
      </body>
  </html>
</xsl:template>
```

```
    </xsl:stylesheet>
```

Eingebunden in unser XML-Dokument (Datei adresse.xml):

```
    <?xml version="1.0" encoding="UTF-8"?>
    <!DOCTYPE adresse SYSTEM "defadressen.dtd">
    <adresse>
        <!-- Kommentar -->
        <vorname>Hans Peter</vorname>
        <nachname geschlecht="mann">Meier</nachname >
        <strasse>Marienplatz 17</strasse>
        <plz>70010</plz>
        <ort>Stuttgart</ort>
        <photo bild="c:\images\meier.jpg"/>
    </adresse>
```

Ergebnis der XSL Transformation in HTML:

```
    <html>
        <head>
            <title>Meier</title>
        </head>
        <body>
            <font size="5" color="red">Meier</font>
            <IMG SRC="meier.jpg">
        </body>
    </html>
```

Es gibt in XSL unterschiedliche Konstrukte, die aber hier nicht weiter erläutert werden sollen.

Beispiele für unterschiedliche Transformationen:

- Transformationen von XML in HTML, WML etc. über XSL. Beispiel eines XSLT Stylesheet Prozessors Xalan (Apache Projekt - http://xml.apache.org/xerces-j/index.html)
- Transformation von XML in PDF, z.B. durch *FOP - XSL* Formatting Objects (Apache Projekt - http://xml.apache.org/fop/index.html)

11.8 Integration von Medien-Objekten in XML-Dokumente

Beispiel 1 für Medien-Objekte in DTD:

```
    <!ATTLIST meta logo ENTITY >
```

Hier wird für das Element meta das Attribut logo deklariert. Es wird festgelegt, dass ein Wert des Attributs immer aus dem Namen eines Entity bestehen muss.

Wir setzen voraus, dass es weiterhin diese Entity-Deklaration gibt:

```
<!ENTITY Mlogo SYSTEM "c:\images\meier.gif"
 NDATA GIF>
```

Jetzt kann in einem <meta>-Element ein logo-Attribut auf das Mlogo-Entity verweisen, das nicht geparst werden soll:

```
<meta logo='Mlogo'>
```

Beispiel 2 für Medien-Objekte in XML:

```
<!ELEMENT photo EMPTY>
<!ATTLIST photo bild CDATA #REQUIRED>

<photo bild="c:\images\meier.jpg"/>
```

Beispiel 3 für Medien-Objekte in XML:

Einbindung des MIME-codierten Medien-Objektes in einen nicht geparsten XML-Tag des XML-Dokumentes.

11.9   Einsatz von XML im MAM-System

XML wird zur Definition plattformunabhängiger Protokolle zum Datenaustausch. Im Vergleich zu ASCII-Datenaustausch ergeben sich daraus mehrere Vorteile:

- plattformunabhängig
- Gültigkeit kann geprüft werden, ohne dass die Prüfung in der Schnittstelle selbst implementiert sein muss
- Flexibilität bzgl. der Erweiterung von Elementen, Inhaltsgröße und der Überprüfung der Gültigkeit
- Möglichkeit der automatischen Verarbeitung von Daten durch Software
- Auffinden von Informationen durch „Informationen über Informationen" (Metadaten)

Des weiteren findet XML immer weitere Verwendung als medien- und plattformunabhängiges Format zum elektronischen Publizieren in Layout-Programmen. Durch Trennung von Struktur und Inhalt ohne explizite Formatierungsangaben wird die Medien-Neutralität dieser Layout-Dokumente erreicht. Inzwischen werden auch die traditionellen Publishing- und Redaktionssysteme für XML erweitert oder geändert (QuarkXPress, Adobe Indesign).

12   Das Konzept der medienneutralen Datenhaltung

Daten *medienneutral* zu speichern bedeutet, die Daten so abzulegen, dass deren Verwendung für unterschiedliche Medien-Verwendungsarten (Ausgabekanäle), also Print, Web, CD, WAP, PDA etc., gewährleistet wird. Denn jede Verwendungsart erfordert spezifische und oftmals irreversible Anpassungen der Media Assets, die andere Verwendungen stark beeinträchtigen oder gar ganz ausschließen.

12.1   Medien-Verwendungsarten im Überblick

Print
Papier ist die älteste und natürlich am weitesten verbreitete Ausgabeform für Media Assets. Der Druck bietet eine sehr hohe Qualität bei Text- und Bildwiedergabe, insbesondere bei mehrfarbigen Drucken, wenn das Farb-Management berücksichtigt wird. Papier hat den Vorteil der Mobilität: es kann überall transportiert, gelesen und eingesehen werden und es benötigt keine andere Versorgungsenergie als das Licht zum Lesen. Der Mensch ist in der Lage, Informationen über dieses Medium auch in großen Mengen ohne physische Anstrengung zu verarbeiten. Die Ausgabe erfolgt über hochwertige Satz- und Drucksysteme in industriellen und hochtechnisierten Prozessen.

Internet
Die Präsentation im Internet hat, bedingt durch die Darstellung am Bildschirm, eine geringere Qualität im Vergleich zum Print-Medium.

Bei der Internetpräsentation unterscheidet man statische und dynamische Seiten. Statische Seiten liegen als HTML-Dateien auf einem Web-Server, dynamische Seiten werden dagegen unmittelbar nach ihrer Anforderung durch den User über unterschiedliche Mechanismen erzeugt.

CD-ROM
Optische Digitalspeicher wie CD-ROM und DVD verbinden eine sehr hohe Speicherkapazität mit relativ großer Übertragungsbandbreite bei lokaler Nutzung (DVD-Video). Mediale

Inhalte werden in Standardformaten wie PDF, HTML oder in Bild-, Audio- und Videodaten-formaten abgelegt, die mit Standardprogrammen oder mit speziellen Applikationen wieder-gegeben werden können.

Die Bedeutung optischer Medien als Content-Träger könnte abnehmen, wenn die verfügbare Bandbreite im Internet durch Übertragungsverfahren wie ADSL weiter ansteigt. Bei zentraler Speicherung auf Webservern entfällt zudem die physikalische Distribution der Datenträger und das damit einhergehende Aktualisierungsproblem.

Präsentationsformate
Folienpräsentationen mit Programmen wie MS PowerPoint, angereichert durch Rich-Media-Elemente, werden auch künftig eine wichtige Rolle in der Unternehmenskommunikation und im E-Learning spielen, weil sie mit geringem Aufwand von jedermann produziert werden können.

WAP
Das *Wireless Application Protocol (WAP)*, eine von Ericsson, Motorola, Nokia und Unwired Planet initiierte Spezifikation, ist ein Protokoll, das die Übertragung und Darstellung von speziellen Inhalten auf überwiegend mobil eingesetzten Geräten mit stark eingeschränkten Darstellungsmöglichkeiten (Handy-Display, Micro-Browser) beschreibt. Die Umsetzung der Inhalte erfolgt durch die auf XML basierende *Wireless Markup Language (WML)*.

Der Grund für die derzeit recht geringe Verbreitung der WAP-Technologie liegt u.a. in der zu geringen Bandbreite der heutigen Mobilfunknetze. Es wird sich zeigen, inwiefern zukünf-tige Technologien wie *UMTS* hier Abhilfe schaffen werden. Das UMTS-Marketing hat hier leider erheblich mehr versprochen, als die Technik bieten können wird.

Handheld Computer und PDA
Mobile Kleincomputer vom Typ des *Personal Digital Assistant (PDA)* werden, auch durch das absehbare Zusammenwachsen von Handy und PDA, in Zukunft an Bedeutung gewinnen. Die verfügbare Bandbreite für diese Gerätegattung könnte durch die weitere Verbreitung der WirelessLAN-Technologie (10 bis 50 Mbit/s) in öffentlichen HotSpots an Flughäfen, Bahn-höfen, Hotels, Lokalen und Biergärten erheblich schneller anwachsen als durch die Mobil-funktechnik (UMTS).

Digitales Fernsehen
Weitere Medien-Verwendungsarten der Zukunft wie das Digital-Fernsehen via Satellit oder Internet stehen derzeit noch am Anfang ihrer Entwicklung.

Neue Displays
Die Vorstellung, elektronische Displays müssten sich immer mit einer begrenzten Auflösung von 70...90 ppi begnügen, ist längst widerlegt. Das sogenannte „Röntgen-Display" von IBM, ein hochpreisiger TFT-Farbmonitor, bringt es auf 200 ppi. Auch bezüglich Farbumfang müs-

sen sich elektronisch produzierte Medien nicht bescheiden: der via Laserbelichtung mit 3 x 10 bit und 5000 ppi bebilderte Farbmikrofilm schlägt nicht nur in der Auflösung, sondern auch im Farbumfang den konventionellen Film um Längen. Und der Offset- oder Inkjet-Druck mit sechs oder sieben Farben sprengt ebenfalls die Gamut-Grenzen des CYMK-Drucks.

Wir wissen heute noch nicht, welche Displays und Ausgabemöglichkeiten wir in fünf Jahren haben werden. Deshalb ist Medienneutralität das oberste Gebot bei der langfristigen Bildarchivierung. Wegen der immer noch üblichen Speicherung von Bilddaten als farbseparierte und druckprozess-spezifische CMYK-Daten kann die Druckvorstufe fast schon als natürlicher Feind der mediennneutralen Datenspeicherung angesehen werden.

12.2 Einbindung in Umrechnungs- und Bereitstellungs-Automatismen für Medien

Die bisher angesprochene Methoden stellen die Schlüsseltechnologien für die medienneutralen Datenhaltung dar. Zur endgültigen Verwertung der medienneutral gehaltenen Daten müssen noch komfortable Umrechnungs- und Bereitstellungs-Automatismen für alle Medien zum Einsatz kommen.

Definierte Umrechnungs- und Bereitstellungs-Abläufe, sogenannte *Pipeline-Definitionen*, ermöglichen die Abbildung eines Workflows zur automatischen, verwendungsgerechten Bearbeitung von Daten und stellt ein Werkzeug zur Ansteuerung bestehender, batchgesteuerter Konvertier- und Grafikprogramme oder applescript-gesteuerte Bearbeitungsprogramme bereit.

Folgende Ansprüche werden an Pipeline-Konzepte gestellt:

- Ansteuerung und Automatisierung von Programmen durch Definition von Abläufen (Schablonen) von Bearbeitungen und Umrechnungen
- Parameterisierung von Grenzwerten, die für die jeweilige Umrechnungs- bzw. Bearbeitungsschablone berücksichtigt werden
- plattformübergreifend einsetzbar
- Unterstützung der verschiedenen Medien-Datentypen
- Unterstützung von unterschiedlichen Verwendungen der Schablonen, z.B. für CheckIn, Medien-Analyse, Bereitstellung etc.
- Integration eines Archivierungskonzeptes: werden Daten für eine automatische Umrechnung angefordert, müssen auch bereits ausgelagerte Daten zunächst temporär rearchiviert werden.

Verwendung finden solche Konzepte bei:

- Qualitätskontrolle beim CheckIn und entsprechender Umrechnung für die Medien-Haltung
- Unterstützung der Medien-Produktion durch Bereitstellung qualitativer Bearbeitungs- und Umrechnungsschablonen
- Bereitstellung von Medien für entsprechende Medien-Verwendungsarten

12.3   Das Konzept „Media On Demand"

Das Konzept *„Media on Demand"* lässt dem Anwender die Wahl, wann und wo er welche Medien für welche Verwendung bereitgestellt haben will. Er braucht dafür weder das Ursprungsformat (dank der medienneutralen Speicherung) noch um den aktuellen Speicherort der Medien zu kennen. Dieses Konzept baut direkt auf der medienneutralen Datenhaltung und dem Mehrfach-Verwendungscharakter der Medien-Datenbank auf. Um diesem Anspruch gerecht zu werden, müssen verschiedene Ansätze in einem MAM-System integriert werden.

Aus dem Single-Source-Prinzip, das bereits bei den Anforderungen an Medien-Datenbanken besprochen wurde, lassen sich folgende generellen Ansätze ableiten:

- Trennung von Struktur und Inhalt, z.B. in XML-Dokumenten
- Medienneutrale Haltung von Bildern durch standardisierte Datenformate und Farbräume
- Generelle Möglichkeiten der ad-hoc-Aufbereitung bzw. Umrechnungen bei der Bereitstellung von Medien für unterschiedliche Verwendungen (Pipeline-Konzept)

12.4   Fazit

Die Kombination aus der Unterstützung der farbneutralen Haltung von Bildern, verbunden mit der Ablage von Dokumenten im XML-Format sowie automatische Umrechnungs- und Bereitstellungs-Automatismen für alle Medien stellt die ideale Basis für die Bereitstellung von Media Assets für unterschiedliche Ausgabekanäle und deren Mehrfach-Verwertung dar.

13 Architektur von Medien-Applikations-Servern

13.1 Der Begriff Applikations-Server

Unter *Applikations-Servern* versteht man Softwareprogramme, die zwischen Browser-basierten Clients und Geschäftsapplikationen oder Datenbanken vermitteln. Es gibt allerdings keine scharfe Definition des Begriffs Applikations-Server, die für die Mehrzahl der Software-Pakete zutrifft, die sich Applikations-Server nennen. Vielmehr integrieren diese Software-Pakete die in den nachfolgenden Abschnitten erwähnten serverseitigen Technologien.

Der Begriff *J2EE-konformer Applikations-Server* bezieht sich auf die Java 2 Enterprise Edition, eine ursprünglich von SUN initiierte und dann von der JCP (Java Community Process) weiterentwickelte Spezifikation, die die grundlegenden Eigenschaften von Applikations-Servern definiert. Hier einige der wichtigsten J2EE- Bestandteile:

- Servlet – Servlets sind eine Java-basierte Technologie, vergleichbar mit serverseitig ausgeführten Applets ohne grafische Visualisierung.
- JSP (Java Server Pages) – Definition von Benutzerschnittstellen auf Basis von Templates
- EJB (Enterprise Java Beans) – Verteilte, skalierbare, transaktionale und persistente Komponenten
- JMS (Java Messaging System) – Asynchrones Messaging
- JTA (Java Transaction API) – Transaktions-Koordination
- JDBC (Java Database Connectivity) – Datenbank –Anbindungen auf Basis von SQL
- JNDI (Java Naming und Directory Interface) – Naming Service, Objekt-Registrierung
- JavaMail – Email Handling

Einige dieser Dinge werden wir im Folgenden eingehender besprechen.

13.2   Sinn und Zweck eines Medien-Applikations-Servers

Der Aufbau eines Medien-Applikations-Server basiert auf einem verteilten Komponenten-modell, das die Businesslogik von der eigentlichen Darstellungslogik trennt. Der Bereich der Business-Logik enthält alle Komponenten der Medien-Applikations-Funktionalität. Diese Funktionalitäten werden in der Darstellungs-Logik modelliert, aufgerufen und präsentiert.

Durch den Einsatz eines verteilten Komponentenmodells in einem Medien-Applikations-Server sollen folgende primäre Ziele erreicht werden:

- Effizientere Software-Entwicklung durch Verwendung eines Komponentenmodells
- Verbesserte Wiederverwendbarkeit von Softwarekomponenten
- Komfortablere Möglichkeit der Modellierung von Geschäftsprozessen und der Gestaltung der Präsentation durch Trennung von Business-Logik und Darstellungs-Logik
- Reduktion der Komplexität durch Strukturierung der Softwarekomponenten in der Busi-ness-Logik, ohne die Modellierungsmöglichkeiten einzuschränken
- Vereinfachte zentrale Installation, Administration und Support
- Basis zum Aufbau von Web-basierten Applikationen und Frontends

13.3   Beispiele von Technologien zur Verteilung von Geschäftsprozessen auf der Basis von Komponentenmodellen

13.3.1   Allgemeiner Aufbau von Komponentenmodelle

Bedingt durch ständige Änderungen innerhalb der Geschäftsprozesse muss sich Software ständig neu anpassen lassen. Des weiteren sollte Software „zukunftsfähig" sein, d.h. sie muss einen zukünftigen technologischen Wandel unterstützen. Gerade hier gehen, bedingt durch lange Integrationsprojekte oder durch kostenintensive Aufwendungen, Potentiale verloren. Der Verwendung eines *Komponentenmodells*, auch *Componentware* genannt, kommt hier eine große Rolle zu.

Unter einem Komponentenmodell versteht man in erster Linie ein Konzept, das eine spezifi-sche Funktionalität derart kapselt, dass sie nicht nur in einem Anwendungsprogramm son-dern auch in anderen Verwendungsfällen eingesetzt werden kann. Eine mögliche Interpreta-tion des Komponentenbegriffs kann in der Formel

„Komponentenmodell = Verteiltes Objektmodell + Infrastruktur (Kommunikation)"

ausgedrückt werden. Komponenten können als Erweiterungen von Objekten aufgefasst wer-den, die über eine Kommunikationsinfrastruktur miteinander in Verbindung treten.

Komponenten- und damit in der Regel verbunden auch Objekttechnologien benötigen Referenzmodelle, die unter anderem genau vorschreiben:

- wie Interfaces definiert werden,
- wie Nachrichten überreicht werden,
- wie der Datentransport erfolgt,
- wie Objekte ihre Zustände persistent machen.

Es gibt weitere Aspekte, die den Unterschied zu den üblichen Objektmodellen ausmachen. Beispiele dieser komponentenorientierten Aspekte sind:

- Eindeutige Identifizierung
- Interoperabilität
- Konfigurierbarkeit
- Verteilung, Installation

Serverkomponenten die mit CORBA, COM und EJB entwickelt werden, befinden sich typischerweise in der mittleren Schicht (engl. tier) einer dreischichtigen Architektur. Diese Schicht enthält unter anderem Middleware-Funktionalitäten, weil sie verschiedene (heterogene) Systeme (Datenbanken und Anwendungen) integriert. Da Interoperabilität und Verteilung grundlegende Eigenschaften jedes Komponentenmodells sind und gleichzeitig der Integration dienen, sind die Begriffe Komponentenmodell und Middleware-Technologien eng miteinander verbunden.

13.4   Common Object Request Broker Architecture CORBA

CORBA ist ein Produkt der *Object Management Group (OMG)*. Die OMG (www.omg.org) ist ein Zusammenschluß von Hardwareherstellern, Softwareentwicklern, Netzwerkbetreibern und kommerziellen Nutzern von Software, die 1989 von acht Firmen gegründet wurde und sich schon nach wenigen Monaten als unabhängige Organisation für andere Unternehmen öffnete. Bis Anfang 1998 haben sich der OMG über 800 Unternehmen angeschlossen. Kern der Arbeit der OMG ist eine Architektur für die Verteilung und Kooperation objektorientierter Softwarebausteine in heterogenen, vernetzten Systemen. Nachfolgend eine kurze Zusammenfassung über den CORBA-Standard unter Verwendung der offiziellen CORBA-Web-Seite www.corba.org.

Die *Common Object Request Broker Architecture* (CORBA – (www.corba.org)) spezifiziert die Infrastruktur, die für die Kommunikation zwischen verteilten Objekten, über einen Objektbus, den *Object Request Broker (ORB)*, erforderlich ist. Über diesen Objektbus werden Client/Server-Beziehungen zwischen Objekten aufgebaut. Ein Client ist dabei ein Objekt, das eine Operation eines anderen Objektes aufrufen möchte. In der Regel werden die Implementierungen mehrerer Objekte zu einem Programm zusammengefasst, das dann als Server fungiert.

Der Mechanismus zur Kommunikation beruht in seinen Grundzügen auf der vom *Remote-Procedure-Call (RPC)* bekannten Technik der lokalen Stellvertreter *(Stubs)* für die entfernten Objekte und der Umwandlung der Parameter für den Transport. Remote-Procedure-Call ist eine Client/Server-Infrastruktur, die die Interoperabilität, Portabilität und Flexibilität einer Anwendung erhöht, weil sie Anwendungen erlaubt, die über mehrere unterschiedliche Plattformen veteilt sind. RPC reduziert die Komplexität bei der Entwicklung von plattform- und netzwerkprotokollübergreifenden Anwendungen, weil es den Entwickler durch RPC-Programmaufrufe von Details der einzelnen Betriebssysteme und Netzwerkschnittstellen abschottet.

Während die CORBA-Kernspezifikation sich mit grundsätzlichen Aspekten wie Interfaces, Objektbus und Methodenaufrufen befasst, sind zusätzliche *CORBA-Services*, so genannte *Object Services*, und die dazugehörigen Spezifikationen für Namensdienste, Sicherheit, Ereignisse, Persistenz, Objektverwaltung und anderes verantwortlich.

Mit seiner Fähigkeit, verteilte Objekte zu lokalisieren, ist der *Naming Service* der wohl wichtigste CORBA-Dienst. Er wurde als einer der ersten Dienste von der OMG spezifiziert und ist inzwischen von nahezu allen ORB-Herstellern implementiert.

Der *Event Service* (Ereignisdienst) ermöglicht die asynchrone Kommunikation zwischen anonymen Objekten. Er wirkt dabei als eine Art Vermittlungsstelle zur Entkopplung der aufrufenden und der aufgerufenen Objekte. Objekte, die an einem bestimmten Ereignis interessiert sind, registrieren sich hierfür beim Ereignisdienst. Dieser benachrichtigt dann im *Push*-Modell bei Auftreten dieses Ereignisses alle angemeldeten Objekte. Im alternativen *Pull*-Modell fragen die Clients erst beim Ereignisdienst nach.

Andere Object Services - insgesamt sind es derzeit 19 - beschäftigen sich etwa mit der persistenten Speicherung von Objekten, also der Dauerhaftigkeit bzw. der Nichtflüchtigkeit bestimmter Zustände, mit der transaktionsorientierten Bearbeitung entfernter Aufrufe oder mit Sicherheitsmechanismen.

Die Programmiersprachenunabhängigkeit der Objektimplementierungen ist ein wichtiger Aspekt in CORBA. Die OMG stellt dazu eine Schnittstellenbeschreibungssprache bereit, die *Interface Definition Language (IDL)*. Mit ihr werden die verteilten Objekte anhand ihrer äußerlich sichtbaren Eigenschaften standardisiert und implementationsunabhängig beschrieben. Zum Implementieren eines Objekts können verschiedene Programmiersprachen wie C++, Smalltalk, aber auch nicht-objektorientierte Sprachen wie C eingesetzt werden. Für diese Sprachen definierte die OMG sogenannte Language Mappings für die Umsetzung der in IDL angegebenen Interfaces und Datentypen in Konstrukte der jeweiligen Programmiersprache.

CORBA unterstützt Interoperabilität durch Programmiersprachen- und Ortstransparenz sowie durch Plattformunabhängigkeit. CORBA-Implementierungen existieren für die verschiedensten Betriebssysteme, und die OMG hat Inter-ORB-Protokolle zur reibungslosen Interoperabilität definiert.

Interoperabilität ist die Fähigkeit eines Systems oder einzelner Systemkomponenten, Informationen gemeinsam zu nutzen und kooperierend Prozesse zu steuern.

CORBA 3 führt ein Komponentenmodell ein. Das *CORBA Component Model (CCM)* basiert auf den aktuellen CORBA-Spezifikationen und erweitert sie im Hinblick auf die Komponentenorientierung. CCM weist viele Ähnlichkeiten zum EJB-Modell auf. Bei der Internet-Integration unterstützt CORBA 3 bidirektionale Verbindungen über Firewalls und stellt einen interoperablen Namensdienst zur Verfügung, mit dessen Hilfe Objekte durch URLs identifiziert werden können.

13.4.1   Produktanbieter für CORBA

Zu den wichtigsten Herstellern gehören IONA, Inprise und BEA. Es ist bemerkenswert, dass kein Anbieterprodukt die Gesamtheit der CORBA-Spezifikationen hundertprozentig umsetzt. Diese wichtige Erkenntnis führt teilweise auch in der Realisierung zu Problemen. so ist z.B. ein Einsatz von CORBA-Client und CORBA-Server unterschiedlicher Hersteller meist sehr problematisch. Hier sollen die oben genannten Inter-ORB-Protokolle Abhilfe schaffen). Das Produkt Orbix der Firma IONA ist wahrscheinlich das führende CORBA-Anbieterprodukt.

13.5   Component Object Model COM/DCOM

Das *Component Object Model (COM)* ist ein Produkt von Microsoft und wird daher von den aktuellen Versionen der Windows-Betriebssysteme vollkommen unterstützt; Implementierungen für andere Plattformen sind ebenfalls verfügbar. COM stellt Mechanismen für die Entwicklung komponentenbasierter Anwendungen zur Verfügung. *DCOM (Distributed COM)* ist eine zusätzlich angebotene Infrastruktur, um die Verteilung von Komponenten über entfernte Maschinen zu realisieren.

COM führt Komponentenobjekte ein: Objekte also, die zusätzlich den Charakter von Komponenten im Hinblick auf Wiederverwendbarkeit, Verteilung etc. haben.

Interoperabilität wird mit COM auch durch Programmiersprachen- und Ortstransparenz sowie durch Plattformunabhängigkeit erreicht. COM gilt als ein Binärstandard, denn es spezifiziert genau, wie Interfaces in sogenannten Interface-Tabellen abgelegt werden und wie Anwendungen auf diese Tabellen und somit auf die Interfaces zugreifen.

Wiederverwendbare COM-Komponenten können Inprozess-Komponenten (DLLs), lokale (prozessübergreifende EXEs) oder entfernte (rechnerübergreifende DLLs oder EXEs) Komponenten sein. In allen Fällen hat der Entwickler den transparenten Eindruck, dass die Komponente im selben Adressraum wie der Client läuft. COM-Dienste machen diese Transparenz möglich.

COM bietet Standardservices wie Interfaces, Namensdienste, Persistenz, und Objektverwaltung an. Die Stärken von COM und COM+ sind Performanz (Objektvorratshaltung, Data

Base Connection Pooling), Nebenläufigkeit (Single und Multiple Threaded Appartments) und die verteilte Speicherbereinigung (Reference Counting, Ping-Mechanismus).

COM+ ist der Nachfolger von COM unter Windows 2000 und soll die Softwareentwicklung einfacher machen. Dazu werden automatische und transparente Services für zentrale Funktionen wie Transaktionen oder Messaging bereitgestellt. Diese Services sind unter dem alten COM entweder nicht vorhanden oder sie werden erst von zusätzlichen Services wie dem Microsoft Transaction Server angeboten. COM+ unterstützt auch eine deklarative Programmierung: das erspart komplizierte Methodenaufrufe, weil stattdessen Attribute mit Werten belegt werden. Die COM+-Abfangdienste können diese Werte interpretieren und entsprechende Dienste anstoßen.

Die Internet-Integration wird von den COM-Internet-Services (CIS) angeboten: der Betrieb von DCOM erfolgt über den TCP-Port 80. Die Kommunikation zwischen COM-Clients und -Servern ist also auch über Proxies bzw. Firewalls möglich. Callbacks werden allerdings nicht direkt unterstützt.

13.6   Enterprise Java Beans EJB

Mit den *Enterprise Java Beans* (*EJB*) liefert Sun im Rahmen der Java 2 Enterprise Edition (J2EE) die Spezifikation eines Komponentenmodells für Fachkomponenten (Geschäftsobjekte). Es baut auf dem allgemeinen Komponentenmodell JavaBeans auf, das im Wesentlichen Namenskonventionen und Schnittstellen für die Ereignisbehandlung und für Laufzeitinformationen über Komponenten definiert und auch den visuellen Komponenten der Java-Programmbibliotheken Swing und AWT zugrunde liegt.

Die Spezifikation beschreibt ebenfalls sogenannte EJB-Container, die diese Fachkomponenten unterstützen. Die EJB-Containerspezifikation wurde von vielen Herstellern in ihren Applikations-Servern implementiert.

Die Dienste der EJB-Container nehmen dem Entwickler von Fachkomponenten viele wiederkehrende Aufgaben in den Bereichen Transaktionsmanagement, Persistenz, Lastverteilung und Ressourcen-Pooling ab. Die Spezifikation stellt sicher, dass einmal entwickelte Enterprise Java Beans in beliebigen Containern und damit auch in Applikations-Servern eingesetzt (deployed) werden und auf beliebige Datenbanken zugreifen können. Dies ist besonders für Web-Anwendungen entscheidend, die häufig mit einer stark progressiven Last fertig werden müssen.

EJBs sind nicht auf Web-Anwendungen, also auf eine Präsentation über http, beschränkt, sondern lassen sich immer dann einsetzen, wenn sehr viele Nutzer bedient werden müssen. Eine EJB kann daher zutreffend als komponentenorientierter TP-Monitor (Transaktions-Prozess-Monitor) bezeichnet werden. Als RPC-Protokoll zum Client kommt vorwiegend die *Remote Method Invokation (RMI)* zum Einsatz: RMI, eine von Sun entwickelte Java-Technologie, dient der transparenten Kommunikation zwischen entfernten Java-Objekten. Java RMI ist Bestandteil des aktuellen Java Software Development Kit (Java 2 SDK).

Man beachte: in Web-Anwendungen entspricht der Client im folgenden normalerweise dem Web-Server, der HTML für den eigentlichen Web-Client erzeugt!

Das Konzept der Enterprise Java Beans (EJB):

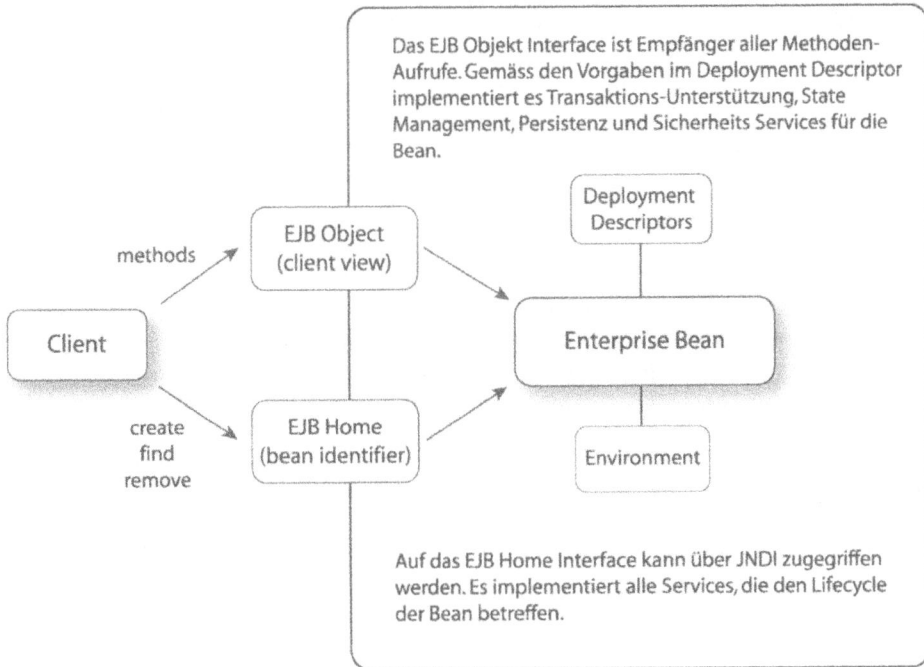

Abb. 13.1 *Beispiel EJB*

Der Entwickler liefert für jede Bean

- ein Home Interface (EJB Home) mit Methoden zum Erzeugen, Finden und Löschen von Geschäftsobjekten (Java Naming and Directory Interface (JNDI), das eine standardisierte Schnittstelle zu Naming- und Verzeichnis Diensten) bietet
- ein Remote Interface (EJB Object) mit den Business-Methoden
- eine Implementierung dieser Methoden (Enterprise Bean)

Zudem stellt er im sogenannten Deployment Descriptor ergänzende Daten über das Objekt zu Verfügung, die das Verhalten bezüglich Persistenz, Transaktionen etc. steuern. Diesen Descriptor kann der Deployment Administrator dem Verwender der Komponente bei Bedarf anpassen.

Der Container bietet dem Entwickler eine standardisiertes Umgebungs-API, mit dem dieses Verhalten auch programmtechnisch gesteuert werden kann. Der Container empfängt alle

Methodenaufrufe vom Client und leitet sie gegebenenfalls an die richtige Bean-Instanz weiter. Die Spezifikation EJB 2.0 kennt die folgenden Bean-Typen:

- Entity Beans implementieren die Geschäftsobjekte der Anwendung und interagieren mit den externen Ressourcen, wie Datenbanken und anderen Enterprise Servern. Die Zustände werden in der Regel persistent gehalten, z.B. Anlegen von Medien-Objekten und Speichern der Meta-Daten.
- Session Beans sind alle Objekte, deren Zustand höchstens so lange wie eine Session besteht, z.B. ein Warenkorb einer Medien-Bestellung.
- Message-driven Beans sind zustandslose Objekte, deren Schnittstelle aus asynchronen JMS-Nachrichten (Java Message Service) statt aus synchronen Methoden besteht. Sie dienen zur Realisierung oder Integration Message-basierter Dienste.

Bei Entity Beans mit „container managed persistence" sorgt der Container für die Ablage des Zustands in einer Datenbank. Hierfür lassen sich verschiedene Mapping-Verfahren einbinden. Das Mapping kann auch deklarativ im Deployment Descriptor beeinflusst werden. Bei der „bean managed persistence" muss der Bean-Entwickler dagegen selbst Methoden zum Lesen und Schreiben des Zustands implementieren.

Damit Container die Speicher-Ressourcen des Servers optimal einsetzen kann, besteht keine feste Verknüpfung zwischen einer Entity-Instanz (also z.B. einem Kunden) und einer Objekt-Instanz der Entity Bean (einem reservierten Speicherbereich für den Zustand dieses Kunden). Der Container kann jederzeit die Entity Bean anweisen, den Zustand eines Kunden in der Datenbank zu sichern und sie darauf mit einem anderen Kunden assoziieren. Deshalb darf der Client keinerlei direkte Verbindung mit der Bean-Instanz haben.

13.7   Das Simple Object Access Protocol (SOAP)

Das *Simple Object Access Protocol (SOAP)* ist eine wichtige Zukunftstechnologie zur Integration von Anwendungen. SOAP bietet einen einfachen und durchsichtigen Mechanismus zum Austausch von strukturierter und getypter Information zwischen Rechnern in einer dezentralisierten, verteilten Umgebung. Dabei will SOAP weder ein Programmiermodell noch eine implementationsspezifische Semantik vorgeben. SOAP versteht sich als unkomplizierter Mechanismus, um die interne Semantik einer Anwendung zu beschreiben. Durch sein modulares Paketmodell sowie Mechanismen zum Verschlüsseln von Daten innerhalb von Modulen kann SOAP in vielen Bereichen eingesetzt werden, von einfachen Nachrichtensystemen bis zu Remote-Procedure-Calls. XML lässt sich ja leicht über Systemgrenzen hinweg per HTTP oder SMTP transportieren: die meisten Firewalls erlauben diese beiden Protokolle.

Mittels SOAP können *Web-Services*, die von anderen Unternehmen angeboten werden, in eigene Anwendungen integriert werden. Das sind ebenfalls Komponenten, die aber nicht - wie bei einem typischen EJB-Szenario - auf dem eigenen Server installiert (deployed) werden, sondern auf dem Server des Partnerunternehmens verbleiben.

Mit dem Aufruf der Partnerkomponente wird eine reale, abrechnungsfähige Leistung angefordert (Angebot, Bestellung). Um die Wiederverwendbarkeit der Web-Services sicherzustellen, gibt es auch hier Bestrebungen, ein Komponentenmodell zu definieren:

- Mittels der Web Service Definition Language (WSDL) definieren die Web-Services ihre Schnittstellen.
- Die UDDI Business Registry (Universal Description, Discovery and Integration Standard; das UDDI-Konsortium ist eine Industrieinitiative) ermöglicht als zentraler Dienst - analog einem Namensdienst - das Auffinden von Web-Services und ihrer Schnittstellen.
- Es gibt erste Ansätze, unternehmensübergreifende Workflows auf Basis der Schnittstellen zu ermöglichen. Ein Beispiel dafür ist die BizTalk Orchestration von Microsoft.

13.7.1   SOAP im Detail

Die SOAP-Spezifikation (Version 1.1) umfasst drei Bereiche.

SOAP-Umschläge (Envelopes) dienen dazu, Nachrichten für eine Kette, bestehend aus Sender, Weiterleitungsstellen und dem Empfänger, zu verpacken. Ein Umschlag enthält dabei einen Kopf (Header) und einen Rumpf (Body). Während die weiterleitenden Stellen den Kopf lesen und bearbeiten können, müssen sie den Rumpf unverändert an den Empfänger weiterleiten. Kopf und Rumpf sind gleich aufgebaut.

Die *SOAP-Enkodierung* beschreibt eine Möglichkeit, Datentypen in XML zu definieren und typisierte Daten in XML zu serialisieren. Die *SOAP-RPC* definiert, wie Methodenaufrufe in jeweils eine Nachricht für den Aufruf und eine Nachricht für die Rückgabe umgesetzt werden.

RPCs (Remote-Procedure-Calls) erlauben es, Berechnungen auf verteilten Computern durchführen zu können. Seit 1984 gibt es den Ansatz der entfernten Funktionsaufrufe. Das zugrundeliegende Konzept ist relativ einfach: Ein Programm X auf Rechner A kann ein Unterprogramm X1 auf einem anderen Rechner B aufrufen und dabei evtl. auch Parameter übergeben. Programm X wartet nun, bis das Ergebnis von dem Unterprogramm nach Abschluss der Berechnungen zurückgegeben wird (Synchroner Ablauf).

Bei der Umsetzung von RPCs lassen sich zwei Formen unterscheiden: die Realisation in den eigentlichen Programmiersprachen (wie Remote Method Invocation in Java) oder das Benutzen eines Object Request Brokers in einer verteilten Objekt-Architektur wie DCOM oder CORBA. Beide Ansätze haben ihre Defizite, den sie setzen voraus, dass die Kommunikationspartner entweder - wie in Fall 1 - die selbe Programmiersprache oder - wie in Fall 2 - das selbe Protokoll für entfernte Methodenaufrufe verwenden. Bisher haben sich die Anbieter noch nicht zugunsten einer einzigen Programmiersprache oder eines einzigen RPC-Protokolls entschieden.

Mit HTTP als Transportprotokoll für SOAP-RPCs sähe ein RPC-Aufruf etwa so aus:

```
POST /MediaApplikation HTTP/1.1
Host: www.OKSmediaappserver.de
Content-Type: text/xml; charset="utf-8"
```

```
Content-Length: nnnn
SOAPAction: "Some-URI"
<SOAP-ENV:Envelope xmlns:SOAP-ENV=
"http://schemas.xmlsoap.org/soap/envelope/"
SOAP-ENV:encodingStyle=
"http://schemas.xmlsoap.org/soap/encoding/">

  <SOAP-ENV:Body>
   <m:GetStateMediaObject xmlns:m="Some-URI">
            <ObjectID>4711</ObjectID>
   </m:GetStateMediaObject>
  </SOAP-ENV:Body>
</SOAP-ENV:Envelope>
```

Rückgabe:

```
HTTP/1.1 200 OK
Content-Type: text/xml; charset="utf-8"
Content-Length: nnnn

<SOAP-ENV:Envelope xmlns:SOAP-ENV=
"http://schemas.xmlsoap.org/soap/envelope/"
SOAP-ENV:encodingStyle=
"http://schemas.xmlsoap.org/soap/encoding/">

  <SOAP-ENV:Body>
   <m:GetStateMediaObjectResponse
   xmlns:m="Some-URI">
        <ObjectState>archived A673</ObjectState>
   </m:GetStateMediaObjectResponse>
  </SOAP-ENV:Body>
</SOAP-ENV:Envelope>
```

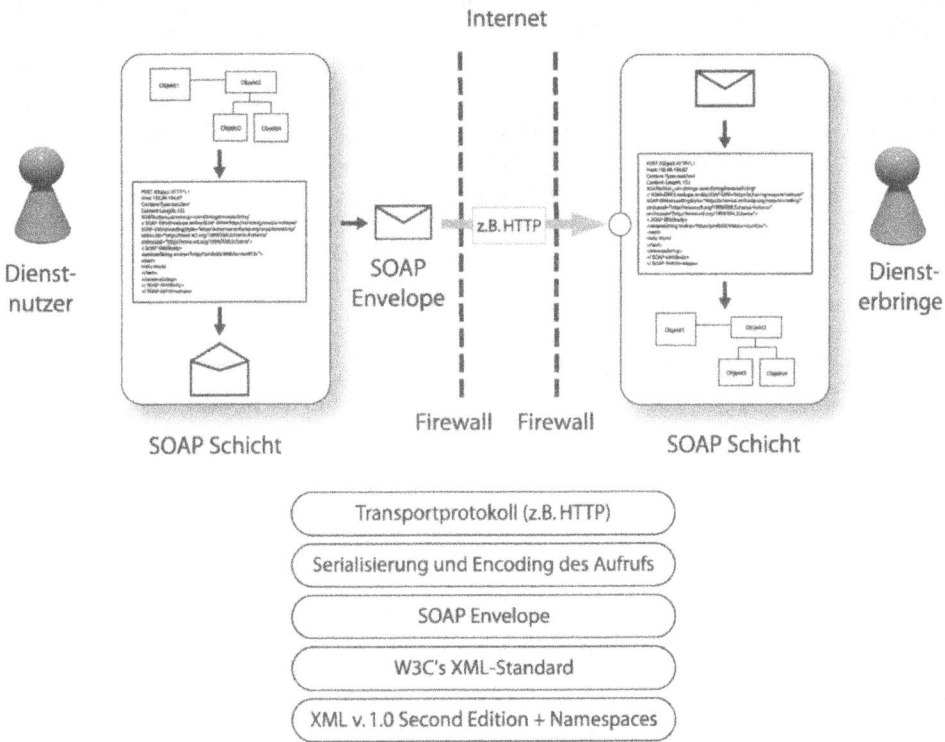

Abb. 13.2 *Beispiel des SOAP-Aufrufs*

Das RPC-Protokoll gestattet lediglich den Zugriff auf Objekte: es gibt keine Prozeduren zum Erzeugen, Referenzieren oder Löschen von Objekten. Als Transportprotokoll für SOAP-RPC ist HTTP sehr gut geeignet: der Methodenaufruf entspricht dann einem HTTP Request, die Rückgabe einer HTTP Response. Ab SOAP 1.1 lassen sich auch andere Protokolle verwenden.

Einige Bedenken gegen SOAP

Gegen SOAP sprechen der hohe Ressourcenverbrauch, die mangelnde Sicherheit und die mangelnde Transaktionsintegration. Fraglos erfordert die SOAP-Kodierung eines Methodenaufrufs mehr Bytes und Prozessorzyklen als andere Verfahren. Nach Vasters (Vasters 2000) benötigt SOAP aber manchmal sogar weniger Bandbreite als viele Binärprotokolle, da es weniger Overhead produziert und gut mit Standardverfahren komprimiert werden kann.

Beim Transport über HTTP oder SMTP können für diese Protokolle die entsprechenden Standardmechanismen HTTPS und S/MIME zur Sicherung, Authentisierung und zum Schutz gegen Abhörversuche verwendet werden.

Kompliziert ist mit verbindungslosen Protokollen wie HTTP allerdings die Realisierung einer Zwei-Phasen-Transaktionsverarbeitung. Eine Transaktion heißt Zwei-Phasen Transaktion, falls sie nach der Freigabe von Objekten keine zusätzlichen Sperren anfordert. Bei einer verbindungslosen Kommunikationsart wird ja keine Verbindung (Leitung oder logischer Kanal) zur Datenübertragung zwischen Sender und Empfänger geschaltet. Ähnlich die Situation bei der paketvermittelten Übertragung: die einzelnen Datenpakete können hier vom Sender zum Empfänger unterschiedliche Wege durchlaufen.

Zur Erläuterung: eine Transaktion *trans* ist wohlgeformt, wenn Folgendes gilt:

- trans sperrt ein Objekt obj, bevor es auf obj zugreift
- trans sperrt kein Objekt obj, das bereits durch eine andere Transaktion gesperrt ist
- vor seiner Beendigung gibt trans alle gesperrten Objekte frei.

Bei verteilten Transaktionen verwaltet jeder Server die Sperren für seine eigenen Daten.

13.7.2   WSDL

Die *Web Service Definition Language (WSDL)* ist die Interface Definition Language für Web-Dienste. Ein WSDL-Dokument definiert zunächst die Typen der ausgetauschten Daten. Diese Typen werden zu Nachrichten zusammengefasst. Operationen bestehen dann typischerweise aus zwei Nachrichten: einem Aufruf und einer Antwort. Mehrere solcher - zunächst abstrakter - Operationen an einem oder mehreren Endpunkten bilden dann einen sogenannten Port Type. Dieser wird konkretisiert durch eine Bindung an ein bestimmtes Datenformat (z.B. SOAP) und ein Transportprotokoll (z.B. HTTP). Ein Port ist dann ein Endpunkt (Netzwerkadresse), an dem eine bestimmte Bindung zur Verfügung steht. Ein Service ist wiederum eine Kombination aus zusammengehörigen Ports. Es wird also großer Wert darauf gelegt, dass Dienste untereinander austauschbar gemacht werden können, entweder auf Bindungs- oder auf Port-Type-Ebene.

13.7.3   UDDI

Die *Universal Description, Discovery and Integration (UDDI)* ist ein plattformunabhängiger offener Rahmen zur Beschreibung von Web-Diensten. Das UDDI-Konsortium (www.uddi.org) entstand als Zusammenschluss von Microsoft, IBM und Ariba und will mit der auf SOAP und WSDL basierenden Business Registry die weltweit zentrale Anlaufstelle zum Auffinden von Web-Diensten werden. Inzwischen sind 130 Firmen der Initiative beigetreten. Die erste Implementierung steht mit den sogenannten White, Yellow und Green Pages zur Verfügung: die White Pages enthalten Namen, Adressen und andere Identifikationsmerkmale des Anbieters, die Yellow Pages gliedern die Anbieter nach Branchenzugehörigkeit mit Produktspektrum und Kontaktmöglichkeiten, die WSDL Green Pages bieten Informationen über die von einem registrierten Anbieter angebotenen Web Services.

13.8 Beispielhafter Aufbau eines Medien-Applikations-Server

Wird ein Medien-Applikations-Server unter Verwendung von SOAP realisiert, ergeben sich daraus eine Reihe von Vorteilen:

- Keine zusätzliche Client-Software, wie z.B. in CORBA, notwendig
- Plattformunabhängigkeit der Aufrufe
- In nahezu allen Programmiersprachen, Applikationen und Plattformen implementierbar und integrierbar
- Aufbau von Web-Services (vergleiche Gartner Group Studie vom 8 - 12 Okt. 2001 - http://symposium.gartner.com/news/)
- Akzeptanz durch Kunden und Anwender durch einfachstes Integrationsprinzip (HTTP, TCP/IP, XML)
- Möglichkeit der kompetenz-verteilten Implementierung von Geschäftsprozess-Implementierung, Geschäftsprozess-Modellierung und Darstellungs-Modellierung

13.8.1 Eigenschaften und Anforderungen

- Transaktions-Management, d.h. Gewährleistung, dass Aufgaben innerhalb des Systems nach dem ACID-Prinzip, welches in einem der vorigen Kapitel bereits näher erläutert wurde, konsistent abgearbeitet werden
- *Session-Management*, d.h. Kapselung und Protokollierung von Daten, die zu einer spezifischen Arbeitssitzung z.B. nach einem erfolgreichen Login, gehören
- *Namensdienst*, d.h. Dienst zur Umsetzung von Namen, z.B. Web-URL, in verarbeitbare Adressen, z.B. zugehörige IP-Adresse
- *Clustering*, d.h. Funktionen können über mehrere Rechner verteilt werden und die Rechner arbeiten als Verbund
- *FailOver-Konzept*, d.h. bei Ausfall des Masters-Systems muss ein Slave-System dessen Aufgaben übernehmen, insbesondere müssen die Session-Informationen etc. erhalten bleiben.
- *Load Balancing*, d.h. Technologien um Lasten gleichmäßig zu verteilen
- Authentifikation (Sicherheitskonzepte SSL etc.)
- Allgemeine Applikations-Server Eigenschaften, wie bereits oben besprochen

13.8.2 Multi-Tier-Architektur

Die Realisierung erfolgt in einer dreischichtigen Architektur:

- Web-basierter Client (je nach Philosophie evtl. auch der eigentliche Web-Server) oder nativer Client
- Medien-Applikations-Server (Middleware)
- Datenbank- und optionaler File- bzw. Archiv-Server

Folgendes vereinfachtes Schaubild zeigt den generellen Aufbau eines Medien-Applikations-Servers Szenario:

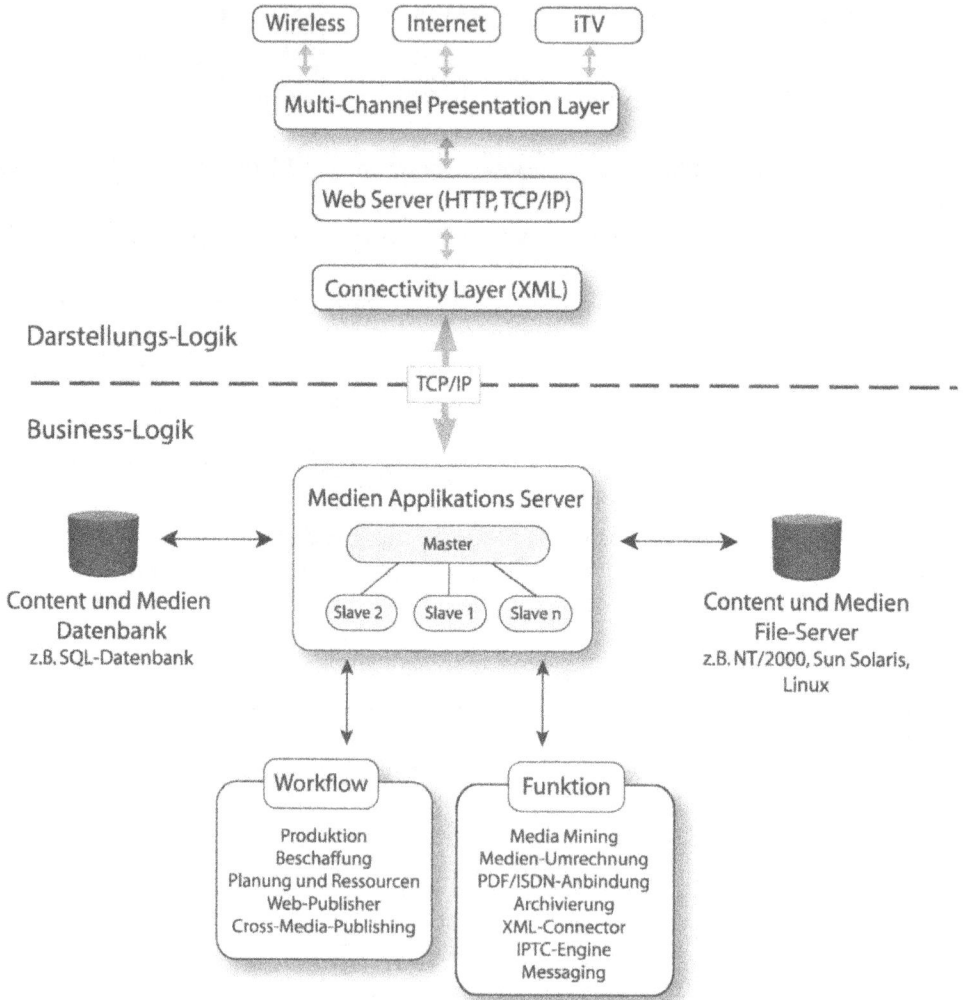

Abb. 13.3   *Aufbau eines Medien-Applikations-Server Szenario*

13.8.3   Implementierung der Geschäftslogik (Business-Logik)

Der Medien-Applikations-Server, der die Geschäfts-Funktionalitäten zur Verfügung stellt, stellt die Middleware dar. Der Begriff *Middleware* läßt sich nur über Umschreibungen erklären:

- Programme, die die Kommunikation zwischen verteilten Anwendungen ermöglichen
- die Netzinfrastruktur auf Anwendungsebene

Middleware kann man als eine Sammlung von Protokollen, Software-Schnittstellen und Programmen beschreiben, mit deren Hilfe Menschen, Daten und Anwendungen auf einem einzelnen Rechner, aber auch im heterogenen Netz kooperieren können.

13.8.4   Implementierung der Darstellungs-Logik eines Web-basierten Frontend

Die Implementierung des Connectivity Layer kann in unterschiedlichen Programmiersprachen erfolgen, wie zum Beispiel Java Server Pages (JSP). Der Connectivity Layer realisiert die Kommunikation zum Applikations-Server über SOAP oder XML-RPCs und setzt die Ergebnisse über den MultiChannel-Presentation Layer in HTML, XML, WML etc. um.

Java Server Pages (JSP) sind ein auf *Servlets* basierendes Verfahren, das die Einbettung von Java über XML-ähnliche Tags in HTML erlaubt. Bei der Anforderung einer HTML-Datei wird dieser eingebettete Java-Code auf dem Server ausgeführt und dessen Ausgabe kombiniert mit den statischen Inhalten der angefordeten HTML-Datei ausgeliefert.

In der konkreten technischen Umsetzung von JSP werden HTML-Dateien mit Java-Code bei ihrem ersten Aufruf in ein Servlet übersetzt, das bei diesem und folgenden Aufrufen ausgeführt wird. So betrachtet ist eine JSP nichts anderes als ein Servlet-Generator, der die Erzeugung von Servlets mit umfangreicherer HTML-Ausgabe erleichtert. JSP eignen sich deshalb besonders für die Realisierung von Views in einer auf dem *Model-View-Controller-Prinzip* (*MVC*) basierenden Webanwendung, in der der Controller-Teil von Servlets übernommen und das Model durch Datenbanken bzw. Geschäftsobjekte realisiert wird. Das Model-View-Controller-Prinzip trennt die Programmlogik bezüglich Inhalt, Bearbeitung und Darstellung. Dabei beinhaltet das „Model" die zu bearbeitenden Daten, während die „Views" diese Daten beim „Model" abfragen und für den Anwender verarbeiten. Der Zugriff auf diese Daten erfolgt ausschließlich über den „Controller".

Bei der Implementierung sollte man noch stärker die JSP-Implementierung und die HTML-Umsetzung, also den MultiChannel-Presentation Layer vom Connectivity Layer trennen. So kann nicht nur die eigentliche Darstellungsmodellierung etwa in einem HTML Layout-Programm erfolgen, sondern es kann auch die JSP-Ebene bei Bedarf durch andere Sprachen wie PHP ersetzt werden.

13.8.5   Prinzipieller Ablauf des Aufrufes von Funktionen

Schritt	Client-Aktionen (Web-basiert/native)	Aktionen des Medien-Applikations-Server
1	Versenden des Login XML-Call-Dokumentes an den TCP/IP-Port des Medien-Applikations-Servers	
2		Parsen des eingehenden XML-Call-Dokumentes
3		Evaluierung der Login-Informationen unter Verwendung der DB, Einrichten der Session und Zusammenbau des XML-Result-Dokumentes
4		Versenden des XML-Result-Dokumentes mit enthaltenem LoginToken
5	Empfang und Zwischenspeicherung des Login-Token für dieses Session	
6	Versenden des XML-Call-Dokumentes der aufzurufenden Funktion an den TCP/IP-Port des Medien-Applikations-Servers mit gültigem Login-Token	
7		Parsen des eingehenden XML-Call-Dokumentes und Evaluierung der Gültigkeit des LoginToken
8		Aufruf und Abarbeitung der aufgerufenen Funktion unter Verwendung der DB, sowie Zusammenbau des XML-Result-Dokumentes auf der Basis des Funktionsergebnisses
9		Versenden des XML-Result-Dokumentes
10	Umsetzung des XML-Result-Dokumentes in HTML, WML oder andere und Versenden über den beteiligten Web-Server an den Anwender	
...	....	
...		....
...	....	
N-3	Versenden des Logout XML-Call-Dokumentes der aufzurufenden Funktion an den TCP/IP-Port des Medien-Applikations-Servers mit gültigem LoginToken	
N-2		Parsen des eingehenden XML-Call-Dokumentes
N-1		Evaluierung der Login-Informationen über DB, Löschen der Session und Zusammenbau des XML-Result-Dokumentes
N		Versenden des XML-Result-Dokumentes

14   Integration von Medien-Datenbank- und Medien-Logistik-Systeme

Ein MAM-System muss im Regelfall in eine bereits vorhandene IT-Infrastruktur integriert werden, die ihrerseits immer weiter vernetzte und räumlich voneinander getrennte Strukturen aufweist. Der Informationsaustausch innerhalb eines Unternehmens ist eine Wertkette: außerdem reicht die Wertschöpfungskette von Content und Medien oft über die Grenzen des eigenen Unternehmens hinaus und bindet mehr und mehr auch Kunden und Zulieferer ein.

Die Kopplung von IT-Systemen mit dem MAM-System ist auf *Funktionsebene* durch Einbindung des vorig besprochenen Medien-Applikations-Servers auf Basis von Web-Services oder XML-RPCs möglich.

Auf *Datenebene* würde man optimalerweise IT-Systeme über direkte Referenzen, z.B. über SQL-Verknüpfungen in verteilten Datenbanken, mit Content-Bereichen und Content-Objekten koppeln. Dies setzt aber nicht nur Referenzen voraus, die zumindest auf der Datenbank-Ebene kompatibel sind; es dürfen auch keine Sicherheitsbedenken existieren und es muss eine Online-Anbindung vorhanden sein.

Interessanter ist der Abgleich, die Replikation und der Austausch von Media Assets und deren Metadaten auf XML-Basis. Für dieses Verfahren werden zunehmend auch Standardisierungen wie BMEcat etc., verabschiedet und es besteht zukünftig die Möglichkeit, den XML-basierten Abgleich auch über sogenannte *BusinessObjects* abzuwickeln. Unter BusinessObjects versteht man logische Objekte, die Daten und Funktionen von in der realen Geschäftswelt vorkommenden Objekten kapseln, z.B. ein Produkt xyz mit Preisinformationen und Funktionen zum Abgleich dieser Preisinformationen.

14.1.1   Integrationseigenschaften eines MAM-Systems

Um eine Integration auf der Basis von Datenabgleich, -replikation und -austausch zu ermöglichen, muss ein MAM-System folgende Eigenschaften besitzen:

* Eindeutige Identifizierung von Content-Objekten
* XML-basierte Schnittstelle mit Mapping-Funktionalität (d.h. Zuordnung von importierten XML-Inhalten zu den internen Datenstrukturen des Medien-Datenbank-Systems)

- Maximale Aktualität des Datenabgleichs durch transaktionsorientierte Implementierung
- Automatisierung des Abgleichs durch Definition von sogenannte Connector-Schablonen
- Bidirektionalität (Import/Export von Daten)
- Gewährleistung der Mehrfach-Verwendung von Transaktionsdaten, z.B. um ein und dieselbe Transaktion mit mehreren angebundenen Systemen abzugleichen
- Neben der freien Definition von Abgleich-Szenarien (Connector-Schablonen) sollten auch Schnittstellen zu bestehenden Standards existieren, wie z.B. BMEcat (s.u.)
- Möglichkeit des Zuordnens automatischer Medien-Bearbeitungen für den Datenabgleich von Medienobjekten, so sollen z.B. Bilder nach dem Einchecken und dem Zuordnen von Metadaten einem E-Shop im Bildformat JPEG mit 72 dpi und mit den Metadaten in XML bereitgestellt werden.

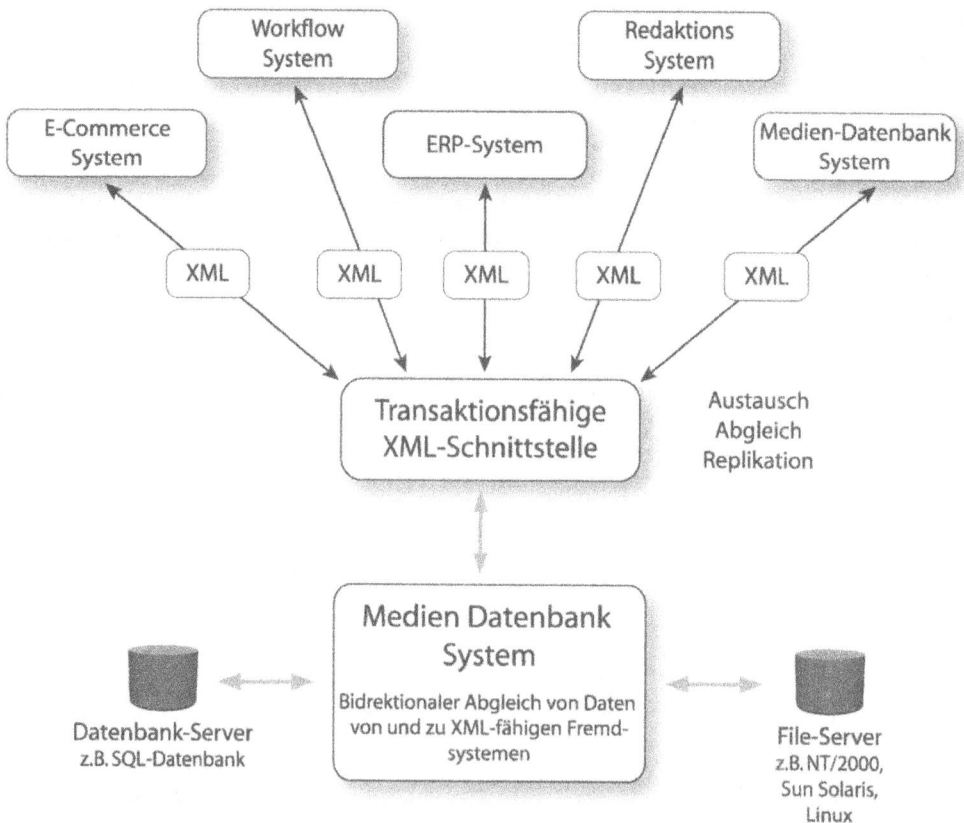

Abb. 14.1   *Datenaustausch, -abgleich und –replikation*

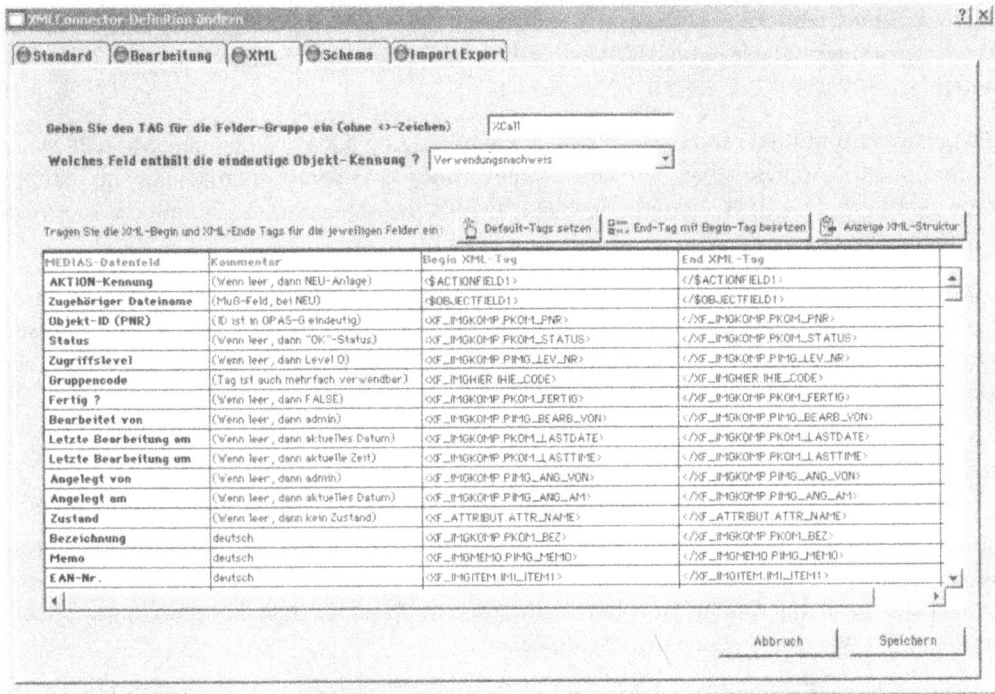

Abb. 14.2 *Beispiel Mapping-Funktionalität*

Im obigen Schaubild wird ein einfaches Mapping-Szenario zwischen Datenbank-Feldern der Content-Objekte (linke Spalte mit Kommentar-Spalte rechts daneben) und den zugehörigen XML-Tags (rechte Spalten) der Import-/Export-Dateien zu einem Fremd-System dargestellt.

14.2   Standard BMEcat

BMEcat ist ein auf Initiative des Bundesverbands Materialwirtschaft, Einkauf und Logistik (BME) und namhaften Unternehmen (Alcatel, American Express, Audi, Bayer, BMW, C@Content, DaimlerChrysler, Deutsche Bahn, Deutsche Telekom, DLR, e-pro solutions, Flughafen Frankfurt, GZS, InfraServ Höchst, Lufthansa, Mannesmann, Philips, PreussenElektra, Ruhrgas, Siemens, VEBA und VISA) vom Fraunhofer Institut für Arbeitswirtschaft und Organisation sowie die Universitäten Essen und Linz entwickelter Standard zur elektronischen Datenübertragung für Artikelkataloge, der erstmals Ende 1999 veröffentlicht wurde. Nachfolgend eine kurze Zusammenfassung über den BMEcat-Standard unter Verwendung von Quellen der Web-Seite www.bmecat.org.

BMEcat ist der mit Abstand am weitesten verbreitete Austausch-Standard für elektronische Produktkataloge im deutschsprachigen Raum. Auch international wird BMEcat zunehmend im zwischenbetrieblichen E-Commerce eingesetzt. Die Markteinführung wird von den Softwareunternehmen Oracle und JBA Deutschland als offiziellen Technologiepartnern unterstützt.

BMEcat schafft mit der einfachen Übernahme von Katalogdaten aus den unterschiedlichsten Formaten die Voraussetzung, um den Warenverkehr zwischen Unternehmen im Internet voranzubringen. Der XML-basierte Standard BMEcat wurde bereits in Pilotprojekten erfolgreich umgesetzt.

Die Mehrzahl der Unternehmen, die an der Entwicklung beteiligt waren, wollen BMEcat in ihren Unternehmen einsetzen und zukünftig die elektronischen Kataloge mit ihren Lieferanten im neuen Einheitsformat austauschen. Bei Unterstützung gibt es berechtigte Hoffnung, dass sich der Standard europaweit rasch durchsetzen wird.

14.2.1   Die Abläufe in BMEcat

In dem in BMEcat zugrunde liegenden Modell stellt ein Lieferant ein Katalogdokument in elektronischer Form gemäß dem BMEcat-Standard zusammen. Dieses Katalogdokument ermöglicht auch die Einbindung von multimedialen Produktdaten, beispielsweise Bilder, Grafiken, Technische Dokumente, Videodaten etc.

Typischerweise übermittelt ein Lieferant das Katalogdokument an eine einkaufende Organisation, die den Inhalt weiterverarbeitet und etwa in ein bestehendes Shop-System integriert; Anbieter solcher Shop-Systeme für den Beschaffungsbereich sind beispielsweise SAP, Intershop, Harbinger, Ariba, Commerce One, Procure Network oder Healy Hudson. Dieser Vorgang wird als *Produktdatenaustausch* bezeichnet. Das BMEcat-Format ermöglicht dem Lieferanten bei einem Produktdatenaustausch nicht nur eine Übertragung der kompletten Produktdaten, sondern auch eine Aktualisierung von Preisdaten.

Der Einsatz von BMEcat ist ein wichtiger Schritt auf dem Weg zum standardisierten zwischenbetrieblichen E-Commerce. Unternehmen, die Dokumente auf der Basis des BMEcat erstellen können, erfüllen damit wesentliche Voraussetzungen für weitere Bereiche des E-Commerce, wie die automatisierte Verarbeitung von Bestellungen, den elektronischen Austausch von Rechnungsdaten oder die Katalogproduktion.

Durch die Verwendung von XML, der Extensible Markup Language, ist BMEcat offen auch für den internationalen Markt. Mittelständische Händler, die sich im Beschaffungswesen behaupten wollen, müssen ihre Kataloge künftig vollständig digital bereitstellen können.

14.2.2   Vorteile von BMEcat

BMEcat bietet sowohl für die beschaffenden Organisationen als auf für Lieferanten und Softwarehäuser, die ihre Produkte BMEcat-kompatibel gestalten, viele Vorteile.

Für einkaufende Unternehmen ergeben sich folgenden Nutzenpotentiale:

- Ein einheitlicher Standard für den Austausch multimedialer Produkt- und Katalogdaten für alle Lieferanten und Zielsysteme bildet die Grundlage für Nutzung von Online-Katalogsystemen im Intranet und im Print-Bereich.
- Basis für umfassende Kostenreduzierung im Beschaffungsprozess (einheitliche Kataloge; Aufwandsreduzierung; Prozessbeschleunigung; automatische Bestellbearbeitung, Auswertemöglichkeiten etc.)
- Geringe Pflegekosten für Produktdaten und Kataloge
- Schnelle Implementierung neuer Kataloge; zusätzliche Nutzungsmöglichkeit für bereits bestehende BMEcat-kompatible Lieferantenkataloge
- Einfache Migration zu anderen Online-Beschaffungssystemen möglich
- Enge Integration mit Lieferanten
- Mittelfristig: Automatische Zuordnung standardisierter Katalogstrukturen auf Inhouse-Warengruppen

Auch Lieferanten profitieren von BMEcat:

Lieferanten müssen für ihre Geschäftskunden in zunehmendem Maß elektronische Produktdaten und vertragsspezifische Zusatzdaten zur Verfügung stellen. Bisher erfolgt das oft noch in kunden- oder zielsystemspezifischen Datenformaten.

BMEcat löst die damit verbundenen Probleme und erlaubt es den Lieferanten, ihre Kunden auf einheitliche Weise zu bedienen. Somit reduziert sich der Aufwand auch auf Lieferantenseite erheblich. Lieferanten, die BMEcat einsetzen, können daher günstigere Produktpreise anbieten sowie ihre Wettbewerbsposition sichern und weiter ausbauen.

14.2.3   Einsatz von BMEcat in einem MAM-System

BMEcat bietet auch für die Verwaltung, die Beschaffung und den Vertrieb von Media Assets viele Vorteile. Dazu gehören:

- Umfassende Abdeckung der Anforderungen an multimediale Produktdaten und Katalogstrukturen
- Strukturierung der Produktdaten in mehrere Bereiche, z.B. Grunddaten, Verpackungsdaten, Preisdaten, multimediale Zusatzdaten, Artikel-Strukturdaten, Katalog-Strukturdaten
- Empfehlungen zum Einsatz standardisierter Produktklassifikationen (Katalogstrukturen)
- Definition von Muss- und Kann-Feldern, Datentypen, Feldlängen und Zusatzregeln
- Definition von mehreren Katalogtransaktionen: beispielsweise neuer, vollständiger Produktkatalog, Aktualisierung einzelner Produktdaten, Aktualisierung von Preisen
- separate Übertragung von Kerndaten und multimedialen Zusatzdaten möglich
- Internet, aber auch herkömmliche Medien (CD-ROM, Diskette, DAT), sind zur Übertragung nutzbar
- direkter Import in alle wesentlichen Zielsysteme für Online-Kataloge, die in Beschaffung oder Vertrieb eingesetzt werden
- Definition von Datenstrukturen und Austauschformaten mit Hilfe von XML
- einfache Erweiterbarkeit des Standards zur Erfüllung zukünftiger Anforderungen

- Nutzer können bei Bedarf spezifische Felder hinzufügen
- Als Austauschformat für Meta-Daten von Produkten und den zugehörigen Medien-Daten
- Strukturierung und Verwaltung innerhalb eines Medien-Datenbank-Systems der Produktdaten
- Ausgangsbasis für ein MAM-basiertes CrossMedia-Publishing

14.3   Standard ebXML

Die *Electronic Business using eXtensible Markup Language (ebXML)* ist ein Regelwerk für den Austausch von Geschäftsinformationen im Internet. Sie basiert auf einem Entwurf der Vereinten Nationen (UN/CEFACT) und der Organisation für die Förderung Strukturierter Informationsstandards (OASIS), die 14 Nationen und mehr als 100 Unternehmen vertritt.

ebXML will als Rahmenwerk einen elektronischen Marktplatz schaffen, der es Unternehmen unabhängig von ihrem Standort und ihrer Größe ermöglicht, Nachrichten auf Basis von XML-Dokumenten austauschen zu können. Irgendwann wird es das klassische EDI-Format ersetzen: UN/EDIFact ist ebenfalls ein von der UN initiertes Austauschformat. Siehe www.ebxml.org.

14.4   Standard eCl@ss

eCl@ss ist ein hierarchisches System zur Klassifizierung von Produkten, Materialien, Waren und Dienstleistungen; siehe www.eclass.de. eCl@ss ist nach einem logischen Schema aufgebaut, das in seiner Detaillierung den Produktmerkmalen entspricht. Dadurch können Märkte branchen-, unternehmens- und produktneutral abgebildet werden. Die eCl@ss-Klassifizierung kann optional jedem Produktkatalog im BMEcat-Format übergeben werden. Der BMEcat hat hierfür bereits Felder definiert.

14.5   Beispiel-Szenarien für den Datenaustausch in einem MAM-System

Beim Einchecken eines Bildes in die Medien-Datenbank des Zentral-Dienstleisters soll automatisch ein heruntergerechnetes Bild in die Medien-Datenbank des zugehörigen Industriekunde mit bestimmten technischen Meta-Daten übertragen werden

Nach der Neuerfassung von Preisen im ERP-System werden die Preisinformationen mit den Medien-Objekten des zugehörigen Produktes in der Medien-Datenbank abgeglichen.

Diese Metadaten und die neuen Preisinformationen aus dem ERP-System werden nach einer zusätzlichen manuellen Verschlagwortung eines Produktes direkt in der Medien-Datenbank mit dem MAM-System des Zentraldienstleisters abgeglichen.

Zusätzlich werden die Preisinformationen und das Produktansichtsbild, automatisch konvertiert in das Bildformat JPEG und 72dpi Auflösung, dem E-Commerce Shop zugeführt.

15   Datenspeicherung, Archivierung und Backup

15.1   Redundante Speicherung mit RAID

Der Begriff *RAID* (Redundant Array of Independent Disks) entstand 1987 an der Universität Berkeley als Alternative zu SLED (Single Large Expensive Drive). Bei RAID-Systemen steht zunächst die Sicherheit der Festplattendaten im Vordergrund. Ein RAID-System ist in der Lage, Daten - gegebenenfalls redundant - auf mehreren Festplatten abzulegen. Es existieren unterschiedliche „RAID-Levels", welche über unterschiedliche Leistungsmerkmale verfügen. Jeder Level benutzt seine eigene Art und Weise, wie Daten über die im Array gruppierten Festplatten verteilt werden. Sie stellen in der Regel einen Kompromiss zwischen Kosten und Geschwindigkeit dar. Diese Level-Einteilung zu verstehen ist nicht ganz unwichtig, da die einzelnen Level für bestimmte Anwendungen optimiert sind.

Die Grundlage der RAID-Technologie wird durch so genannte „Stripe Sets" gebildet (stripe = Streifen). Dabei werden relativ kleine Datenblöcke auf mehrere Festplatten verteilt. Die Datenblöcke liegen in der Regel im Bereich von einigen Kbyte.

RAID Level 0:

RAID Level 0 ist eigentlich gar nicht redundant. Hier werden die Daten blockweise über mehrere Festplatten verteilt, um einen höheren Datendurchsatz zu erzielen. Da bei diesem reinen „striping" keine redundanten Daten gespeichert werden, ist die Geschwindigkeit sehr hoch, aber ein Ausfall einer Festplatte im Array führt zu einem Datenverlust.

RAID Level 1:

RAID Level 1 macht eine transparente Plattenspiegelung und dupliziert die Daten auf verschiedene Festplatten. Die Geschwindigkeit ist bei Level 1 nur geringfügig niedriger, als bei Level 0. Ein Festplattenausfall bewirkt keinen Datenverlust. Dieses System ist für kleinere Anwendungen geeignet, denn es kann auch schon mit nur zwei Festplatten eingesetzt werden. Die Schreibgeschwindigkeit verringert sich, weil die Daten zuerst auf die erste Platte, dann auf die zweite geschrieben werden (Ausweg: zweiter Controller). Da bei diesem „mirroring" (Spiegelung) allerdings eine Festplatte die gesamten Daten in gespiegelter Form enthält, sind die Kosten pro Megabyte recht hoch. Eine Erweiterung kann ebenfalls nur mit Plattenpaaren erfolgen.

RAID Level 2:

Level 2 arbeitet mit einer Hamming-Fehlerkorrektur (Error Checking and Correction - ECC) und ist für Festplatten ohne eigene Fehlererkennung und -korrektur gedacht. Da SCSI-Platten diese ECC-Fähigkeit mitbringen, ist der Einsatz nur bei IDE-Platten interessant, aber unüblich.

RAID Level 3:

Level 3 verteilt die Daten in bytegroßen Einheiten über mehrere Festplatten und verwaltet die Prüfsummen (Parity) auf einer separaten Platte. Dieses „Byte-Level Striping" erfordert einen speziellen Controller. Durch parallele Datenpfade können hohe Datentransferraten erzielt werden. Eine defekte Platte lässt sich ersetzen, ohne das System herunterzufahren (hot-swap). Anschließend werden die Daten durch den Array-Controller rekonstruiert. Level 3 ist sehr ähnlich zu Level 4. Level 3 ist ideal für großen Dateien, diese sequentiell gelesen werden müssen, nicht aber für Datenbankapplikationen

RAID Level 4:

Level 4 verteilt die Daten blockweise auf mehreren Festplatten, auch hier werden die Prüfsummen auf einer eigenen Platte gehalten. Diese Parity-Daten ermöglichen bei einem Festplattenausfall die Wiederherstellung der Daten. Bei Leseoperationen ist Level 4 ebenso schnell wie Level 0; Schreibvorgänge erfordern allerdings die ständige Aktualisierung der Parity-Daten. Daher werden kleinere wahlfreie Dateien nur recht langsam geschrieben, bei umfangreichen sequentielle Schreiboperationen ist die Performanz aber recht hoch. Die Kosten pro MB sind bei Level 4 relativ gering, da nur eine Festplatte im Array die redundanten Daten verwaltet. Wie bei Level 3 ist ein „hot-swap" möglich. Level 4 Systeme werden nicht mehr angeboten, weil sie praktisch keine Vorteile gegenüber Level 5 Systemen haben.

RAID Level 5:

Bei Level 5 werden die Prüfsummen auf alle Festplatten verteilt. Damit werden auch kleinere Schreibvorgänge in Multiprocessing-Umgebungen schneller: Engpässe durch die spezielle Parity-Platte können ja nicht entstehen. Lesezugriffe sind schnell, da sie parallel erfolgen. Bei den Kosten pro MB unterscheiden sich Level 4 und 5 nicht: bei 4 x 10 GB Platten sind 30 GB Kapazität nutzbar. Wie bei Level 3 ist ein „hot-swap" möglich. RAID Level 5 hat sich in den letzten Jahren als beliebteste RAID-Variante für Datenbanksysteme etabliert. Level 5 Systeme arbeiten häufig mit Caching, um die schlechte Schreibgeschwindigkeit auszugleichen. In diesem Fall sollte der Cache durch batteriegepuffertes Netzteil (USV) unterstützt werden, um die Datensicherheit nicht durch einen ungesicherten Cache zu gefährden.

RAID Level 7 ist identisch mit Level 5

RAID Level 10:

Level 10 kombiniert Level o und 1, bietet also optimale Performance bei maximaler Ausfallsicherheit. Wie bei Level 0 ist die Geschwindigkeit nur bei sequentiellen Zugriffen optimal und wie bei Level 1 gehen 50 Prozent der Gesamtkapazität für die Redundanz verloren. RAID 10 ist eher für kleinere Datenvolumen geeignet.

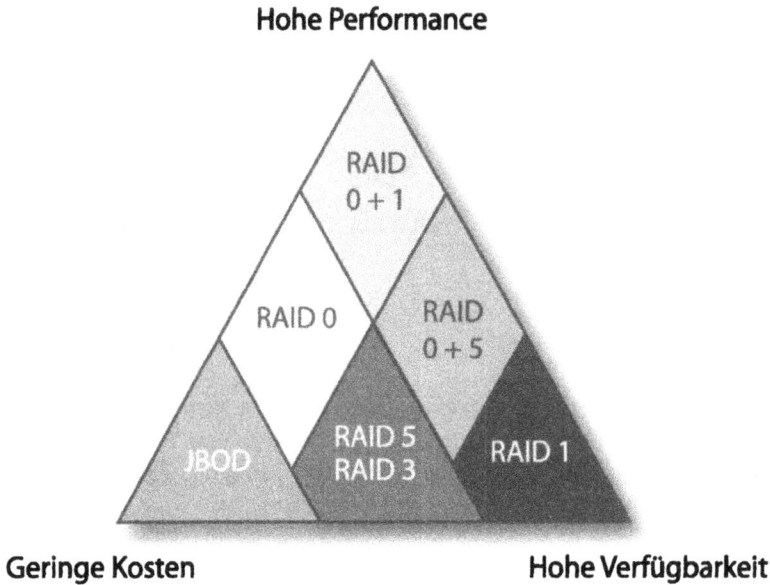

Abb. 15.1   RAID-Level im Vergleich

15.2   Archivierung

Unter *Archivierung* oder *Migration* verstehen wir die langfristige Auslagerung von Daten, die nicht mehr im aktiven Änderungsprozess sind. Der archivierte Datenbestand ist anschließend auf einem Archiv-Medium und *nicht* mehr auf dem Online-Speicher (z.B. RAID, Festplatte) des Rechnersystems vorhanden

Man unterscheidet innerhalb der Archivierung zwischen *Online-, Nearline-* und *Offline-*Konzepten, wobei historische *Nearline*-Konzepte, also das Auslagern auf MO-Medien, aus wirtschaftlichen Gründen heute nicht mehr ohne weiteres vertretbar sind.

Das Archiv erlaubt einen Zugriff auf Datenbestände über die Grenzen des verfügbaren Online-Speichers (RAID, Festplatte) des Rechnersystems hinaus.

15.3   Backup

Unter *Backup* versteht man das Anlegen einer Sicherheitskopie des aktuellen Datenbestandes eines Rechnersystems auf externe Medien. Nach Durchführung des Backup ist der gesicherte Datenbestand auf dem Backup-Medium *und* auf dem Online-Speicher (z.B. RAID, Festplatte) des Rechnersystems vorhanden

Ein Backup soll im Falle eines Datenverlustes eine Möglichkeit bieten, die ursprünglichen Datenbestände wiederherzustellen.

15.3.1   Stufenkonzepte für das Backup

Beim Backup existieren mehrere Varianten, die sich darin unterscheiden, was gesichert und wie es wiederhergestellt wird.

15.3.2   Volles Backup

Beim *Full-Backup* werden alle Dateien gesichert: man bekommt ein komplettes Abbild des jetzigen Systemzustands. Der administrative Aufwand für Sicherung und Wiederherstellung ist minimal. Natürlich fällt hier die größte Datenmenge an: Die Sicherung dauert sehr lange und erfordert gegebenenfalls während der Sicherung einen Medientausch.

15.3.3   Partielles Backup

Beim *partiellen Backup* hingegen werden nur Teile der Daten gespeichert: die Häufigkeit der Sicherung richtet sich nach den verschiedenen Dateiarten. Systemdateien werden nur nach Änderungen im System gespeichert, während die Datenpartition täglich gesichert wird. Es existiert zwar ein aktuelles Systemabbild, das aber zu verschiedenen Zeiten erstellt wurde. Bei der Sicherung werden weniger Daten übertragen, sie ist damit schneller und kommt mit weniger Medien aus.

15.3.4   Inkrementelles Backup

Noch ökonomischer ist das *inkrementelle oder differentielle Backup*. Man fängt mit einem vollen oder partiellem Backup aller zu sichernden Daten. In den nächsten Sicherungen sichert man nur die Dateien, die sich seitdem geändert haben.

Allerdings ist hier ein höheres Maß an Sorgfalt und Planung gefordert, denn bei einem Datenausfall müssen das letzte Voll-Backup und alle inkrementellen Backups in der richtigen Folge zurück geschrieben werden.

15.3.5   Mixed-media Backup

Hier werden unterschiedliche Medien (z.B. Band + CD) für die Datensicherung eingesetzt. Auch hier ist die Organisation und Planung maßgebend für die erzielte Sicherheit.

15.3.6   Desaster-Recovery-Szenario

Man muss ein Backup-Konzept an verschiedene Katastrophenszenarien anpassen. Bei Brand oder Hochwasser nützen Backup-Medien wenig, wenn diese dem selben Schadensereignis ausgesetzt sind, weil sie am selben Ort gelagert werden.

15.4   Unterschied von Archivierung und Backup

Zwischen Archivierung und Backup gibt es grundsätzliche Unterschiede:

*   Datenbestand ist bei der Archivierung nicht mehr als Kopie auf dem Online-Speicher des Rechnersystems vorhanden
*   Bei den Medien der Archivierung müssen zusätzliche Backup-Szenarien dieser Archivierungsmedien aufgebaut werden (sogenannte Cloning-Konzepte, s.u.)
*   Die Archiv-Medien müssen im Regelfall im permanenten, automatisierten Maschinen-Zugriff stehen (Stichwort 24/7), während Backup-Medien sinnvollerweise räumlich getrennt gelagert werden.

15.5   Archivierung in MAM-Systemen

Bedingt durch das immense Datenvolumen von Medien wie Bild-, Video- und Audiodaten ist es aus technischer und finanzieller Sicht nicht mehr sinnvoll, sie komplett auf Online-Speichern zu halten. Da gerade aber im Umfeld von Medien oftmals ein 7 Tage/ 24 Stunden Verfügbarkeit gefordert ist, kommt der Anbindung von automatischen Archivierungssystemen große Bedeutung zu.

15.6   HSM: Hierarchisches Speichermanagement

HSM (Hierarchical Storage Management)-Systeme kopieren automatisch und transparent für den Benutzer die festgelegten Dateien aus dem File-System von teuren Online-Platten hin zu kostengünstigeren, auch robotergesteuerten Speichermedien; man spricht von Migrationsvorgängen. Bei Bedarf werden diese Dateien automatisch zu den Platten zurück geladen und dem Benutzer wieder zur Verfügung gestellt. HSM-Systeme verwalten selbständig den verfügbaren Plattenplatz mittels vorgegebener Schwellenwerte und/oder durch einstellbare Kriterien und stellen dem Anwender den durch das Kopieren auf längerfristige Speichermedien freigewordenen Platz wieder zur Verfügung.

Das Verhalten von HSM-Systemen wird meistens durch eine systemspezifische Parametrisierung definiert. Kriterien zur Migration und Archivierung sind:

- die Dateigröße, das Alter, den Namen, die Dateiart, Anzahl der Zugriffe, letztes Bearbeitungsdatum etc.
- die logische Gruppierung von Daten (z.B. eine Gruppierung nach Benutzer, dem Pfadnamen, dem Dateinamen etc.).
- Anforderungen und Eigenschaften des Speichermediums bzw. seines Robotersystems, z.B. Füllstände für ganze File-Systeme

Häufig finden wir in der Praxis folgendes Migrationskonzept:

- Kriterium ist das Erreichen eines Schwellen- bzw. Kriterienwertes
- Erzeugen einer File-Kopie auf einem oder mehreren Archiv-Medien
- Ein Verfahren von HSM-Systemen löscht dann die archivierte Datei ohne den Header der Datei selbst zu löschen. Dadurch wird dem File-System vorgegaukelt, dass die Datei noch existiert. Eventuell erfolgt zusätzlich die Markierung der Datei als archiviert direkt über die Filesystem-Funktionalitäten. Bei geplanter Bearbeitung dieser Datei genügt ein Doppelklick auf diese Datei, die ja nur als Kopf vorhanden ist, um diese vom Archiv automatisch rückzuarchivieren und der Bearbeitung zuzuführen
- In anderen Verfahren von HSM-Systemen werden die archivierten Dateien vollständig gelöscht und die archivierte Datei in einem eigenen File-System dargestellt.

Dieses Konzept bietet mehrere Vorteile:

- Vollständige Transparenz für den Benutzer und seine Applikation
- Laufende Datensicherung (wird eine Datei eine bestimmte Zeit nicht mehr verändert, wandert diese automatisch auf einen weiteren Datenträger)
- Files existieren ggf. in mehreren Kopien auf verschiedenen Datenträgern
- Sofortiger und automatischer Daten-Schutz innerhalb kurzer Zeit
- Automatische und flexible Migrations- und Speicherungskriterien
- Skalierbare Implementierung mit größtmöglichen Kapazitäten
- Maximale Nutzung der Transferraten bei jedem Medium
- Einfache und schnelle Daten-Rückgewinnung mit oder ohne die Hilfe von HSM

Produktbeispiel: *Storage and Archive Manager File System (SAM-FS)*

15.7   Überblick über relevante Archivierungsmedien

Folgende Archivierungsmedien sind heute im Einsatz:

DAT (Digital Audio Tape): Typ Band
Dieser Archivierungstyp ist aus Gründen der Performance und der Bandkapazität nicht mehr gebräuchlich

DLT (Digital Linear Tape): Typ Band
Diese Bandspeichertechnologie mit linearer Aufzeichnung ist aufgrund der Verbreitung, der Datenkapazität (bis 80 GB komprimiert), der Performance (3-5 MB/s) und des Preis-/Datenkapazitäts-Verhältnis derzeit das gebräuchlichste Archivierungsmedium. Verwendung findet ein 1/2-Zoll breites Magnetband. Hersteller Quantum.

Video-Band: Typ Band
Die Archivierung auf Video-Bändern ermöglicht die Speicherung von sehr großen Datenmengen. Bedingt jedoch durch die sehr geringe Zugriffs-Geschwindigkeit findet es wenig Anwendung.

AIT (Advanced Intelligent Tape): Typ Band
AIT ist eine Sony-Weiterentwicklung der 8 mm Helical Scan-Technologie zur Datenaufzeichnung mit dem besonderen Merkmal, dass sich das Inhaltsverzeichnis auf einem Chip als Bestandteil der Cartridge befindet. AIT-3-Bandlaufwerke haben eine Speicherkapazität von bis zu 100 GByte pro Cartridge.

LTO (Linear Tape-Open Technology): Typ Band
Diesen Standard für Streamer / Bandlaufwerke haben IBM, Hewlett-Packard und Seagate Anfang 1998 vorgestellt. Der Standard sah zwei Varianten vor: „Ultrium" war optimiert auf hohe Kapazität, während „Accelis" für schnellen Zugriff auf gespeicherte Daten sorgen sollte.

Frühe Ultrium-Laufwerke konnten / können 200 GB speichern, die Accelis-Variante war mit etwa 50 GB deutlich zurückhaltender, dafür aber mit Zugriffszeiten von etwa 10 Sekunden sehr schnell. Langfristig soll(te) mit LTO die Kapazität von Bandlaufwerken auf 1,6 Terabyte (= 1600 GB) steigen.

15.7.1   Vor- und Nachteile des Archivierungsmedium BAND

Vorteile:

- Sehr gutes Preis-/Leistungsverhältnis
- Wiederbeschreibbarkeit

- Hohe Verbreitung von zugehörigen Jukebox- und Robotersystemen
- Standardisierte Schnittstelle zum Ansteuern der Robotik (SCSI 2)

Nachteile:

- Empfindlichkeit (Umgebungsparameter)
- Zu geringe Performance beim Laden und Lesen
- Zu geringe Lebensdauer

CD (Compact Disc): Typ CD
Die Idee für die CD-Technologie entstand im November 1974 im Forschungslabor des niederländischen Elektronikkonzerns Philips. Am weitesten verbreitet ist die CD-ROM, eine nur einmalig beschreibbare CD. Als Archivierungsmedium in Medien-Datenbank-Systemen spielt die CD, bedingt durch die zu geringe Speicherkapazität und dem schlechten Preis-/Datenkapazitäts-Verhältnis, immer weniger eine Rolle.

MOD (Magneto Optical Disk): Typ magneto-optischer Datenträger
Die MOD ist ein wiederbeschreibbarer magnetischer Datenträger, der mit einem Laserstrahl ummagnetisiert wird. Als Archivierungsmedium in Medien-Datenbank-Systemen spielt sie bedingt durch die zu geringe Speicherkapazität und dem schlechten Preis-/Datenkapazität-Verhältnis eine immer kleiner werdende Rolle.

DVD (Digital Versatile Disc): Typ DVD
DVD will als universeller Multimediastandard Compact-Discs, Videokassetten, CD-ROMs und PC-Wechselplatten ablösen. Am weitesten verbreitet ist die DVD-ROM, eine nur einmalig beschreibbare DVD. Äußerlich kaum von der etablierten Compact-Disc (CD) zu unterscheiden, beeindrucken die inneren Werte der DVD. Man unterscheidet :

- DVD-5: einseitige Discs mit 1 Schicht: Kapazität 4,7 GB, MPEG-Video Spielzeit ca. 133 Minuten
- DVD-9: einseitige Discs mit 2 Schichten: Kapazität 8,5 GB, MPEG-Video Spielzeit ca. 241 Minuten
- DVD-10: zweiseitige Discs mit 1 Schicht: Kapazität 9,4 GB, MPEG-Video Spielzeit ca. 266 Minuten
- DVD-18: zweiseitige Discs mit 2 Schichten: Kapazität 17 GB, MPEG-Video Spielzeit ca. 482 Minuten
- Im Teststadium sind DVDs mit 50 GB, die mit blauem Laser beschrieben werden

15.7.2   Vor- und Nachteile der DVD

Hier soll nur die DVD betrachtet werden, da CD und MOD an Bedeutung verloren haben.

Vorteile:

- Gute Performance beim Laden und Lesen. In der Regel werden die DVDs nur gemountet, so dass kein explizites Rücklesen notwendig ist.
- Robustheit des Archivierungsmedium
- Lange physikalischeLebensdauer
- Immer weitere Verbreitung von Einzel-Laufwerken

Nachteile:

- Medien im Verhältnis der speichernden Datenkapazität noch teuerer als Band
- Noch keine Wiederbeschreibbarkeit, die sich sicher verwenden lässt
- Langsame Schreibgeschwindigkeit
- Momentan noch zu viele (Quasi-) Standards im Markt
- Geringe Anzahl an zugehörigen Jukebox- und Robotersystemen
- Keine standardisierte Schnittstelle zum Ansteuern der Robotik – Jeder Hersteller hat seine eigene API, sogar diese unterscheidet sich größtenteils von Typ zu Typ der Systeme innerhalb des gleichen Herstellers.

15.8 Integration von Archivsystemen in das MAM-System

Für die Anbindung an ein MAM-System muss ein Archivsystem mehrere Anforderungen erfüllen:

- Gewährleistung eines permanenten Zugriffes auf Medien, demzufolge müssen auch die Archiv-Medien permanent im Zugriff stehen (7 Tage/24 Stunden)
- Unterstützung von manuellem und automatischem Archivieren / Rückarchivierungen
- Unterstützung von Jukebox- und Robotersystemen
- Unterstützung von Cloning-Konzepten (s.u.)
- Unterstützung von unterschiedlichen Archiv-Medien für den gleichen Datenbestand (z.B. ein erstes Archiv auf DVD und ein zweites Archiv auf Band – teilweise wird dies von Versicherungen verlangt)
- Unterstützung eines Desaster-Recovery-Szenario
- Gewährleistung von schnellen Zugriffen auf archivierte Medien (z.B. Lade-, Spool- (nur Band) und Zugriffszeit)
- Die Archivierung sollte die Such- und Preview-Möglichkeiten möglichst nicht einschränken
- Kapselung von korrelierenden Datenbeständen (logischer Verbund), z.B. alle Dateien im Kontext eines digitalen Produktionsauftrages
- Integration in ein „Media on Demand" Konzept, d.h. auch geplante oder automatische Rückarchivierungen in Verbindung mit den besprochenen Pipeline-Konzepten
- Unterstützung von mehreren Laufwerken und mehreren, verteilten Libraries (z.B. Jukeboxen, Robotersystem etc.)

15.9   Cloning-Konzepte

Cloning-Konzepte sind notwendig, da ja per Definition eine erfolgreiche Archivierung immer auch die Löschung des Original-Datenbestandes auf dem Online-Speicher zur Folge hat und somit keine Sicherheitskopie existiert. Ein Archiv-Clone ist eine Sicherheitskopie bzw. ein Duplikat eines existierenden Archiv-Mediums.

Man unterscheidet folgende Cloning-Konzepte

* Manuelles Clonen – Interaktiver, manueller Anstoß zur Erzeugung eines Clones
* Automatisches Clonen
* Der Clone wird laufend auf den aktuellen Stand gebracht
* Der Clone-Vorgang wird im Hintergrund bei Leerzeiten gestartet.
* Nur die Clone-Vorgänge der vorhandenen, aktiven Bändern werden gestartet
* Clone-Vorgänge werden bei anstehenden Archiv-/Restore-Aufträgen unterbrochen und später fortgesetzt
* Synchrones Clonen
* Der Clone wird während des Schreibens des Originals in einem 2. Laufwerk geschrieben.
* Synchrone Clones lassen sich mit Bändern des „Automatischen Clonen" mischen
* Nur die Clone-Vorgänge der vorhandenen, aktiven Bändern werden gestartet

15.10   Automatismen für die Migration

Um die Archivierung weitgehend ohne manuelles Eingreifen zu gewährleisten, muss ein Archivierungssystem über einen parametrisierbaren Automatismus zur Archivierung verfügen.

HSM-Systeme unterstützen zwar so einen Automatismus, der jedoch weitgehend auf systemspezifische Parameter beschränkt ist. Im realen Umfeld eines Medien-Datenbank-Systems, das möglicherweise noch zusätzlich als Produktionsdatenbank eingesetzt wird, benötigt man neben den eigentlichen systemspezifischen auch noch produktions- und medienspezifische Parameter.

Beispiele für systemspezifische Parameter:

* Dateigröße
* Alter der Datei
* Dateinamen-Konventionen
* Dateiart
* Zeitraum zur letzten Bearbeitung
* Größe des verfügbaren , freien Online-Speichers

Beispiele für produktions- bzw. medienspezifische Parameter:

- Statistische Kennwerte, wie z.B. Download-Häufigkeit
- Zugehörigkeit zu einem logischen Verbund, z.B. Auftragsdateien
- Sperr- und Fertigkennungen
- Spezifizierte Zustände

16   Aufbau eines Medien-/Content-Logistik-System

Die Planung des Einsatz eines Media-Asset-Management- bzw. Medien-Datenbank-Systems muss auch folgende Fragen klären:

- Wie können Medien-Datenbank-Systeme in bestehende filesystem-basierende Workflows (z.B. PDF-Workflows) integriert werden?
- Wo kommen Content und Medien her? (Erzeugung, Beschaffung, Anlieferung)
- Wie kann der digitale Produktionsprozess zur Erzeugung von Content incl. Workflow-Management und Betriebsdatenerfassung unterstützt werden?
- Wie kann die Content-/Medien-Beschaffung organisiert und unterstützt werden?
- Wie können Content und Medien zugänglich und bestellbar gemacht werden?
- Wie kann die eigentliche Content-/Medien-Verwertung unterstützt werden?

Ein komplettes Logistik-System für Medien und Content könnte aus folgenden Modulen bestehen:

- Content- und Medien-Datenbank (wurde bereits erläutert)
- Medien-Automatisierung und –Archivierung (wurde bereits erläutert)
- Integrations-Schnittstellen zu anderen IT-Systemen, wie z.B. Dokumenten-Management- und Content-Management-Systeme (wurde bereits erläutert)
- Integrations-Schnittstellen zu filesystem-basierenden und technischen Workflows
- Content- und Medien-Syndikation
- Medien-Produktion, Planung und Workflow-Unterstützung
- Medien-Beschaffung (Medien-Procurement)
- Medien-Informationsdienste
- Medien-Bereitstellung und Medien- E-Commerce
- Medien-Verwertungs-Werkzeuge
- MAM-Baustein zur Integration von filesystem-basierenden und technischen Workflows über Schnittstellen
- Im Bereich der Medienproduktion begegnen wir häufig filesystem-basierenden Workflows mit folgenden Eigenschaften:
- Ablauf definierter Arbeits- bzw. Bearbeitungsschritte über das Filesystem auf der Basis vorgegebener Ordner-Strukturen (Eingangs-, Ausgangs-, Fehlerordner)

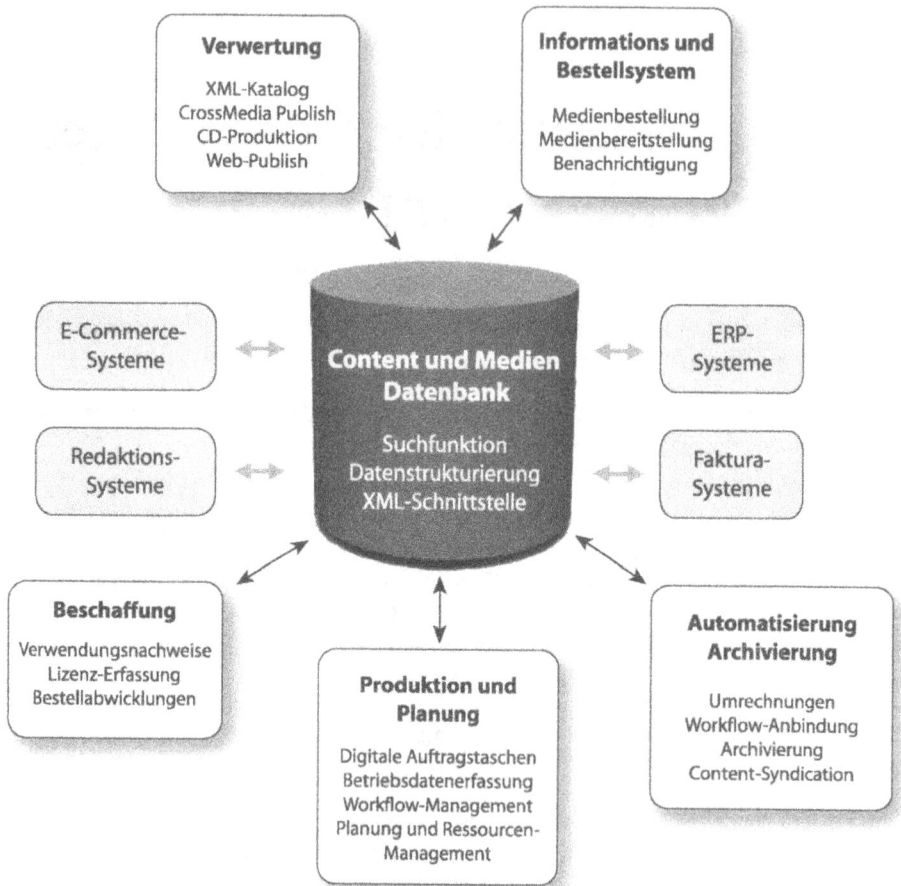

Abb. 16.1   Beispielhafter Aufbau eines Medien-Logistik-Systems

- Überwachung von so genannten Hotfolders oder ganzen Ordnerstrukturen auf das Eintreffen von Dateien, das dann eine manuelle, halb- oder vollautomatische Bearbeitung der Daten auslöst
- Teilweise auch ergänzende Datenbank-Unterstützung zur Datenerfassung und Zuordnung
- Übergabe und Weiterreichen von Dateien durch Verschieben/Kopieren in bestimmte Ordnerstrukturen
- Beispiele von filesystem-basierenden Workflow-Systemen:
- PDF-Workflows, z.B. Prinergy von Heidelberger Druckmaschinen AG, Apogee von Agfa
- Einfache ISDN-Eingangs- bzw. Ausgangsordner
- Import-Hotfolder zur zentralen Annahme von Medien in eine Medien-Datenbank

- Filesystem-basierende Automatisierungs-Werkzeuge, z.B. MarkScout von MarkZware
- Anforderungen an eine Integrations-Schnittstelle zwischen MAM-System und filesystem-basierenden Workflows:
- Einstellbare Intervall- und Bearbeitungszeiten
- Parametrisierung der Eingangsdaten-Erkennung (Größenänderung, Lock-Datei, Exklusives Datei-Öffnen-Überprüfen)
- Parametrisierung von Filtern für gültige und ungültige Dateien und Ordner
- Parametrisierung von Entscheidungsknoten innerhalb der Ablaufkette
- Unterstützung von Eingabe-, Ausgabe- und Error-Hotfolders
- Gekoppelte Bearbeitungs- und Kontroll-Automatismen
- Unterstützung zur Aufnahme in die Medien-Datenbank mit ergänzenden Zustandsbeschreibungen bzw. Metadaten-Zuordnungen, z.B. IPTC-Header oder XML

16.1.1   Workflow mit PDF und Jobticket Format JDF

Das *Portable Document Format* (*PDF*) ist ein von Adobe definiertes Dateiformat, mit dem Dokumente beliebiger Art plattformübergreifend elektronisch veröffentlicht werden können. Sein Hauptvorteil: ein PDF- Dokument verändert selbst dann nicht sein Layout, wenn der Betrachter die in dem Dokument verwendeten Schriften auf seinem System nicht installiert hat. Das PDF- Format ist eine Weiterentwicklung von PostScript und basiert auf einem objektorientierten Datenformat.

Das PDF-Dokument ist statisch, beinhaltet aber alle Layout- und Schriftinformationen des Originals. Es ist dem Wesen nach also eher als Ausgabeform des Originaldokuments zu verstehen. Nicht zuletzt wegen dieser 1:1 Wiedergabe, die HTML nicht erreicht, findet zunehmend eine Diffusion von PDF- und HTML- Dokumenten statt. Die beiden Formate ergänzen sich gut und erlauben auch gegenseitige Querverweise (anklickbare Links in PDF). Erzeugt werden PDF-Dateien mit dem Acrobat Distiller oder anderen PDF-Writern; zum Lesen dient der Adobe Reader (Freeware). Die aktuelle Version PDF 1.5 von Acrobat 6 bietet wesentliche neue Features, wie etwa die Mehrebenenfähigkeit (EBV- und CAD-Layer, Metadaten-Ebenen etc.).

Eine für den Datenaustausch in der grafischen Industrie wichtige Entwicklungen um PDF ist der *PDF/X*-Industriestandard ISO 15929 (www.pdf-x.de). Zu den Regeln der PDF-X-Norm gehören unter anderem folgende Punkte:

- Schriften müssen eingebettet sein.
- Bilddaten müssen als Bestandteil des PDF enthalten sein und mit Mitteln einer PDF-Seitenbeschreibung kodiert werden.
- OPI-Kommentare und Transferkurven sind nicht gestattet.
- Rastereinstellungen sind erlaubt, müssen vom Empfänger einer PDF-X-Datei aber nicht verwendet werden.
- Die TrimBox muss definiert sein. Sofern Beschnittzugabe vorhanden und für die Produktion relevant ist, muss die BleedBox definiert sein.
- Kommentare und Formularfelder innerhalb der durch TrimBox bzw. Bleedbox definierten Seitenflächen sind nicht erlaubt.

- Mittels des Eintrags *Trapped* im Info-Dictionary muss angegeben sein, ob die Datei bereits überfüllt wurde oder nicht.
- LZW-Kompression ist nicht erlaubt, da Softwarehersteller Lizenzgebühren an den LZW-Patentinhaber Unisys einrichten müssen, um LZW verwenden zu dürfen. Die ZIP-Kompression (in PostScript und PDF als Flate bezeichnet) ist aber ähnlich leistungsfähig, ohne mit Patenten belegt zu sein.
- Jegliche Verschlüsselung ist untersagt. Es ist auch nicht zulässig, PDF-Dateien zu verwenden, die verschlüsselt sind, aber kein Kennwort zum Öffnen erfordern.
- Mittels eines PDF/X-spezifischen OutputIntent-Dictionary muss angegeben werden, für welche Ausgabebedingung die PDF/X-Datei erstellt worden ist.
- PDF/X-1a wie PDF/X-3 basieren auf der PDF-Version 1.3, insbesondere soll von den in PDF 1.4 eingeführten Transparenzfunktionen kein Gebrauch gemacht werden.

16.1.2   PDF-Workflowsteuerung mit Job-Tickets

PDF kennt keine Geräte-Steuerinformationen. Hierfür wurde das *Portable Job Ticket Format* (*PJTF*) entwickelt, das die Ablage und die Trennung von Seiteninhalten und Verarbeitungsanweisungen ermöglicht und somit die nötige Flexibilität bietet. Über das JobTicket können unter anderem folgende Informationen definiert werden:

- Anweisungen zur Verarbeitung der Seiteninhalte (z.B. Ausschieß-Schema, Trapping-Regeln)
- Ausgabe-Parameter, wie z.B. Rasterweite, -auflösung)
- Material mit Bezeichnung, Größe, Gewicht, Farbigkeit
- Weiterverarbeitung (Anweisungen zum Falzen, Schneiden, Binden etc.)
- Lieferdaten, z.B. Adressen, Anzahl Exemplare
- Planungsdaten wie Termine u.ä.
- Administrationsdaten wie Kunde, Kunden- und Auftragsnummer
- Automatisches Durchlaufen unterschiedlicher Arbeitsprozesse
- Einfügen der hochaufgelösten Bilder bei Verwendung von OPI-Systemen
- Überprüfen der Daten (Preflight-Check)
- Optimieren der Bilddaten, z.B. Auflösungen herunterrechnen, Beschneiden von Bildern
- Erzeugen von Überfüllungen (Trapping)
- Umrechnen der Farben (Farb-Management)
- Ausgabe von Seitenproofs zur Überprüfung der Farbverbindlichkeit
- Ausschießen der Seiten zu Druckbogen
- Ausgabe der Bogenproofs
- Ausgabe auf CTP (Computer to Plate) und CTF (Computer to Film)
- Druck
- Archivierung der Daten (Ansatz und Rückführung in Medien-Produktionssysteme)

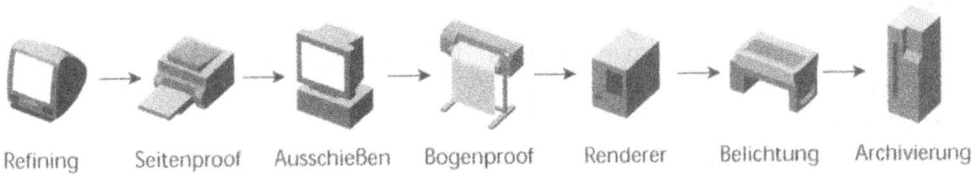

Refining   Seitenproof   Ausschießen   Bogenproof   Renderer   Belichtung   Archivierung

Abb. 16.2   *PDF-Workflow in der Druckerei*

16.1.3   Das Job Definition Format: ein neuer JobTicket Standard

Das *Job Definition Format (JDF)* ist ein offener, skalierbarer und XML-basierender Jobticket-Standard. Er basiert auf dem Hersteller-übergreifenden und plattformunabhängigen Austauschformat *Print Production Format Standard (PPF)* des CIP4-Konsortiums. (*CIP4*) (www.cip4.org) - ist ein international agierendes Konsortium mit Sitz in der Schweiz, das computer-basierende Technologien und Standards für die grafischen Industrie vorantreibt. Dazu zählt auch die De-facto-Standards Print Definition Format PDF und *Portable Job Ticket Format (PJTF)* von Adobe.

JDF wurde gemeinsam von Adobe, Agfa, Heidelberg und MAN Roland und dem Fraunhofer-Institut für grafische Datenverarbeitung IGD entwickelt. Diese Jobticket-Spezifikation bietet neue Möglichkeiten der Prozessautomatisierung. Des weiteren optimiert es den Workflow und ermöglicht den standardisierten Austausch von Auftragsdaten sowohl im Druck- als auch im CrossMedia-Publishing-Bereich.

16.2   Content-/Medien-Syndikation mit ICE

Content Syndication meint den automatisierten Verkauf, meist web-basierend, von Content über Content-Provider, an andere Betreiber von Web-Sites. Beispiele sind Nachrichten, aktuelle Berichte zu bestimmten Themen etc.

Die *ICE Authoring Group* (www.icestandard.org), ein Konsortium aus über 70 Unternehmen, arbeitet seit 1998 daran, die verschiedenen Protokolle in einem Standard - dem *Information and Content Exchange* - zu vereinheitlichen. ICE soll den Austausch von Web-Inhalten automatisieren, regulieren und kontrollieren. Das auf XML basierte ICE-Protokoll ist ein bidirektionales Protokoll. Ein Syndicator (Content-Lieferant) erzeugt so genannte ICE-Pakete, die an den Subscriber (Content-Empfänger) übertragen, entpackt und automatisch in die jeweilige Web-Site integriert werden. Durch das ICE-Protokoll können auch ergänzende Informationen, wie Abrechnungs- und Copyright-Informationen, Gültigkeits- und Verwendungszeitraum etc., übertragen und verarbeitet werden.

Die Vorteile von ICE:

- Nutzung des Internet-Transportprotokolls HTTP mit verfügbaren Mechanismen, z.B. SSL etc.
- Verwendung von XML
- Erweiterung der ICE-DTDs
- Automatisierung bei Sender und Empfänger
- Durch das Paket-Sequenz-Modell erreicht man einen minimalen Übertragungsaufwand, da nur geänderte Daten übertragen werden müssen
- Anzahl der Teilnehmer ist unbegrenzt

Die Nachteile von ICE:

- durch das „Closed-User-Group" -Szenario sind persönliche Verhandlungen der Vertragspartner nötig,
- Es gibt keine Vorkehrungen zur Einführung von Payment-Mechanismen. Damit ist eine freie Anwendung wie beim Online-Shopping nicht möglich.
- Keine Teilkataloge in ICE, die nur die für den Subscriber interessanten Angebote enthalten
- Die Angebote besitzen keine ID. Dies hat zur Folge, dass auf Seiten des Syndicators nur eine Volltextsuche ermitteln kann, ob und wie das Angebot verändert worden ist.
- Es gibt keinen Verweis von Request auf Response. Ein Dialog besteht meistens aus mehreren Request-Response-Paaren. Die Verfolgung eines abgeschlossenen Dialogs ist nicht möglich, da ein Request nicht auf den vorherigen Response verweist
- Die Inhalte sind zweckgebunden. Das hat zur Folge, dass der Empfänger die eingehenden Daten durch ein Mapping in sein Backend-System einordnen muss.

16.3   MAM-Baustein zum Workflow-gestützten Medien- und Content-Produktion

Workflow Management-Systeme (WfMS) bezeichnen Informationssysteme, die einen Workflow, also einen stark strukturierten Prozess unterstützen, der immer wieder in der gleichen oder ähnlichen Form abläuft. Das Workflow-Management verwendet spezifische Begriffe, die kurz definiert seien:

- *Workflow* bezeichnet die informationstechnische Umsetzung eines Geschäftsprozesses. Der Workflow beschreibt dabei die funktionelle Zerlegung der einzelnen Aufgaben eines Geschäftsprozesses
- *Aufgaben* bezeichnen Ausführungen von einer oder mehreren Aktivitäten von beteiligten Personen, die im Rahmen von Arbeitsvorgängen als Leistungen von einem *Aufgabenträger* erbracht werden.

- Ein *Arbeitsvorgang* ist ein reales Geschehen und die meist damit verbundene materielle Handhabung von betrieblichen Geschehnissen. Arbeitsvorgänge dienen der Umsetzung von Geschäftsprozessen

- Ein *Geschäftsprozess* besteht aus einer Anzahl von Aktivitäten bzw. Tätigkeiten, welche in einer definierten Reihenfolge durch Personen oder Maschinen ausgeführt werden müssen.

- *Geschäftsprozess-Modelle* versuchen die Sachverhalte und Zusammenhänge von Geschäftprozessen zu rekonstruieren und zu dokumentieren

- *Groupware-Systeme* sind im Gegensatz zu WfMS eher für schwach strukturierte Abläufe geeignet und haben darüber hinaus folgende unterscheidende Eigenschaften, wie z.B. Unterstützung einer unternehmensweiten Kommunikation und ist eher eine anwendergetriebene Initiative und nicht so sehr vom System aus etc.

- Ein *Workflow-Schema* beschreibt alle notwendigen Teilaufgaben, deren Reihenfolgebeziehungen und Ausführbarkeitsbedingungen sowie Angaben, welche Ressource während der Ausführung benötigt oder produziert wird. Dies erfolgt mit Hilfe von Modellierungskonstrukten des gewählten WfMS

- Ein *Prozess* im Kontext des Workflow-Managements ist ein Vorgang, zu dem es eine formale Beschreibung gibt, die eine automatisierte bzw. informationstechnische Bearbeitung ermöglicht. Diese Beschreibung wird als *Prozessdefinition* bezeichnet und oft dem Workflow-Modell gleichgestellt

16.3.1 Workflow-Metamodelle

Workflow-Metamodelle bzw. *Workflow-Metaschemata* beschreiben die Elemente eines Workflow-Modells und deren Beziehungen untereinander. Um diese Metamodelle zu vereinfachen, wurden die Metamodell-Elemente in disjunkte, also verknüpfte, aber doch getrennte Untermengen, so genannte *Aspekte*, aufgeteilt.

Auf dieser Basis wurden Workflow-Metamodelle entwickelt, die sich in die folgenden selbständigen Bereiche unterteilen lassen:

- Funktionsaspekte beschreiben was in einem Workflow ausgeführt werden soll
- Verhaltensaspekte definieren auf der Basis von Kontrollstrukturen den Ablauf eines Workflow
- Informationsaspekte bilden die Schnittstelle für den Datenaustausch zwischen den Modellelementen
- Organisationsaspekte stellen eine Verbindung zur realen Organisationsstruktur eines Unternehmens her und definieren die Aufgaben , die einzelne oder mehrere Personen, zu erledigen haben
- Operationsaspekte behandeln Aufgaben, die durch informationstechnische Mittel, z.B. Anwendungen, gelöst werden können

Die Workflow-Management-Systeme unterscheiden zwei zeitlich verschiedene Phasen:

- In der Entwicklungsphase wird durch Analyse der Geschäftsprozesse mit Hilfe entsprechender Werkzeuge das oben angesprochene Workflow-Modell, häufig auch Prozessdefinition genannt, erzeugt
- Die Ausführungsphase, auch Enactment Service genannt, ist die Phase, in der der eigentliche Workflow ausgeführt wird. Ein WfMS bietet hier Werkzeuge zur Erzeugung, Interaktion und Kontrolle des Workflows.

16.3.2 Die Ausführungsphase im Workflow-Management

Der eben erwähnte *Enactment Service* stellt eine Reihe von Bedingungen an ein Workflow Management-System:

Verteiltheit
Workflows werden in einer verteilten Umgebung verarbeitet, z.B. in großen Konzernen. Da hierbei oft mehrere WfMS eingesetzt werden, muss es aufgrund der verteilten Bearbeitung von Workflows möglich sein, diese zur Laufzeit auf mehreren Workflow-Management-Systeme zu verteilen.

Modularität
Bei internen WfMS-Prozessen muss Rekonfiguration, Modulwechsel und Verteilung möglich sein. Bei aufeinander abgestimmten Schnittstellen können Module unabhängig voneinander konfiguriert werden.

Persistenz
Workflows können sehr lange Laufzeiten von mehreren Monaten haben. Diese Workflows müssen vorübergehende Abstürze und Abschaltungen eines Workflow-Management-Systems überleben. Es muss also gewährleistet sein, dass Ausprägungen von Workflows jederzeit persistent vorliegen.

Performanz
Steigt die Auftragslast, so darf die Verarbeitungsgeschwindigkeit nicht mit steigender Last abnehmen. Um eine effiziente Bearbeitung in verteilten Umgebungen zu garantieren, müssen Workflow-Management-Systeme hochperformant sein.

Skalierbarkeit
In einigen Einsatzgebieten werden mehrere zehntausend Workflows gleichzeitig benötigt, es muss also Skalierbarkeit gewährleistet sein.

Sicherheit

In Workflow-Management-Systemen werden nicht nur allgemein verfügbare, sondern auch sensitive Daten verarbeitet. Daher müssen ausreichende Sicherheitsmechanismen zur Verfügung stehen, die nicht-autorisierte Zugriffe verhindern.

Dynamik

Der Kontrollfluss eines laufenden Workflows sollte nachträglich geändert werden können, ohne diesen Workflow beenden oder rücksetzen zu müssen.

Änderungsfreundlichkeit

Der Austausch eines Moduls bei einer Konfigurationsänderung sollte während des laufenden Betriebs möglich sein. Liegt dagegen eine Modelländerung vor, etwa die Einführung oder Weiterentwicklung eines neuen Aspekts, so sollte das Workflow-Management-System Änderungen nur an wenigen, vordefinierten Stellen erfordern.

16.3.3 Standardisierung in der Workflow Management Coalition (WfMC)

Die *Workflow Management Coalition* (www.wfmc.org), 1993 als Non-profit-Organisation gegründet, ist ein internationaler, freiwilliger Zusammenschluss von über 180 Softwareherstellern, Workflow-Absatzmittlern, Anwendern und Analytikern . Ihr Ziel ist die Förderung der Nutzungsmöglichkeiten der Workflow-Technologie durch die Vorgabe einer allgemeinen Terminologie und die Definition von Standards.

Kern des WfMC-Modells ist der bereits beschriebene *Enactment Service,* der die Erzeugung, Verwaltung und Ausführung von Workflow-Instanzen ermöglicht. Um diesen Kern herum definiert die WfMC fünf Schnittstellen:

Schnittstelle 1 – Process Definition Tools

Die Definition des Workflow-Modells (hier Prozessdefinitionen genannt) erfolgt über eine *Workflow Process Definition Language (WPDL)*. Aufgabe ist der Austausch und die Manipulation von Prozessdefinitionen.

Schnittstelle 2+3 – Workflow Client Applications and Invoked Applications

Aufgabe dieser Schnittstelle ist die Kommunikation mit Benutzerschnittstellen und externen Anwendungen

Schnittstelle 4 – Workflow Enactment Service

Schnittstelle 4 definiert die Kommunikation mit unterschiedlichen Referenzimplementierungen verschiedener Workflow Enactment Services, auch unterschiedlicher Hersteller

Schnittstelle 5 – Administration and Monitoring Tools
Hier erfolgt die Spezifizierung des Zugriffes von Administrations- und Monitoring-Anwendungen zur Überwachung von Workflow-Engines

Eine *Workflow Engine* ist diejenige Komponente, die Vorgänge nach ihrer Modellierung abarbeitet: die Vorgänge werden instanziiert und die Haltepunkte werden an die Benutzer verteilt, die die an den Haltepunkten liegenden Aufgaben bearbeiten können.

Durch diesen Standard soll der Bestand einer in Workflow-Management-Systeme getätigten Investition gesichert werden. Der WfMC-Standard gewährleistet hierbei, dass die auf ihm basierenden Produkte die grundlegenden Anforderungen an WfMS erfüllen. Dies wird umso wichtiger, wenn WfMS über die Grenzen eines Unternehmens hinweg mit anderen WfMS kooperieren müssen.

16.3.4 Standardisierung in der Object Management Group (OMG)

Die *Object Management Group* (*OMG*) (www.omg.org) mit 800 Mitgliedern beschäftigt sich seit 1989 mit der Theorie und der Praxis objektorientierter Technologien in der Software-Entwicklung. Dazu gehört auch die Spezifikation zur Umsetzung der WfMC-Architektur in der „Workflow Management Facility Specification V1.2". Diese Spezifikation will insbesondere das Manko des fehlenden objektorientierten Ansatzes im WfMC-Standard ausgleichen.

16.3.5 Workflow-Management in der Medien-/Content-Produktion

Der Begriff Workflow wird in der Medien-Industrie in unterschiedlichen Definitionen verwendet:

- Technischer Workflow: Beschreibung und Unterstützung der Bearbeitung von Medien-Objekten, z.B. Bildretusche-Arbeiten etc., aber auch Automatisierungen, wie PDF-Workflow, Hotfolder-Systeme etc.
- Auftrags- bzw. Medien-Workflow: Unterstützung der Bearbeitung von digitalen Produktionsaufträgen mit Statuskontrolle, E-Mail-Benachrichtigungen, Terminverfolgung etc.

Ein *Medien-Workflow* definiert und automatisiert die Arbeitsschritte innerhalb von Medien- und Content-Bearbeitungsprozessen unter Berücksichtigung der zugrunde liegenden sequenziellen oder parallelen Bearbeitungsfolge. Er überwacht auch die Zustände der Arbeitsschritte und sendet entsprechende Benachrichtigungen an die zuständigen Mitarbeiter.

Der zugehörige *Freigabezyklus* kann dabei als die technische Umsetzung des Medien/Content Life Cycles angesehen werden und sichert die inhaltlichen Qualitäten von Medien und Content. Dabei können mehrere Mitarbeiter in den Prozess der Freigabe einbezogen sein.

Abhängig von den Anforderungen können auch vereinfachte Workflows nützlicher sein. Dabei gilt es, zwischen Zeitaufwand zur Verwaltung und Erzeugung für den Workflow und dem eigentlichen Produktionszeitaufwand abzuwägen

16.3.6 Kategorien von Workflows in der Medien-/Content-Produktion

Medienobjektorientierte und *statische Workflows* sind immer bestimmten Objekten (Medien) zugeordnet: jedem Medienobjekt ist direkt eine Ressource oder ein Freigabe-Verantwortlicher zugeteilt. In der Regel organisiert man diese Zuordnungen mittels Baumstrukturen und lehnt sich dabei an die hierarchische Gruppen der Medien-Objekte an. Durch diese Abhängigkeit ist die Flexibilität eingeschränkt.

Frei definierbare Workflows sind dagegen nicht an Objekten ausgerichtet. Auf diese Weise können beliebige Abläufe und Aufgaben und deren Beziehungen untereinander sowie deren Ressourcen-Zuteilungen und Freigaben-Zyklen modelliert werden. Diese Abläufe können dann einzelnen Objekten, Objekt-Bereichen, Themen in einer Baumstruktur etc. zugeordnet werden. Beispiel: digitale Aufträge.

An frei definierbare Workflows für die Medien- / Content-Produktion stellen sich folgende Anforderungen:

- Verwalten von Zuständen mit entsprechender Benachrichtigung (E-Mail als Standard)
- Verwalten von Aufgabenlisten und Kompetenzen einzelner Ressourcen (Team, Mitarbeiter)
- Grafische Definition von Abläufen und deren Beziehungen untereinander
- Definition von Arbeitslisten für zuständige Ressourcen (Team, Mitarbeiter) unter Berücksichtigung einer zugrunde liegenden sequenziellen oder parallelen Bearbeitungsreihenfolge
- Regelung von Freigabezyklen und Verantwortlichkeiten
- Definition von Mengen und Zeitgerüsten
- Berücksichtigung von Rollenkonzepten (vgl. Datenbanken) , Benutzerrechten und Vertreterregeln
- Protokollierungen
- Zuordnung der Workflows nicht nur an Medien-Objekte selbst, sondern auch an logistische Einheiten von Medien-Objekten, z.B. digitalen Produktionsaufträge.

16.3.7 Vorteile eines Workflow-Management-Systems im Kontext eines MAM-Systems

- Strukturierung von Arbeitsprozessen
- Effizienz-Steigerung bei immer wiederkehrenden gleichen oder ähnlichen Prozessen

- Rationalisierung in der digitalen Produktion
- Stellt die Voraussetzung für das dezentrale und aufgaben-bezogene Arbeiten in mittleren und großen Teams dar
- Qualitätssicherung durch Abbildung von Freigabezyklen mit entsprechender Zustandsregelung

16.3.8 Digitale Auftragstaschen bzw. Collaboration im MAM-System

Digitale Auftragstaschen stellen die produktionstechnische Sicht auf Medien und deren Workflows dar und sollten sinnvollerweise über ein MAM-System abgebildet werden.

Neben der reinen produktionstechnischen Trennung von Medien ist auch der qualitative Charakter dieser unterschiedlichen Medien wichtig.

Sinn und Zweck von digitalen Auftragstaschen
- Kapselung aller Informationen und Medien-Dateien, die für die Produktion eines digitalen Auftrages notwendig sind
- Basis des kooperativen Arbeitens auch über die Grenzen des eigenen Unternehmens hinweg
- Automatische Strukturierung von Dateien und Ordner
- Schnittstellen zu anderen Workflows, z.B. PDF-Workflows.
- Ausgangsbasis für die Betriebsdaten-Erfassung.
- Protokollierung der Aktivitäten: wer hat was wann an welchen Medien, gemacht.
- Workflow-Management in der digitalen Produktion und damit Nutzen der dadurch gewonnenen Vorteile

Anforderungen von digitalen Auftragstaschen
Grundlage der Anforderungen an digitale Auftragstaschen sind die allgemeinen Anforderungen an MAM-Systeme, die in den vorigen Kapiteln bereits erläutert wurden. Ergänzend bzw. hervorhebend sind folgende Anforderungen:

- Filesystem mit Import/Export-Schnittstellen
- Flexible Strukturierung von Dateien in Auftragsgruppen
- Zuordnung von betriebswirtschaftlichen Daten zu Medien, die in einem digitalen Auftrag verwendet werden
- Unterschiedliche Listen- und Preview-Möglichkeiten
- Möglichkeiten der Betriebsdatenerfassung von Produktionszeiten und Verbrauchsmaterialien
- Bidirektionale Kopplung zum Filesystem, d.h. Änderungen an Dateien des digitalen Produktionsauftrages werden automatisch in der Datenbank nachgeführt
- Zustandsvergabe mit e-Mail-Benachrichtigungen und Sperr-Mechanismen nicht nur einzelner Objekte sondern auch des gesamten Auftrages oder einzelner Auftragsgruppen

- Überwachung von kritischen Produktionsparametern mit gekoppelter E-Mail-Benachrichtigung, z.B. Überschreitung von Soll-Vorgaben (Zeiten, Kosten, Termine), Freigaben, Extra-Aufwendungen
- Übernahme/Freigabe qualitativ geprüfter Medien in den Verwertungsbereich des MAM-Systems
- Thematisch gegliederte Diskussionsforen zur Optimierung von Abstimmungsprozessen in der Medien-Produktion
- Übernahme und Link-Möglichkeiten von Medien aus der Medien-Datenbank in die digitalen Auftragstaschen
- Workflow-Management Eigenschaften, wie bereits oben besprochen
- Komplexe Such- und Filter-Möglichkeiten speziell auch auf die betriebswirtschaftlichen Daten abgestimmt
- Weit stärkere Anwendungsintegration als im eigentlichen Medien-Datenbank-System, z.B. direkte Bearbeitung ohne CheckOut-Vorgang
- Weit stärkerer Bedarf an Makro-Schnittstellen als im eigentlichen Medien-Datenbanksystem, z.B. Übernahme von Bildern in Layout-Programme, Automatisches Laden von Schriften
- Kopplung an übergelagerte Leit- und Abrechnungssysteme

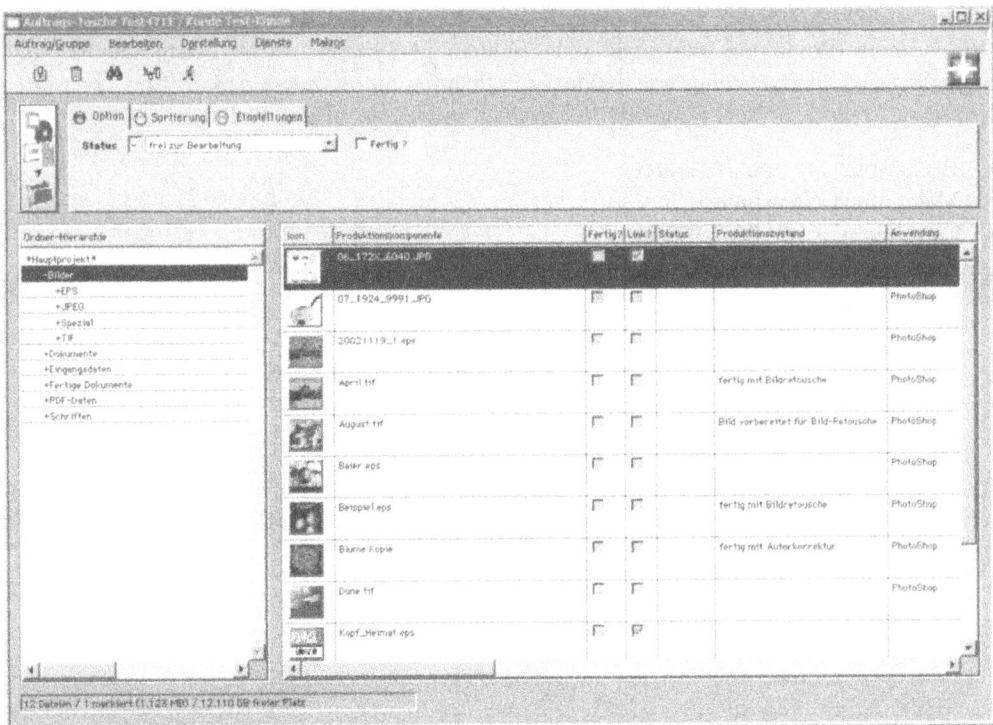

Abb. 16.3   Beispiel Digitale Auftragstasche

Im obigen Schaubild sieht man links die hierarchische Gruppenstruktur der digitalen Auf-
trags-Tasche und rechts die einzelnen Objekte zu der jeweiligen Auftragsgruppe mit ergänzenden Produktionsinformationen, wie z.B. Produktionszustand etc.

Betriebsdaten-Erfassung
Die Betriebsdatenerfassung spielt auch in der digitalen Produktion eine wichtige Rolle.
Wichtige Punkte sind hier.

- Praxisnahe IST-Kostenerfassung in der digitalen Produktion mit Kostenstellen und Tä-
  tigkeiten
- Manuell und automatisch erfasste Produktionszeiten
- Verbrauchsmaterialien
- Führung digitaler Stundenzettel
- Schnittstellen zu Leit- und Abrechnungssystemen (Import von Stammdaten (Kunden,
  Aufträge, Mitarbeiter, Kostenstellen, Tätigkeiten etc.) und Export von Bewegungsdaten
  (Zeiten, Materialien, Zustände etc.))

16.4   Planung und Ressourcen-Management

PPS-Systeme (Produktionsplanungs und –Steuerungs-Systeme) ermöglichen die Planung,
Steuerung und Überwachung von Produktionsabläufen mit definierten Workflows und ihren
einzelnen Arbeitsschritten. Folgende Kennzahlen spielen dabei eine Rolle:

- Bedarfsplanung von Ressourcen
- Materialbedarfsplanung
- Terminierung von Durchläufen
- Kapazitätsabgleich von Ressourcen
- Verfügbarkeitsprüfung und Auftragsfreigabe
- Planung der Reihenfolge
- Vorgangskontrolle und Kontrolle der Kapazitätsauslastung
- Betriebsdatenerfassung und -kontrolle.

Planung und Ressourcen-Management machen nur bei längeren und gleich gearteten digitalen Aufträgen Sinn. Beim Übergang der beiden Systemwelten WMS und PPS findet häufig
noch kein Datenaustausch zwischen den Systemen statt

16.5 MAM-Baustein zur Beschaffung von Medien (Medien-Procurement)

In vielen Fällen müssen Medien von externen Quellen beschafft oder deren Herstellung in Auftrag gegeben werden. Das *Medien-Procurement* organisiert den logistischen Aufwand zur Beschaffung von Medien/Content unter Berücksichtigung des Verwendungszweckes und der Rechteverhältnisse. Ein wichtiger Punkt sind dabei die Rechteverhältnisse und Lizenzrechte. Denn ein Asset ohne geklärte Rechtelage ist nahezu wertlos!

Grundlegende Anforderungen an eine automatisierte Medienbeschaffung sind.

- Verwaltung und Berücksichtigung der Rechteverhältnisse von Medien
- Verwaltung von zusätzlichen Stammdaten, z.B. Werke, Publikationen etc.
- Verwaltung der Verwendungsnachweise
- Schnittstelle zum MAM-System
- Vorbelegung der Such-Engine mit Kriterien aus der Verwendung
- Möglichkeit der Anlage leerer Medien-Container bei Nicht-Auffinden von Medien/Content in der Medien-Datenbank
- Einbringen digitaler Medien in leere Medien-Container nach Abwicklung des Bestellvorganges und Auswahl des zur Verwendung gültigen Medien/Content
- Bestellabwicklung der angeforderten Medien (nicht zu verwechseln mit der nachfolgenden Besprechung von Medien-Bereitstellungen)
- Organisation des Medien-Eingangs und Vorlage von Medien zur redaktionellen Auswahl
- Optionale Organisation von Reproduktionen analog angelieferter Medien für eine interne bzw. externe digitale Produktion
- Lizenzabwicklungen auf der Basis der Auswertung der Verwendungsnachweise
- Einbindung von Digital Rights Management- und Intellectual Property Management-Systemen (Siehe nachfolgend)

In diesem Umfeld begegnet man den Akronymen DRM (Digital Rights Management) und *IPM (Intellectual Property Management)*. Sie befassen sich mit:

- *Content Encryption* (Verschlüsselung von Content und Medien)
- Content Usage Definition (Preis, Verwendungsdauer, Häufigkeit etc.)
- Persistent protection (Schutzmechanismen)
- *Content usage tracking* (Protokollierung von Anwender-Aktionen)
- IP (Intellectual Property) acquisition (Verwalten von Verwendungsrechten an Inhalten)
- Contracts (Vertragswesen)
- License sales (Lizenzverwaltung)
- Available analysis (Auswertungen)
- Royalty accounting (Gebühren-Abrechnungen)

16.6   Medien-Informationsdienste

Sollen die eigenen Media Assets an Dritte veräußert werden, muss das MAM-System auch Funktionen für die Beschaffungssteuerung der Ankäufer bieten. Dazu gehören Retrieval- und Benachrichtigungs-Dienste.

Retrieval-Dienste bieten:

- Web-basierte Such-Möglichkeiten in Medien-Datenbanken (Meta-Daten, Medien-Inhalten (Media-Mining) und Suchmaschine)
- Unterschiedliche Ergebnis-Darstellungen
- Unterstützung der Mehrsprachigkeit
- Verwaltung von Suchanfragen mit der Möglichkeiten diese anderen Anwender zur Verfügung zu stellen
- Versenden von Such-Ergebnissen per E-Mail als Referenz in die Medien-Datenbank
- Umsetzen von Such-Ergebnissen in unterschiedliche Formate, z.B. PDF
- Personalisierung von Web-Frontends, z.B. Default-Einstellungen für interessierte Themen, Darstellungsformen etc.

Benachrichtigungs-Dienste bieten:

- Automatische, zeitlich definierbare Benachrichtigung von definierten Interessengruppen beim Einchecken und Änderung von Medien/Content, wenn durch diese bestimmte Themengebiete der Abonnenten adressiert sind
- Komplexe automatisierte Suchmöglichkeiten, z.B. Volltext, Synonym, Meta-Daten etc.
- Unterstützung unterschiedlicher Benachrichtigungsmethoden, z.B. E-Mail inkl. Referenzierung der selektierten Medien im MAM-System
- Verwalten von Interessengruppen und Themengebieten
- Unterstützung der Mehrsprachigkeit
- Integration von Payment- und Abrechnungs-Systeme

16.7   Medien-Bestellwesen und Medien- E-Commerce

16.7.1 Grundlegende Anforderungen

- Web-basierte Such –Möglichkeiten in Medien-Datenbanken (Meta-Daten, Medien-Inhalten (Media-Mining) und Suchmaschine)
- Unterschiedliche Ergebnis-Darstellungen
- Unterstützung der Mehrsprachigkeit
- Abwicklung des Bestellwesens, z.B. Einsicht in alte Bestellungen, Löschen, Freigabe etc.
- Reportierung und Protokollierung
- Integration von Payment- und Abrechnungs-Systeme

- Verwalten und Zuordnen von Kostensätze für unterschiedliche Dienstleistungen, z.B. Datenmenge, Bereitstellungen, Umrechnungen, Online- und Offline Zugriff
- Verwalten von digitalen Warenkörben
- Beschnittmöglichkeiten von bestellten Bildern
- „Media On Demand"-Funktionalitäten, d.h. Automatische Bearbeitung und Umrechnungsmöglichkeiten der bestellten digitalen Daten
- Berechtigte Zugänge zur den physikalischen Speicherorte der digital bestellten Daten
- Unterstützung von unterschiedlichen Daten-Transfer Technologien der bestellten Daten, z.B. HTTP, FTP, Leonardo, AVM Fritz, E-Mail etc.
- Integration eines Benachrichtigungssystem (intern/extern)
- Unterstützung skalierbarer Preview-Möglichkeiten bestellter Medien (z.B. Nicht kopierbare Dokument-Ausschnitte in PDF, Bilder mit eingebundenen Wasserzeichen)
- Packen und Kompression digitaler Daten unter Beachtung der Restriktionen unterschiedlicher Betriebssysteme, z.B. der Ressource Fork bei Mac-OS etc.
- Schnittstelle zur Bestellung von analogen Produkten, die digitaler Medien zugeordnet sind (Siehe unten)

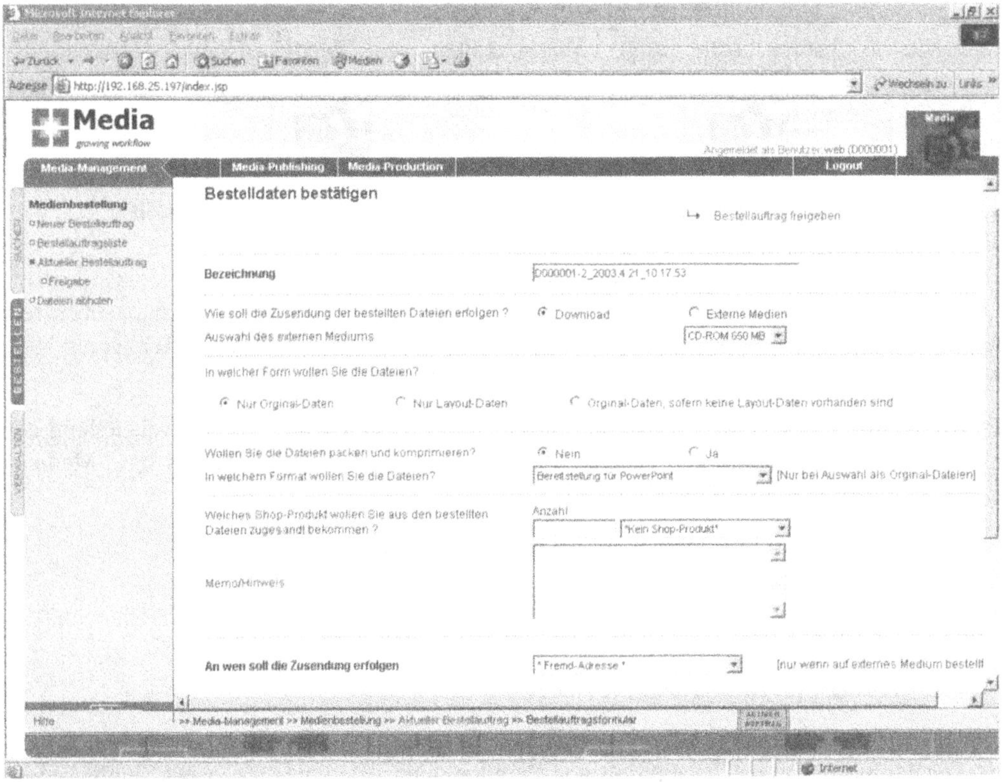

Abb. 16.4   Beispiel Eingabemaske Medien-Bestellung

16.7.2 Integration analoger Produkte in das Medien-Bestellwesen

Über ein digitales Medienbereitstellung- und -Bestellsystem müssen oft auch analoge Produkte, die digitalen Medien zugeordnet sind, z.B. Book On Demand, Poster, T-Shirt-Aufdrucke etc., bestellt und datenseitig vorbereitet werden können.

Folgende primären Anforderungen sind dazu notwendig:

- Verwaltung analoger Produkte mit Bezeichnung, Preis-Informationen, Mengen-Gerüste, Beschreibung, Mehrsprachigkeit etc.
- Verwaltung von zugehörigen Pre- und Post-Kommandos von Shop-Produkten zur Übermittlung der bereitgestellten zugrunde liegenden Daten, z.B. FTP, e-Mail etc.
- Anbindung an Abrechnungs- und Payment-Systeme
- Zuordnung verfügbarer analoger Produkte zu einzelnen Medien-Objekten oder Medien-Gruppen

16.8   MAM-Bausteine zur Medien-Verwertung

Folgende Auflistung soll einige Möglichkeiten von Medien-/Content-Verwertungs-Werkzeugen bzw. -Systemen und den Einsatz von Medien-Datenbank-Systemen als Basis dieser Systeme aufzeigen.

16.8.1   Verwertung von Medien/Content in CrossMedia-Publishing-Systemen

CrossMedia-Publishing bedeutet, Informationen und Medien-Inhalte verwendungsübergreifend, z.B. für Web, Print, CD etc., aufzubereiten und sie damit einer noch effektiveren Verwertung und einer breiteren Öffentlichkeit zugänglich zu machen.

Es ist offenkundig, dass die Verwaltung und die verwendungs-orientierte Bereitstellung der im CrossMedia-Publishing verwendeten Medien in einem Medien-Datenbank- bzw. Medien-Logistik-System erfolgen muss.

Nähere Informationen finden Sie in einem späteren Kapitel.

16.8.2   Verwertung von Medien/Content in Database-Publishing-Systemen

Der Begriff des *Database-Publishing* entstand durch den zunehmenden Einsatz von Datenbanktechnologien bei der Produktion von Publikationen. Hierunter fallen alle Publikations- und Publishing-Formen, bei denen Datenbanken wesentlicher Bestandteil bei der Erzeugung oder Distribution sind: typisches Beispiel sind Print-Kataloge.

Auch hier ist klar, dass die Verwaltung der im Database-Publishing verwendeten Medien in einem Medien-Datenbank- bzw. Medien-Logistik-System erfolgen muss.

Nähere Informationen finden Sie in einem späteren Kapitel.

16.8.3 Verwertung von Medien/Content in Content Management-Systemen

Ein *(Web-) Content Management-System* dient zur Administration von größeren Web-Sites. Hier stehen insbesondere die komfortable redaktionelle Bearbeitung von Web-Inhalten und die Verwaltung der Web-Medien, z.B. Low-Resolution Bilder, im Vordergrund.

Ursprünglich wurden *Content Management-Systeme* gleichgesetzt mit WCMS (Web-Content-Management-Systemen). Heute dienen CMS zur Verwaltung von Medien und Content und können daher direkt auf ein MAM-System aufsetzen. Zusätzlich bietet ein CMS unter anderem Funktionen zur Erstellung von Inhalten und zur Präsentation und Distribution von Inhalten.

Enterprise-Content-Management-Systeme bezeichnen neuere Strömungen, die alle bereits bestehende Systeme integrieren: dabei werden Funktionen aus dem traditionellen Archiv-Management, dem Dokumenten-Management und dem Workflow-Management auf die Anforderungen eines Content Management umgebaut und damit die Möglichkeit geschaffen, Web-basierte Komponenten mit herkömmlichen Produkten zu verbinden.

16.8.4 Verwertung von Medien/Content für CD-Produktion

Hier sind Verwertungs-Werkzeuge gemeint, die es ermöglichen, Teile des MAM-Bestandes mit oder ohne zugehörigen Medien-Dateien und eigenständigem Viewer-Programm für die CD/DVD Versendung zur Verfügung zu stellen.

16.8.5 Verwertung von Medien/Content für Web-basiertes Medien-Publishing

Häufig wünscht man sich die Web-basierte, strukturierte Erstellung personalisierter oder zielgruppenorientierter Medien (z.B. Werbemittel, Marketing-Unterlagen, Visitenkarten, Geschäftspapiere etc.) über das Internet und den Versand des automatisch generierten elektronischen Mediums (z.B. PDF-Datei) an den Endkunden oder an PrePress- und/oder Press-Workflows, um ein Print-Medium z.B. über eine digitale Druckmaschine zu produzieren.

Beispiel: Eine Handelsfirma mit mehreren Niederlassungen will bei der Produktion von Zeitungsbeilagen, die mit den unterschiedlichen regionalen Zeitungen des jeweiligen Niederlassungsgebietes verteilt werden sollen, ihre Niederlassungen mit einbeziehen. Die Zeitungsbeilagen sollen unter Einhaltung eines vorgegebenen Corporate Layouts an regionale Besonderheiten angepasst werden. Das Publishing-System ermöglicht die automatische, regional ungebundene Fertigung von Werbemitteln über das Internet.

Durch den Einsatz des Publishing-System kann ein Betreiber (z.B. eine Handelsfirma oder ein Mediendienstleister) Dokumente wie Werbemittelvorlagen basierend auf einem festgelegten Corporate Layout mit leeren Freiflächen für Texte und Bilder zur individuellen Gestaltung und Begutachtung über das Internet zur Verfügung stellen. Der Anwender, etwa der Verkaufsleiter einer regionalen Handelsniederlassung, kann die leeren Freiflächen mit ausgewählten Bildern und Texten aus der Content- und Medien-Datenbank über das Internet füllen und Texte oder Preise ergänzend dazu frei eingeben. Abschließend kann er die endgültige Fertigung des Werbemittels bei einem Medien-Dienstleister über das Internet in der gewünschten Auflage automatisch beauftragen.

17 Medien-Logistik-Systeme als Basis von CrossMedia-/Database-Publishing

17.1 Begriffsdefinitionen

17.1.1 CrossMedia-Publishing-Systeme (CMP-Systeme)

CrossMedia-Publishing bedeutet, wie bereits schon ausgeführt, Informationen und Medien-Inhalte verwendungsübergreifend, also für Web, Print, CD etc., aufzubereiten und sie damit einer noch effektiveren Verwertung und einer breiteren Öffentlichkeit zugänglich zu machen. Ziel ist dabei, diese Informationen aus einer Quelle zu generieren (Single Source Publishing), um eine optimale Wertschöpfungskette zu erreichen. Im Idealfall entsteht per Knopfdruck aus einem komplexen Layout (Bild+Text) ein Print-, Web- und CD-fähiges Publishing Dokument. Das entspräche einer Automatisierung des Publishing-Prozesses für unterschiedliche Ausgabekanäle.

17.1.2 Database-Publishing (DBP-Systeme)

Der Begriff des *Database-Publishing* umfasst, wie bereits erwähnt, alle Publikations- und Publishingformen, bei denen Datenbanken wesentlicher Bestandteil bei der Erzeugung oder Distribution einer Publikation sind: etwa bei Print-Katalogen. Der Einsatz von Datenbanken erfolgt überall dort, wo eine große Menge an gleichartigen, gut strukturierten Daten zu administrieren ist und Konsistenzwahrung, Mehrbenutzerbetrieb und Datensicherheit wichtig sind. Demzufolge sind auch das Database-Publishing und die mit dieser Technologie erzeugten Publikationen von diesen Eigenschaften einer großen Menge an gleichartigen, gut strukturierten Daten geprägt.

Database-Publishing zielt also auf die Automatisierung des Print-Prozesses und die Mehrfachverwertung von gleich gearteten, gut strukturierten Druckdaten

17.2   Zielmedien von CMP- und DBP-Systemen

Zielmedien von CMP- und DBP-Systemen sind:

- Web-Portale, Web-Informationsseiten, Web-OnlineShops, E-Commerce
- CD-ROMs, POI-Systeme
- CallCenter-Informationspool
- Print-Produkte, Werbematerialien
- WAP und PDA Informations-Systeme
- Allgemeine Distributionskanäle
- Produkt-Management mit Einkauf, Marketing und Vertrieb

17.3   Primäre Grundkonzepte

Die Verwaltung der im CrossMedia- und im Database-Publishing verwendeten Medien ist sinnvollerweise nur in einem MAM- bzw. Medien-Logistik-System realisierbar. MAM-Systeme bieten dabei die Möglichkeit der effizienten Datenverwaltung und automatisierten Weiterverarbeitung nach unterschiedlichen Kriterien, wobei die Daten unabhängig von ihrer späteren Darstellung abgespeichert werden.

Diese Systeme bestehen meist aus Standard-Datenbankprodukten und entsprechender Hardware sowie der eigentlichen Medien-Datenbankapplikation, die die Administration der Daten erlaubt und eine Schnittstelle zur Prepress-Software bereitstellt. Diese Schnittstelle definiert u. a. die Art des Datenaustausches zwischen Datenbank- und Prepress-System, das Datenbankformat, die Form des Datentransfers (manueller Ex- und Import, halbautomatischer Transfer, vollautomatischer Transfer).

Die Trennung von Struktur, Inhalt und Form in den Dokumenten selbst ist Voraussetzung für die spätere crossmediale Verwendung. Daraus ergibt sich die zunehmende Nutzung von XML als universelles Publishing-Format.

CrossMedia- und Database-Publishing werden zusammenfließen, da sich die Grundkonzepte und Techniken gleichen, ähneln oder ergänzen.

17.4   Vor- und NachteileNachteile des CM- und DB-Publishing

CM- und DB-Publishing bietet eine Reihe von Vorteilen:

- Reduzierung der Herstellungskosten durch die eingesetzten Automatismen
- Einmalige Erfassung von Texten (Metadaten)
- Möglichkeiten der Personalisierung auch von Print-Produkten

- Effektive Verwertung von Medien-Inhalten für unterschiedliche Ausgabekanäle
- Geringerer Korrekturaufwand
- Aktualität des gefertigten Produktes
- Hohe Datensicherheit durch die zentrale Datenquelle
- Modifikationsmöglichkeiten bis kurz vor dem Druck durch die bidirektionale Schnittstelle

Nachteilig ist lediglich der relativ hohe verwaltungstechnische Aufwand, der aber durch eine mehrmalige gleich geartete Nutzung gerechtfertigt ist

17.5   Ergänzende Anforderungen an CrossMedia-/Database-Publishing

Ergänzend zu den bereits erläuterten allgemeinen Anforderungen an MAM-Systeme ist bei CM- und DB-Publishing erforderlich:

- Integrationsfähigkeit von externen Datenquellen und Werkzeuge zum bidirektionalen Abgleich, Austausch und Replikation dieser externen Datenquellen über Standardformate wie BMEcat, eClass etc.
- Werkzeuge zum redaktionellen Bearbeiten von Inhalten
- Möglichkeit der Verwaltung von kompletten Publishing-Projekten und deren Stammdaten, wie Bezeichnung, Seitenbereiche etc.
- Verwalten und Zuordnung von komplexen Sortier-Reihenfolgen für den Publishingprozess einzelner Seiten- und Hierarchiebereiche
- Definition, Selektion und Verwaltung der Zuordnung von Metadatenstrukturen zu Publishingstrukturen über XML-Tags oder Objektrahmen einzelner Seitenbereiche
- Einbeziehen und Verwalten von XML-Vorlagen, die von einem externen Layoutsystem erstellt und gepflegt werden können.
- Definition und Verwaltung der Kapselung von Metadatenstrukturen und Medienobjekten auf der Basis hierarchischer Gruppen, z.B. Zuordnung von unterschiedlichen Texten und Bildern zu einem Objektverbund eines Produktes für bestimmte Tabellen-Abbildungen im Publishing-Layout
- Trennung von Struktur, Inhalt und Form durch Einsatz von XML; Formatierungsinhalte und -vorschriften werden vorzugsweise nicht in der Datenbank selbst, sondern in so genannten Veredelungssystemen gehalten (mehr dazu später).
- Transformation in proprietäre Publishing-Formate, wie z.B. QuarkXPress, Adobe InDesign, FrameMaker etc.
- Bidirektionalität und die damit verbundene Unterstützung von Identifikatoren in den Publishing-Objekten
- Verwendungsorientierte Transformation von Medieninhalten inkl. notwendiger Rückarchivierungen

- Gültigkeitsregeln für neu generierte Publishing-Dokumente als Teil der DTD oder des XML-Schema
- Mehrsprachigkeit der Dokumente
- Fragmentierung von XML-Dokumenten (siehe folgendes Kapitel)

17.6   Fragmentierung von XML-Dokumenten

Unter *Fragmentierung* von XML-Dokumenten, versteht man die Möglichkeit, ein in die Medienddatenbank eingechecktes XML-Dokument wieder in seine Einzelteile „aufzubröseln", also in Markups, Elementinhalt und Attribute. So können Elementinhalte als eigenständige Medien-Objekte, Markup-Strukturen als hierarchische Gruppen und die Attribute in Merkmalsfelder der Medien-Objekte oder hierarchische Gruppen abgelegt werden.

Die Grundlage für die Fragmentierung liefern die frei verfügbaren Tools für die Umsetzung von XML in die DOM-Modelle und deren Abbildung sowie die Adressierungsmöglichkeiten von XPath. Der Nutzen dabei besteht nicht nur in der leichteren Zuordnung von Metadatenstrukturen zu Publishing-Strukturen, sondern auch in der Möglichkeit, aus den unterschiedlichen XML-Bereichen über die Auswahl der zu publizierenden Gruppe(n) ganz neue XML-Dokumente zu generieren. Sinn macht dies zum Beispiel bei personalisierten Marketingunterlagen oder bei exemplarspezifischen technischen Dokumentationen im Sondermaschinenbau.

17.7   Ausgabekanalspezifische Veredelung von automatisiert erstellten Dokumenten

Es ist nicht praktikabel, auch Formatierungsinhalte und -vorschriften in der Datenbank selbst vorzuhalten. Das übernehmen Veredelungssysteme, die die automatisch erstellten Dokumente (Struktur + Inhalt) für die jeweilige Verwendungsart durch Formatierung aufbereiten (Form).

Diese Veredelungssysteme müssen für die jeweiligen Verwendungsarten (Ausgabekanäle) folgende Technologien unterstützen:

- XSL für Web
- XSL-FOP für PDF
- XSL für WAP
- Schnittstellen zu proprietäre Layout-Dokument-Formate

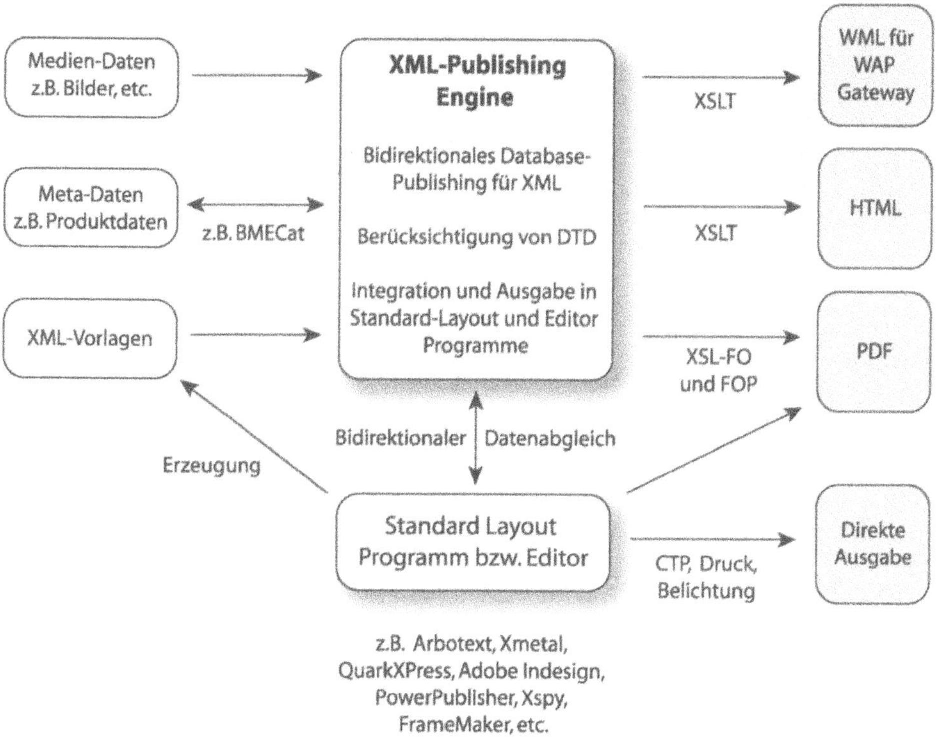

| Medien-Daten z.B. Bilder, etc. | → | **XML-Publishing Engine** | XSLT | → | WML für WAP Gateway |

Abb. 17.1   Ablaufschema einer CrossMedia-Produktion

Abb. 17.1   Ablaufschema einer CrossMedia-Produktion

18 Medien-Logistik-Systeme als Basis für (Web) Content-Management-Systeme

Bei der Administration von größere Websites mit CM-Systemen steht insbesondere die komfortable redaktionelle Bearbeitung (Ändern, Verteilen, Rendern, Indizieren etc.) von Web-Inhalten und die Verwaltung der Medien (Low-Resolution Bilder) im Vordergrund.

Ursprünglich gleichgesetzt mit WCMS (Web-Content-Management-Systemen) dienen CMS heute zur Verwaltung von Medien und Content, die sinnvollerweise direkt auf ein Medien-Datenbank-System aufsetzen. Zusätzlich bietet ein CMS unter anderem Funktionen zur Erstellung von Inhalten und zur Präsentation und Distribution von Inhalten. Der Content steht dabei in unterschiedlichsten Formen zur Verfügung: Text, Bild, Audio, Film oder Mediencontainer. Die Strukturierung des Contents auf Basis von XML bildet die Basis für eine effiziente, medienneutrale Verwaltung. Die strikte Trennung von Inhalt und Layout und die Optimierung der Delivery-Komponente ermöglichen auch die Ausgabe auf unterschiedlichsten Endgeräten.

18.1 Grundkonzept eines WCMS

Ein WCMS erfasst template-basiert redaktionelle Inhalte und legt sie in die Medien-Datenbank strukturiert ab. So können sie wiederum auf Basis von Templates im Internet publiziert werden.

Der Content-Import erfolgt aus einer Medien-Datenbanken oder externen Datenquellen, etwa von Content-Syndikatoren. Die redaktionelle Erfassung der Inhalte basiert auf INPUT-Templates, das Publizieren dagegen auf OUTPUT-Vorlagen für die entsprechenden Ziel-Systeme wie Web oder WAP.

Als INPUT-Vorlagen eignen sich folgende Dokumentenformate:

- DTDs in Verbindung mit XSL für XML-basierte Dokumente
- WinWord-Vorlage für WinWord-Dokumente
- SGML-Vorlagen für SGML-basierte Dokumente
- HTML-Vorlagen für ASCII-basierte Texte

Andere Inhalte können über Standardfunktionen eines Medien-Logistik-Systems für ein zielsystem-abhängiges Publizieren über „Pipeline"-Funktionalitäten abgedeckt werden.

Sehr komfortabel ist das redaktionelle Bearbeiten der Inhalte auf Basis einer DTD über einen XML-Editor oder aber durch Umsetzung der DTD in Verbindung mit XSL in entsprechende HTML-basierte Formulare. Maßgeblich ist dabei natürlich die Komplexität der DTD, da dabei nur einfache Gebilde umgesetzt werden können. Die reinen Inhalte werden in der Medien-Datenbanken möglichst ohne Formatierungs- und Layoutdaten abgelegt; dies ist bei WinWord-Dokumenten nur bedingt möglich, wenn keine Umsetzung in XML erfolgt. Das Publizieren der Inhalte erfolgt dann für die Ausgabekanäle ebenfalls mittels OUTPUT-Templates.

Die INPUT-/OUTPUT-Vorlagen können an Strukturelemente gekoppelt sein, etwa an hierarchische Gruppen. Optional sollte beim jeweiligen Strukturelement definierbar sein, ob hier die vorgegebenen Vorlagen genutzt werden müssen oder auch freie Texte oder Medien eingepflegt werden können. Die Unterscheidung zwischen INPUT- und OUTPUT-Templates ist nicht zwingend notwendig.

Die strukturierte Ablage kann auf der Basis hierarchischer Gruppen erfolgen, deren zugeordnete Inhalte benutzer-, rollen- und benutzergruppen-berechtigt zugänglich sein müssen, also Lesen, Ändern, Neu-Anlegen, Kopieren von Inhalten. Auch Kombinationen sollten möglich sein.

18.2   Content-Quellen und Content-Integration

Die Inhalte in einem CMS können aus verschiedenen Quellen stammen. Häufig erfolgt die Content-Integration unter Berücksichtigung von Rechten Dritter.

- Redaktionell bearbeitete Inhalte werden von Mitarbeitern und/oder speziellen Redaktions-Abteilungen unter Vorgabe von Richtlinien erstellt.
- Lizenziertes Content-Broking (Content-Makler und Vermittler) und Content-Syndication (Austausch von Inhalten)
- Content stammt aus nutzergenerierten Quellen, wie z.B. Community-Systemen, Foren, Chats, Schwarzen Brettern, News-Gruppen etc.
- Werbequellen,wie Bannerwerbung etc.
- Anbindung an externe Datenbanken, z.B. dpa News
- Automatischer Import in einzelne Content-Bereiche unter Berücksichtigung definierter Regeln
- Abstraktion der Contentquellen-Anbindung auf der Basis von JCA (Java Connector Adapter) - Analogie zu JDBC

18.3   Fazit

Ein Web-Content-Management-System bietet folgende Vorteile:

- Vereinfachtes und rationelles Verwalten großer Web-Sites
- Schnelleres Aktualisieren von Informationen auch durch Automatisierung der Content-Integration
- Schnellere Entscheidungsprozesse
- Verbesserung der Unternehmenskommunikation
- Einfacheres Publizieren für unterschiedliche Ausgabekanäle durch die Trennung von Inhalt und Layout
- Eigenständigkeit und Unabhängigkeit von externen Dienstleister (Werbeagentur)
- Einbindung unterschiedlichster Mitarbeiter-Kompetenzen: auch normal berechtigte Mitarbeiter können Inhalte einbringen und benötigen keine HTML-Layout Kompetenz
- Dezentrale Pflegemöglichkeiten
- Qualitätsmanagement der redaktionellen Inhalte durch Freigabe- und Kontrollzyklen
- Ausgangsbasis für weitere komplementäre E-Technologien, wie
- CRM (Customer Relationship Management) - Optimierung von Kunden-Beziehungen
- E-Commerce - Shop-Systeme, Produktkataloge
- Community-Systeme - Foren, Chats, Schwarze Bretter, Meinungsaustausch, Empfehlungen

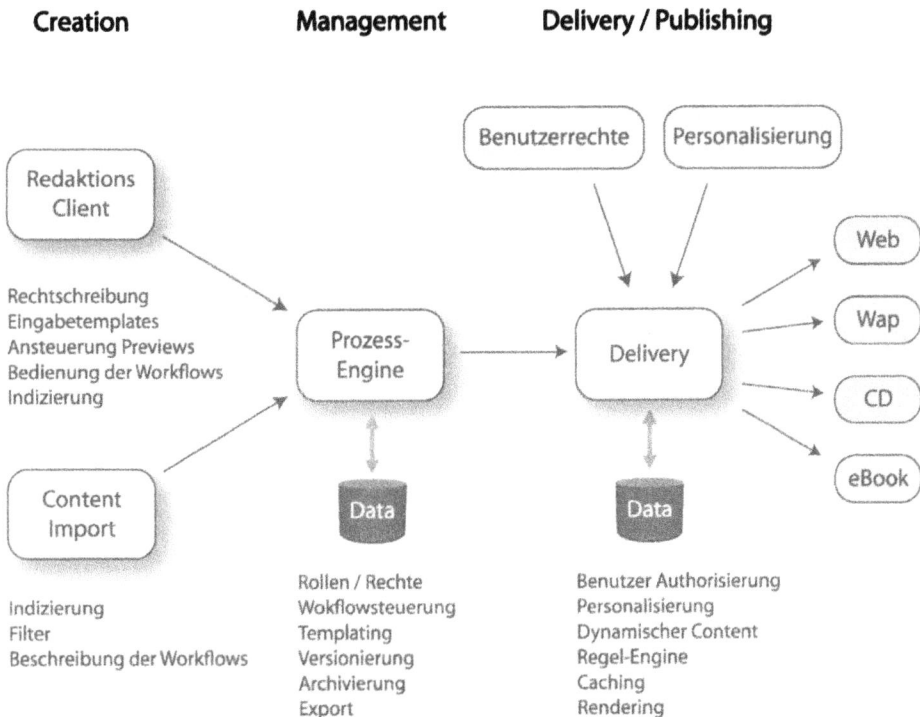

Abb. 18.1   *Grundsätzliche Architektur eines WCMS*

19 Konvergenz zum Enterprise-Content-Management-System

CMS Funktionen

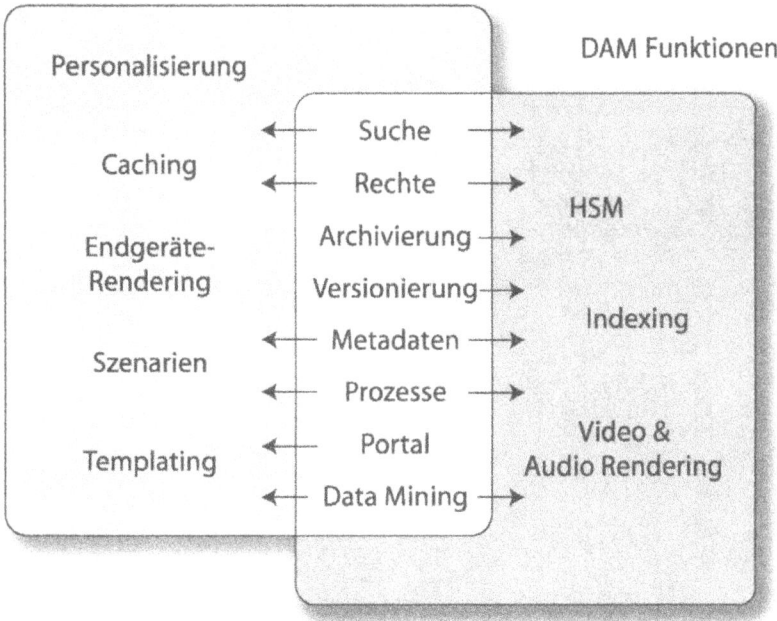

DAM Funktionen

Personalisierung

Caching

Endgeräte-
Rendering

Szenarien

Templating

Suche

Rechte

Archivierung

Versionierung

Metadaten

Prozesse

Portal

Data Mining

HSM

Indexing

Video &
Audio Rendering

Abb. 19.1 Konvergenz CMS und MAM (DAM)

Enterprise-Content-Management benennt eine neuere Strömung, die alle bestehenden Systeme integrieren will. Dazu werden Funktionen aus der traditionellen Archiv-, Dokumenten-Management und Workflow-Management auf die Anforderungen eines Enterprise-Content-Management umgebaut und damit die Möglichkeit geschaffen, Web-basierte Komponenten mit herkömmlichen Produkten zu verbinden.

Des weiteren versucht der Ansatz, alle Informationen eines Unternehmens auf eine einheitliche Plattform zur internen und externen Nutzung sowie im Verbund bereitzustellen: so wird
ECM zum einheitlichen Repository aller Unternehmensinformationen

ECM ist die Basistechnologie des E-Business zur Bereitstellung der erforderlichen Informationen und Steuerung der Prozesse. Dabei sollen alle Informationen unabhängig von der
Quelle und der benötigten Nutzung verwaltet werden, ECM bietet dafür unabhängige Dienste. Restriktionen durch die bisherigen, existierenden vertikalen Anwendungen werden so
überwunden: ECM versteht sich als integrative Middleware.

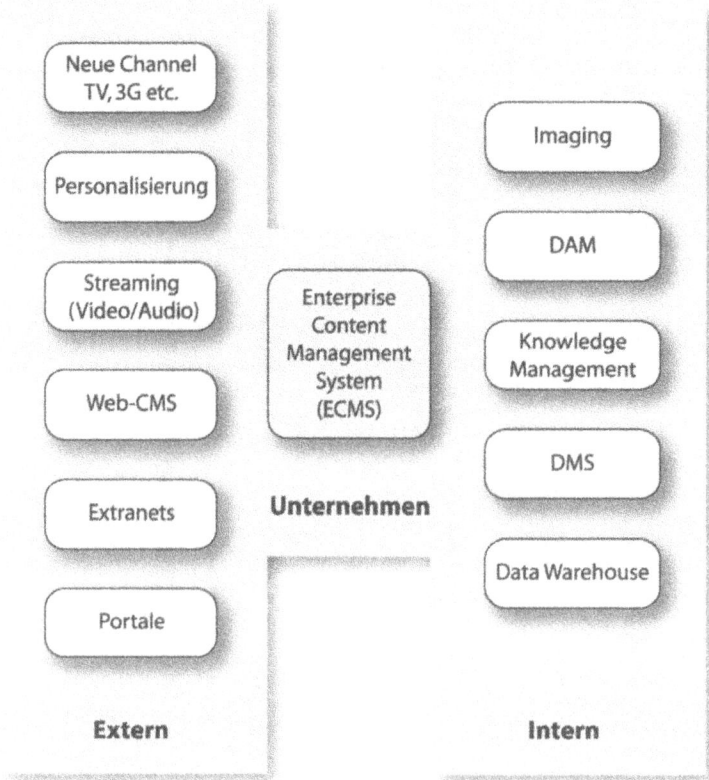

Abb. 19.2   ECMS

20   Literaturquellen

Dieses Buch stützt sich auf zahlreiche Quellen. Viele dieser Quellen entsprechen nicht den überkommenen Standards wissenschaftlicher Publizistik, sondern stammen aus „grauer" Literatur (Handouts, Skripte) oder dem Internet. Entsprechend schwierig bis unmöglich ist die Angabe aller Quellen: die Halbwertszeit von Weblinks ist hinlänglich bekannt. Für weitergehende Studien verweisen die Autoren daher auf Internet-Suchmaschinen wie www.google.de. Der Leser findet im Internet zu allen hier angeschnittenen Themen aktuelle Informationen, die sich gerade im Umfeld des Media-Asset-Managements, etwa bei Standards, oft in Monatsfrist ändern.

Dennoch seien hier einige Auszüge aufgeführt:

Agfa-Gevaert AG, Colormanagement, 1998

Bach, Mike: XSL und XPATH, leicht und verständlich, Addison-Wesley, 2000

Bauer, Herber: Unternehmensportale, Galileo Business, 2001

Bassler, Thomas; Schmitz, Marc; Schwinn, Stephanie: Marktstudie Media Warehouse. Stuttgart (Fraunhofer IRB) 1997.

BMEcat: E-Commerce Standard BMEcat, www.bmecat.org, www.bme.de, 2001

Büchner, Heino (Hrsg.); Traub, Dennis; Zahradka, Rik; Zschau, Oliver: Web-Content-Management. Websites professionell betreiben. Bonn (Galileo Press) 2001.

Bullinger, Hans-Jörg (Hrsg.); Schuster, Erwin; Wilhelm, Stephan: Content Management-Systeme. Auswahlstrategien, Architekturen und Produkte. Düsseldorf (Verlagsgruppe Handelsblatt) 2001.

Delp, Martin: Media Warehouse - Was die Medienindustrie braucht. Aus: IFRA (Hrsg.): Pre-Publishing - the new Pre Press for modern Publishing. Darmstadt 1998.

Deutsche Bundesregierung (Hrsg.): Bericht der Bundesregierung über die Lage der Medien in der Bundesrepublik Deutschland 1998 (Medienbericht '98). Bonn 1998. (= Berichte und Dokumentationen)

Dünhölter, Kuno, AOL, XML Fragen und Antworten, XML-Syntax, XML-Glossar, 1998

Ecl@ss: Institut der deutschen Wirtschaft Köln, http://www.eclass.de, 2001

Fritsche, Hans P.: Cross Media Publishing. Konzept, Grundlagen und Praxis. Bonn (Galileo Press) 2001.

Fraunhofer IAO (Hrsg.): Projektabschlußbericht Media Warehouse. Stuttgart (Fraunhofer IRB) 2000.

Fraunhofer IESE / Forschungszentrum Informatik: Überblick Stand der Technik, Universität Karlsruhe 2000

Freyler, Nicole; Höhner Bernd: Information and Content Exchange Protokoll, Seminar „Informationsmanagement für Electronic Commerce", Technische Universität Darmstadt, 2000

Galler, Jürgen: Vom Geschäftsprozessmodell zum Workflow-Modell, Gabler Verl., Wiesbaden, 1997.

Gersdorf, Ruben: Content Management ist mehr als nur Web-Site-Verwaltung. www.contentmanager.de 18.9.2000 2000.

Gierhake, Olaf: Integriertes Geschäftsprozessmanagement: effektive Organisationsgestaltung mit Workflow-, Workgroup- und Dokumentenmanagement-Systemen. Vieweg Verl., Braunschweig; Wiesbaden, 1998.

Giorgianni, Edward J. und Madden, Thomas E.: Digital Color Management, Addison-Wesley, 1998

Goik, Prof. Dr. Martin: XML Grundlagen und Anwendungen (Vorlesungsskript). Stuttgart (HDM) 2001.

Goik, Prof. Dr. Martin: Datenbanken und ihre Anwendungen (Vorlesungsskript). Stuttgart (HDM) 2001.

Heidelberger Druckmaschinen AG: Vision+Work, PDF Basics, Kiel 2000

Heinold, Ehrhard: Medienneutrales Publizieren: Bestandsaufnahme und Perspektiven. Frankfurt/Main 1999.

Hofmann, Helmut: Haltbarkeit digitaler Bilder: Die Fakten. Die Datenqualität und nicht das Speichermedium definiert die Lebensdauer digitaler Bilder. In: Publishing Praxis, Jg. 1997.

Hofmann, Helmut G.: Visual Asset Management macht sich schnell bezahlt. Sonderdruck aus: Vista News, 1/1999.

Jablonski, Stefan: Workflow-Management-Systeme, International Thomson Computer Press, Bonn 1995

Jablonski, Stefan; Böhm, Markus; Schulze, Wolfgang (Hrsg.): Workflow-Management. Entwicklung von Anwendungen und Systemen. Heidelberg (dpunkt/PRO) 1997.

Jeckle, Mario: Vortrag auf der Konferenz WebServices 2001, Der zukünftige SOAP-Standard des W3C , Stuttgart, 31. Oktober 2001

Khoshafian, S.; Baker, A.B.: Multimedia and Imaging Databases. San Francisco (Morgan Kaufman Publishers) 1996.

Kobert, Thomas, XML, bhv, 1999

Kötter, Dr. Erich: Serien CD-ROM „Datenbanken". 15 Artikel über Bilddatenbanken. Erschienen in: Publishing Praxis 6/1997-3/1999.

Kreikle, Dr.Mechthild: Grundlagen: Urheberrechtsfragen in Media-Asset-Management, 07/2001 ContentManager.de

Lay John, Electronics: Kyushu Matsushita Electric Ltd. Printer Division, April 2001

LSC: HSM-Produkt SAM-FS, www.lsci.de, 2000

Mandel, Theo: The Elements of user interface design, 1997, Wiley Computer Publishing.

Marugg, Thomas: Metadaten für Content-Indizierung und Wissenssicherung, 08/2001 Contentmanager.de

Merten, Udo; Grauer, Manfred: Speicherung und Verwaltung multimedialer Inhalte. Aus: Schumann, Matthias; Hess, Thomas (Hrsg.): Medienunternehmen im digitalen Zeitalter. Neue Technologien - Neue Märkte - Neue Geschäftsansätze. Wiesbaden (Gabler) 1999.

Mosqua , C.: CMS & DAM Konvergenz, Cap Gemini Ernst&Young, 2002 , München

Nohr, Holger: Wissensmanagement. Wie Unternehmen ihre wichtigste Ressource erschließen und teilen. In: Praxisbeiträge der Fachhochschule für Informationswirtschaft Stuttgart. Stuttgart 2000.

Ryman, A.: „Understanding Web Services". http://www.software.ibm.com, 2001

Schulze, Wolfgang: Workflow-Management für CORBA-basierte Anwendungen. Modelle, Komponenten und Implementierung. Berlin (Springer) 1999.

Schurr, Ulrich: Workflow Management in der Druckvorstufe, dpunkt.verlag 2002.

Spolsky, Joel: User Interface Design for Programmers, 2001, a! apress Verlag

VIRAGE (Hrsg.): The Virage Media Manager & Browser 1.0. San Mateo 1998.

Vossen, G.: Datenbankmodelle, Datenbanksprachen und Datenbank-Managementsysteme, Oldenbourg, ISBN 3-486-24544-9.

WorkFlow-Managemant-Coalition, The WorkFlow Reference Model, www.wfmc.org,2001

21   Stichwortverzeichnis

D

DAM 15
DAT (Digital Audio Tape) 163
Database-Publishing 186, 189
Data-Mining 93
Dateitypen 107
Datenbank-Server 44
Datenmodelle 39
DB2 40
DCOM 137
Desaster-Recovery 161
Digital Asset Management 15
Digital Media Management 15
Digital Object Identifier 90
Digital Rights Management Systemen 108
Digitale Auftragstaschen 180
Digitalisierung 51
DLT (Digital Linear Tape) 163
DMM 15
DMS 19
Document Object Model 125
Document Type Definition 117
DOI 90
Dokumenten-Management-Systeme 19
DOM 125
Dot 50
dpi 50
DTD 117
DTD Deklaration 116
dualen Verwaltung von Medien 81
Dublin Core 89
Durability 43
DVD (Digital Versatile Disc) 164

E

ebXML 154
ecl@ss 154
ECMS 20
ECW 73
EJB 138
Electronic Business using eXtensible Markup
   Language 154
Element 116

Enactment Service 176
encoding reference viewing conditions 56
Encryption 108
Enhanced Compressed Wavelet 73
Enterprise Content Management 199
Enterprise Content Management Systeme 20,
   187
Enterprise Java Beans 138
Entity-Relationship-Diagramm 41
EPS 68
ER-Diagramm 41
Excel 78
Exif 89

F

FailOver Konzept 145
Farbabstandsformel 58
Farbadaption 56
Farbkörper 59
Farbmanagement 49, 55
Farbraum 59
Farbraumtransformation 63
Farbverbindlichkeit 65
Farbwiedergabeindex 57, 58
File-Server 45
FlashPix 71
FOP - XSL 127
Fragmentierung 192
FrameMaker 79
Frei definierbare Workflows 179
Freigabezyklus 178
Full-Backup 160
Fuzzy 94

G

Gamut 60
Geschäftsprozess 175
Geschäftsprozess-Modelle 175
GIF 72
GIFT 96
Groupware-Systeme 175
Gültigkeit 123

www.ingramcontent.com/pod-product-compliance
Lightning Source LLC
Chambersburg PA
CBHW081541190326

41458CB00015B/5613